项目调度多目标平衡分析模型及其应用

Xiangmu Diaodu Duomubiao Pingheng Fenxi
Moxing Jiqi Yingyong

郑欢 郑科 白海龙 著

 西南财经大学出版社

图书在版编目(CIP)数据

项目调度多目标平衡分析模型及其应用/郑欢,郑科,白海龙著.一成都:西南财经大学出版社,2013.8
ISBN 978 - 7 - 5504 - 1146 - 3

Ⅰ.①项…　Ⅱ.①郑…②郑…③白…　Ⅲ.①决策模型—研究
Ⅳ.①C934

中国版本图书馆 CIP 数据核字(2013)第 173691 号

项目调度多目标平衡分析模型及其应用

郑　欢　郑　科　白海龙　著

责任编辑:植　苗
助理编辑:文康林
封面设计:杨红鹰
责任印制:封俊川

出版发行	西南财经大学出版社(四川省成都市光华村街55号)
网　址	http://www.bookcj.com
电子邮件	bookcj@foxmail.com
邮政编码	610074
电　话	028 - 87353785　87352368
照　排	四川胜翔数码印务设计有限公司
印　刷	郫县犀浦印刷厂
成品尺寸	170mm × 240mm
印　张	13.25
字　数	240 千字
版　次	2013 年 8 月第 1 版
印　次	2013 年 8 月第 1 次印刷
书　号	ISBN 978 - 7 - 5504 - 1146 - 3
定　价	38.00 元

前　言

由于社会的进步和经济的飞速发展，城市化进程加快，大型建设工程项目比比皆是，对能源的需求也急剧增加，如何发展清洁能源引起了大家的重视。为了发展清洁和可再生能源以及国家"西电东送"战略，中国正在建设大量的水电工程，尤其是在雅砻江流域。锦屏二级水电站是雅砻江上最重要的建设工程之一。然而由于锦屏二级水电站建设工程项目的规模巨大、参与要素众多、所需信息量大等因素影响，使其不确定性增强。对于传统多目标平衡项目调度问题，工期和成本是建设项目中非常重要的两个方面，但是锦屏二级水电站建设工程项目是一个生态建设工程，环境影响也是一个不可忽视的目标。其中，锦屏二级水电站工程建设项目多具有工程地质条件极其复杂、施工布置困难、总体规模大、综合难度大等特点，因而质量要求在某些分部工程中也是决策过程中不可缺少的管理目标。同时，在锦屏二级水电站建设工程项目中多项目调度计划的制订过程不可能由一个人完成，而是需要多层级决策人员共同参与并共同决策。因此，在考虑锦屏二级水电站建设工程项目多目标平衡的同时，可能还会考虑到结构多层次。可见，在锦屏二级水电站建设工程项目的调度问题中，应同时考虑模糊性、多目标性和多层次性这三种特性，不仅具有重要的理论意义，而且具有广泛的实践意义。

全书对模糊环境下锦屏二级水电站大型建设工程项目调度问题的多目标决策模型及其应用进行了深入研究，设计了相应的算法并进行了分析讨论。提出的四种模糊多目标决策优化模型，能够根据建设工程项目优化问题的实际情况制订出更加合理有效的调度计划，在缩短工期、降低成本、提高质量和减小环境影响等方面都具有积极的现实意义；同时，也将进一步丰富和发展不确定多目标决策理论、模糊理论和二层决策理论。本书的研究工作无疑将对模糊环境下多目标平衡项目调度决策问题的研究起到非常积极的推动作用。

本书共七章，其中第一章，主要介绍了本书的研究背景、研究现状以及研究框架；第二章，主要介绍了与本研究相关的理论基础知识；第三、四、五、六章，主要介绍了四种模糊多目标决策优化模型及其求解算法；第七章，对全书进行了总结。

本书由郑欢提出研究思路，负责拟定编写大纲及写作框架，承担主要研究工作。本书各章具体编写分工如下：郑科撰写第一章；白海龙撰写第二、五、七章；郑欢撰写第三、四、六章以及摘要、参考文献等。郑科、白海龙同志参与了组稿工作并对部分内容进行了审定修改和校验。

本书的撰写是在四川大学长江学者徐玖平教授悉心指导下完成的，受国家自然科学基金委的支持，同时得到了四川二滩水电开发公司的大力支持。

因水平有限，书中难免有不妥和疏漏之处，敬请广大读者批评、指正。

郑欢

2013 年 6 月

摘　要

　　由于社会的进步和经济的飞速发展，城市化进程加快，大型建设工程项目比比皆是，对能源的需求也急剧增加，如何发展清洁能源引起了大家的重视。为了发展清洁和可再生能源及国家"西电东送"战略，中国正在建设大量的水电工程，尤其是在雅砻江流域。锦屏二级水电站是雅砻江上最重要的建设工程之一。然而对于锦屏二级水电站建设工程项目的规模巨大、参与要素众多、所需信息量大等因素影响，使其不确定性增强。对于传统多目标平衡项目调度问题，工期和成本是建设项目中非常重要的两个方面，但是锦屏二级水电站建设工程项目是一个生态建设工程，环境影响也是一个不可忽视的目标。其中，锦屏二级水电站建设地下深埋隧道群工程建设项目多具有工程地质条件极其复杂、施工布置困难、总体规模大、综合难度大等特点，因而质量在某些分部工程中也是决策过程中不可缺少的管理目标。同时，在锦屏二级水电站建设工程项目中多项目调度计划的制订过程不可能由一个人完成，而是需要多层级决策人员共同参与并共同决策。因此，在考虑锦屏二级水电站建设工程项目多目标平衡的同时，可能还会考虑到结构多层次。可见，在锦屏二级水电站建设工程项目的调度问题中，应同时考虑复杂模糊性、多目标性和多层次性这三种特性，不仅具有重要的理论意义，而且具有广泛的实践意义。

　　在现有的建设工程项目多目标平衡问题的研究中，同时考虑复杂模糊性、多目标性和多层次性的研究还比较少。为此，在广泛地吸收和借鉴现有研究的基础上，以锦屏二级水电站建设工程项目中的多目标平衡项目调度问题为研究对象，模糊变量为研究工具，多目标模型为研究框架，综合运用多目标规划理论与优化理论，对模糊环境下的锦屏二级水电站建设工程项目优化问题进行研究，建立了四种不同决策条件下的模糊环境下多目标平衡项目调度问题模型。

　　首先，结合经典离散工期－成本平衡问题（discrete time－cost trade－off prob－lem，DTCTP）的现有研究，由于大家对环境问题的重视，提出了针对锦屏二级水电站建设工程项目的离散工期－成本－环境平衡问题（DTCETP），是对 DTCTP 的一个拓展，同时在考虑工期为模糊变量，建立了模糊环境下大型建设项目管理中的多模式离散工期－成本－环境平衡的问题模型。其有四个目标需要考虑：最小化项目总费用、最小化项目总工期、最小化总压缩费用、最小化环境影响。在总预算、资金流以及工期都有一定的约束下，工程中的每个活动可以增加费用以压缩工期方式进行，同时需考虑环境影响最小化的目标对施工模式的影响，这就形成了多模式选择的决策问题。在利用乐观－悲观参数期望值模型将模糊变量进行确定化处理后，模糊环境下大型建设项目管理中的多模式离散工期－成本－环境平衡的问题模型便转化为多目标期望值模型，分析了该问题求解的意义，并用改进的遗传算法——基于模糊的适应性混合遗传算法 [fuzzy－based adaptive hybrid genetic algorithm〈 (f)a－hGA〉] 来求解。当该多目标模型为线性时，可直接用期望值模型来求解；当该模糊多目标模型为非线性时，无法直接求出其期望值时，则通过模糊模拟植入适应性混和遗传算法来求解模型。然后，通过加权法将多目标模型转化为单目标，即求解单目标期望值模型。[(f)a－hGA] 设计了单点交叉和变异的修复式策略来避免不可行解的产生。基于此，将该算法用来解决二滩公司锦屏二级水电站建设部分工程调度的问题，得到了最佳调度计划和最优施工模式，而且从实际角度分析了结果，拓展了结果的应用范围，从而验证了模型和算法的可行性和有效性。此外将 (f)a－hGA 与其他两种 GA 算法（GA、hGA）进行了比较，验证了所提出算法的先进性。

其次，考虑了锦屏二级水电站建设地下深埋隧道群工程建设项目多具有工程地质条件极其复杂、施工布置困难、总体规模大、综合难度大等特点，施工质量是建设安全和顺利进行的重要保障。基于大型建设工程项目其项目量大、短工期、高质量、低环境影响的要求，研究了锦屏二级水电站大型深埋隧道群工程的多模式离散时间－成本－质量－环境平衡问题（discrete time－cost－quality－environment trade－off problem, DTCQETP）的多目标优化模型，这是对前一段离散工期－成本－环境平衡问题（DTCETP）的拓展。针对 DTCQETP 的四个目标做出了分析：最小化项目工期、最小化项目总成本、最小化质量缺陷、最小化环境影响。在总预算、资金流、工期以及每个阶段质量缺陷和环境影响都有一定的约束下，为每个活动选择合适的施工模式以及安排最优的调度计划。通过将模糊变量精确化的处理，将 DTCQETP 转化为多目标期望值模型，并用改进的遗传算法——基于模糊的适应性混合遗传算法 (f)a－hGA 来求解。

该算法中应用了基于次序的交叉和局部变异来提高算法求解效率，其用来解决实际的锦屏二级水电站大型深埋隧道群工程这个项目的调度问题，得到了最佳调度计划和最优施工模式，通过和实际运作的数据对比，建设效率取得明显进步，说明该优化方法可以带来可观的经济效益，尤其是对于大型建设工程项目。从实际角度分析了结果，拓展了结果的应用范围，从而验证了模型和算法的可行性和有效性。此外将 (f)a−hGA 与其他两种 GA 算法（GA、hGA）进行了比较，验证了所提出算法的先进性。

再次，考虑了锦屏二级水电站建设工程项目中多项目运作的问题。提出了基于总承包商的多项目时间−成本−环境平衡调度问题（multiple projecttime−cost−environment trade−off scheduling problem，mPTCETSP），主要针对项目规模较大、结构较复杂的问题，也是经典多目标平衡调度问题的扩展，建立了模糊环境下的时间−成本−环境平衡多项目调度问题期望值模型。目标是：所有子项目工期之和最小、整个项目延期惩罚成本最小或者工期提前奖励最多、整个项目造成的环境影响最小。项目施工每个阶段的各子项目的各活动总费用不能超过规定子项目资金流量最大值且各阶段所有进行活动的资金总值也不能超过总限定值；同时，项目施工每个阶段监测的各子项目的活动环境影响总值不能超过限定值并且各阶段所有进行活动的环境影响总值也不能超过总限定值，在这样的约束条件下，求解最优调度计划的决策问题。利用乐观−悲观参数期望值模型将模糊变量进行确定化处理后，模糊环境下大型建设项目管理中的多项目时间−成本−环境平衡多目标调度问题便转化为多目标期望值模型。模糊多目标模型为非线性时，将对模型中带有模糊变量的参数进行模拟计算，并结合多目标 GA 算法（MOGA），设计了混合智能算法——FLC 设计遗传算子的混合遗传算法（hybrid genetic algorithm with a fuzzy logic controller，flc−hGA）来求解模糊环境下的 mPTCETSP，特别适用于大型多项目调度问题。该算法引入的模糊控制器（fuzzy logic control，FLC）提供了一种基于专家知识，能将语言控制策略转化为自动控制策略的方法，用以规范变异率。然后，通过模糊环境下的多项目时间−成本−环境多目标调度问题期望值模型和 flc−hGA 来解决锦屏二级水电站建设系统中的部分多项目多目标调度问题，得到了最佳调度计划，并对最佳调度计划进行了结果分析和灵敏度分析，得出了一些有益于实际操作的结论，验证了模型和算法的可行性和有效性。flc−hGA 与其他 GA（hGA、a−hGA）进行比较分析的结果表明，flc−hGA 的适应值、收敛代数及运行时间均较优。

最后，研究了多项目时间－成本－质量－环境平衡调度问题（multiple project time－cost－quality－environment trade－off scheduling problem, mPTC-QETSP），在锦屏二级水电站大型建设工程项目调度问题的决策过程中，由于规模较大、施工复杂，在制订项目调度计划时往往需要考虑多个决策目标和多个决策层次结构。基于此，结合模糊理论和二层规划，建立了上下层均为多目标的模糊环境下多项目时间－成本－质量－环境平衡调度问题模型。上层决策者（项目总指挥）的目标是项目总的完成质量最高以及环境影响最小，下层从属决策者（项目经理）的目标是子项目的完成时间最小、惩罚费用最少和综合费用最少。在精确化后的模型中，用交互式模糊规划技术将 mPTCQETSP 的二层规划模型转化为单层规划模型。因为在作决策时，项目总指挥不仅要考虑自己的满意度，而且要考虑各项目经理的满意度，然后用熵－玻尔兹曼选择遗传算法求解该单层模型。通过二层模糊期望值模型、交互式模糊规划技术以及熵－玻尔兹曼选择遗传算法（EBS－based GA）来解决锦屏二级大型水电站建设项目中部分项目的调度问题，以及项目最佳调度计划和子项目中每个活动的最佳调度方式，其考虑了项目组织多方满意度的平衡，保证了项目长期和短期的利益，和实际运作效果相比，验证了该优化方法的可行性和有效性。

全书对模糊环境下锦屏二级水电站大型建设工程项目调度问题的多目标决策模型及其应用进行了深入研究，设计了相应的算法并进行了分析讨论。提出的四种模糊多目标决策优化模型能够根据建设工程项目优化问题的实际情况制订出更加合理有效的调度计划，在缩短工期、降低成本、提高质量和减小环境影响等方面都具有积极的现实意义；同时，也将进一步丰富和发展不确定多目标决策理论、模糊理论和二层决策理论。本书的研究工作无疑将对模糊环境下多目标平衡项目调度决策问题的研究起到非常积极的推动作用。

关键词：模糊变量　多目标规划　锦屏二级水电站大型建设工程项目　遗传算法　期望值　乐观－悲观值

ABSTRACT

In recent years, as China has experienced rapid growth in both the economy and society, the need for energy has also exponentially grown. New and renewable sources of energy have become more important and consequently hydropower resources have also become more important. In order to develop clean and renewable energy sources, a number of large scale hydropower projects are being constructed in China for achieving West – East Electric Transmission Project, especially on the Yalong River Valley. The Jinping – II Hydropower Station is one of the most important projects in the Yalong River Valley. The Jinping – II Hydroelectric Project is one of EHDC's projects under construction. However, as the complex large – scale project involving more and more elements and greater amount of information in Jinping – II Hydroelectric Project, therefore, there are uncertainties in the trade – off problem for project scheduling because of suffcient information. Time and project cost are crucial aspects of construction projects and have received significant attention for several years in traditional multi – objective trade – off problem for project scheduling. Environm ental impact should be taken into consideration along with the time and cost trade – offs in Jinping – II Hydro – electric Project because more than one billion yuan for environmental protection has been allocated for the project, and control measures and construction environm ental criteria for the project have been proposed to coordinate with the other objectives. The large – scale deeply – buried tunnel group project, which is one of the most important subprojects in Jinping – II Hydropower Station, is the largest and most difficult hydro – tunnel project in the world, so quality is important for asecure and smooth construction and quality have been proposed to coordinate with the other objectives. The process of multi – objective trade – off problem for project scheduling decision making can not be determined by a manager, but multi – level decision – makers. Hence, besides mul – tiple objectives, the multi – level structures should be optimized in the multi – objective trade – off problem for project scheduling. Therefore, the discussion of multi – objective trade – off problem for project scheduling in Jinping – II Hydroelectric Project getsnot only specific theoretical but also practical significance.

At present, there is no literature which takes multi – objective, fuzziness and multi – level into account for multi – objective trade – off problem for project scheduling. In this dissertation, after sum marizing the existing literatures, this paper will take a challenge to present four multi – objective trade – off problem in project scheduling models under fuzzy phenomena, the corresponding and the hybrid intelligent algorithm, and the application to the Jinping – II Hydropower Station.

First of all, combining the classic (discrete time – cost trade – off problem, DTCTP), a discrete time – cost – environment trade – off problem (DTCE TP) for Jinping – II Hydroelectric Project with multiple modes under fuzzy uncertainty is presented due to environm ental protection, an extension of DTCTP. A multi – objective decision making model is established in which the total project duration is regarded as a fuzzy variable. In this paper, four objectives for the DTCE TP are considered: the minimization of the total projectcost, the minimization of the total project duration, the minimization of the total crashing cost, the minimization of the environmental impact. This paper considers that construction managers need to develop a project management methodology for directing and controlling not only the total projectcost, duration and cash flow, but also the environ-

mental impact to achieve management objectives, every activity can be executed
in the crashing way, duration/cost/environment of an activity is determined by
the mode selection and the duration reduction (crashing) applied within the se-
lected mode. This leads to a multiple modes discrete time − cost − environment
trade − off problem (DTCETP). To deal with the uncertainty, the fuzzy num-
bers in the model are defuzzified by using an expected value operator with an op-
timistic − pessimistic index. Furthermore, a fuzzy − based adaptive − hybrid ge-
netic algorithm is developed to find feasible solutions. The algorithm proposed
here has two modes for linear and non − linear situations, respectively. In the
linear case, the fuzzy expected value model (EVM) is embedded in the a − hGA
to deal with the fuzzy variables that are in linear functions, while in the non − lin-
ear case, the fuzzy simulation is combined with a − hG A for han − dling the non-
linearity of the fuzziness. The weighting method is applied to transform the multi
− objective model into a single − objective one. The one − point crossover and re-
pairing strategy for mutations are designed to avoid infeasible solutions. Finally,
the Jinping − II Hydroelectric Project is used as apractical example to demonstrate
the practicality and efficiency of the model. Results and a sensitivity analysis are
presented to highlight the performance of the optimization method, which proves
to be very effective and efficient compared to other algorithms.

The large − scale deeply − buried tunnel group project, which is one of the
most important subprojects in Jinping − II Hydropower Station includes, four di-
version tunnels, two auxiliary tunnels and one drainage tunnel, with a total tun-
nel length of 118 km. These tunnels are long, are large in diameter, need to en-
dure high stress, and encompass complicated engineering geological conditions
such as water bursts, rock bursts, and collapses. Because this tunnel project is
the largest and most difficult hydrotunnel project in the world, these conditions
are extremely difficult for effective project management. Therefore, quality is im-
portant for a secure and smooth construction. So it studies a multi − objective op-

timal model for solving a discrete time − cost − quality − environment trade − off problem (DTCQETP) with multiple modes for the large − scale deeply − buried tunnel group project in Jinping − II Hydropower Station. It is an extension of DT-CETP. The objective functions that minimizes the project duration, cost, quality defects and environmental impact are presented. To achieve the optimal scheduling and executive mode, the DTCQETP analysis, with uncertain activity duration and environmental impact, under the constraints of project due dates, within budget, cash flow, quality defect level and environmental impact in each time period. The fuzzy EVM technique is used to defuzzify the fuzzy durations and environmental impact. The weight − sum procedure is adopted to transform the multi − objective model into a single − objective model. The solution is composed of two chromosomes for the DTCQETP where the first chromosome shows the feasible activity sequence and the second chromosome consists of activity mode assignments. Order − based crossover (OBX) and a local searchbased mutation are used in this (fuzzy − based adaptive hybrid genetic algorithm ((f)a − hGA)) which is solved DTCQETP in the large − scale deeply − buried tunnel group project in Jinping − II Hydr opower Station. Finally, the large − scale deeply − buried tunnel group project in Jinping − II Hydropower Station is used as a realworld example to demonstrate the economic, technological, and social ecological effectiveness of the optimization method.

Subsequently, with multi − objective trade − off problem for project scheduling in Jinping − II Hydropower Station which are split into several sub − projects, it studies the multiple project time − cost − environment trade − off scheduling problem, (mPTCETSP) and establishes the expected value model for mPTCETSP under fuzzy uncertainty for large − scale and more complex problem. It is an extension of classic multi − objective trade − off problem. The objective functions are pursuing the minimum duration, the minimum tardiness penalty and minimum environmental impact. The sum of the capital or the environmental impact of the activities in all subproject which are scheduled in a certain time period during the whole project duration cannot exceed the capital or environmental impact limit per time period. Achieve the optimal project scheduling under these constraints. After defuzzifying fuzzy numbers in the model by using an expected value operator with an optimistic—pessimistic index, the multi − objective expected value model combines with hybrid genetic algorithm with a fuzzy logic controller (flc − hGA) to solve mPTCETSP. FLC can adaptively regulated the GA parameters based on experts' knowledge. The effectiveness of the proposed model and algorithm is proved by a practical application in Jinping − II Hydropower Station. The results of comparative analysis between the proposed flc − hGA and other GA algorithm indicate that flc − hGA has more prominent performances in the fitness value, the convergence iterations and the elapsed time.

Finally, we consider a four − dimensional time − cost − quality − environment trade − off problem which are split into several sub − projects, and present a bi − level multi − objective multiple project scheduling models under fuzzy phenomena which has multiple upper objectives and multiple lower objectives. The upper objectives are minimizing the quality defect and environmental impact, and the lower objectives are minimizing the duration, tardiness penalty, and comprehensive cost in their subproject. To solve the bi − level multi − objective models, the weight − sum procedure is adopted to transform the multi − objective model into a single − objective model at first, then interactive fuzzy programming technique is used bi − level model into a single − level model. At last, EBS − based GA is utilized. The superiority of the proposed hybrid intelligent algorithm is proved by comparison with the other GA algorithm.

Above all, multi − objective decision model and bi − level multi − objective decision model in Jinping − II Hydroelectric Project is deeply studied and accordingly algorithms for solving the proposed problems are analyzed. The proposed four multi − objective decision making optimization models under fuzzy environment can develop a more reasonable and effective decision scheduling based on the practical situation of Jinping – II Hydroelectric Project for minimizing the duration, cost, quality defect and environmental impact. Undoubtedly, in the future research, this dissertation will be contributed in multi – objective and bi – level decision making under complex phenomena and complex large – scale project scheduling problems.

Key words: **Fuzzy variable**, **Multi – objective programming**, **Jinping – II Hydroelec – tric Project**, **Genetic Algorithm**, **Expected value**, **Optimistic – pessimistic index**.

目　录

1　引言 / 1

  1.1　研究背景 / 2

  1.2　研究现状 / 5

    1.2.1　文献汇总 / 5

    1.2.2　多目标平衡分析模型 / 17

    1.2.3　模糊环境 / 22

    1.2.4　遗传算法 / 24

    1.2.5　二层规划 / 25

    1.2.6　现状评述 / 29

  1.3　研究框架 / 30

    1.3.1　研究思路 / 31

    1.3.2　技术路线 / 31

    1.3.3　研究内容 / 32

2　理论基础 / 37

  2.1　模糊理论 / 37

    2.1.1　模糊变量 / 37

2.1.2 模糊变量的测度 / 40

2.2 二层规划 / 42

2.2.1 相关概念 / 42

2.2.2 一般模型 / 42

2.2.3 分类 / 43

2.2.4 模型求解 / 43

2.3 遗传算法 / 45

2.3.1 一般步骤 / 46

2.3.2 算法设计 / 46

3 多模式离散工期－成本－环境平衡分析模型及其应用 / 51

3.1 基本问题 / 51

3.2 模型建立 / 53

3.2.1 模糊变量的处理 / 53

3.2.2 问题假设 / 54

3.2.3 模型建立 / 55

3.2.4 模糊多目标模型 / 57

3.3 算法设计 / 61

3.3.1 综合程序 / 62

3.3.2 加权程序 / 64

3.3.3 (f)a－hGA 操作过程 / 64

3.3.4 (f)a－hGA 参数规则 / 65

3.4 锦屏二级水电工程中的离散时间－成本－环境平衡分析 / 65

3.4.1 案例说明 / 65

3.4.2 结果讨论 / 67

　　　　3.4.3　灵敏度分析 / 68

　　　　3.4.4　算法比较 / 70

　　3.5　本章小结 / 71

4　离散时间－成本－质量－环境平衡分析模型及其应用 / 73

　　4.1　问题简介 / 73

　　4.2　模型构建 / 77

　　　　4.2.1　工期子系统 / 80

　　　　4.2.2　成本子系统 / 82

　　　　4.2.3　质量子系统 / 84

　　　　4.2.4　环境影响子系统 / 85

　　4.3　算法构建 / 90

　　　　4.3.1　模糊变量和多目标的处理 / 90

　　　　4.3.2　（f）a－hGA框架 / 92

　　4.4　锦屏二级水电站大型深埋隧道群工程调度管理 / 94

　　　　4.4.1　项目描述 / 94

　　　　4.4.2　数据收集 / 95

　　　　4.4.3　结果分析 / 99

　　　　4.4.4　灵敏度分析 / 101

　　　　4.4.5　算法评价 / 102

　　4.5　本章小结 / 103

5　多项目时间－成本－环境平衡分析模型及其应用 / 104

　　5.1　问题陈述 / 104

　　5.2　模型架构 / 106

5.2.1 问题假设 / 106

5.2.2 模型建立 / 107

5.3 **算法设计** / 110

5.3.1 模糊处理 / 110

5.3.2 多目标转换 / 110

5.3.3 综合程序 / 111

5.3.4 解的表达 / 112

5.3.5 混合遗传算子 / 112

5.3.6 带有模糊逻辑控制器的混合遗传算法 / 113

5.4 **锦屏二级水电站建设部分项目的调度管理** / 114

5.4.1 项目简介 / 114

5.4.2 所需数据 / 117

5.4.3 计算结果讨论 / 118

5.4.4 灵敏度分析 / 120

5.4.5 算法评价 / 122

5.5 **本章小结** / 123

6 **多项目时间－成本－质量－环境平衡分模型及其应用** / 125

6.1 **背景介绍** / 125

6.1.1 层次性 / 126

6.1.2 模糊性 / 126

6.2 **模型建立** / 129

6.2.1 问题假设 / 130

6.2.2 期望值模型 / 130

6.3 **求解算法** / 136

　　　6.3.1　多目标转换程序 / 136

　　　6.3.2　交互式模糊规划技术 / 137

　　　6.3.3　熵－玻尔兹曼选择遗传算法 / 139

　　　6.3.4　EBS－basedGA 框架 / 141

　　6.4　锦屏二级水电站主要建设项目调度管理 / 142

　　　6.4.1　项目简介 / 142

　　　6.4.2　所需数据 / 145

　　　6.4.3　计算结果 / 148

　　　6.4.4　灵敏度分析 / 149

　　　6.4.5　算法比较 / 150

　　　6.4.6　比较分析 / 151

　　6.5　本章小结 / 151

7　结语 / 153

　　7.1　主要工作 / 153

　　7.2　本书创新 / 156

　　7.3　未来研究 / 157

　参考文献 / 158

1 引言

近年来，由于社会经济飞速的进步和发展，大型建设工程项目比比皆是，对能源的需求也急剧增加。为了发展清洁和可再生能源和国家"西电东送"战略，中国正在建设大量的水电工程，尤其是在雅砻江流域。锦屏二级水电站大型建设工程项目是雅砻江上最重要的建设工程之一。由于其施工过程非常复杂，如果项目调度计划管理不周，施工组织不当，就会造成脱节停工等现象，延误整个工程项目的工期。因此，如何安排合理的项目调度计划，进行合理的施工组织，很大程度上决定了项目管理的成败。

工期和成本是建设项目中非常重要的两个基本方面，离散工期－成本平衡问题（DTCTP）在工程项目调度中是很重要的主题，成为项目调度多目标平衡分析模型最为经典和核心的问题之一，得到了广泛的关注与大量应用，并成为当前运筹学研究领域一个重要的分支。锦屏二级水电站建设工程项目是一个大型建设工程项目，且不可避免地会影响生态平衡，会破坏周围的水生环境，预计在生态环境保护方面的投入将超过 10 亿元，所以，环境影响是该项目不可或缺的一个管理目标。另外，该项目的某些分部工程地质条件极其复杂、施工布置困难、综合难度大，因此，施工质量也是这些子项目建设安全和顺利进行的重要保障。面对项目量大、短工期、高质量、低环境影响的要求，如何制订调度计划以平衡多个管理目标，是急需解决的关键性问题，即离散工期－成本－环境平衡的问题（DTCETP）及离散的时间－成本－质量－环境平衡问题（DTCQETP）。同时，由于项目活动的唯一性，而且对于历史数据的缺乏以及信息输入的不充分，不确定性也是锦屏二级水电站建设工程项目的一个重要特征。另外，随着所讨论项目的规模越来越大，工期也越来越长，组织结构越来越复杂，考虑到项目组织多方满意度的平衡以保证建设项目长期和短期的利益，多种决策层次结构的运用在锦屏二级水电站大型建设工程项目整体工程的调度中被充分、全面地考虑到了。因此，多目标、不确定性、多个决策层次结构将在锦屏二级水电站建设工程项目调度问题中进行研究。

综上所述，考虑在模糊环境下的项目调度多目标平衡分析模型及其在大型水电建设工程中的应用，使之能够制订更加有效合理的调度计划，在缩短工程项目工期，降低项目运作成本，提高施工质量以及降低环境影响等方面都具有积极的现实意义。另外，也将进一步丰富和发展模糊理论、多目标决策理论、多层决策理论。

1.1 研究背景

离散工期－成本平衡问题（DTCTP）是研究在满足项目任务时序约束、资金约束及工期约束的前提下，合理安排项目中各项活动的开始时间和执行方式，并使得工期与成本同时最小化，满足决策者的满意度[13,78,79,129,138,174,293]。随着城市化进程加快，大型建设工程项目比比皆是，对能源也急剧增加，环境问题已受到广泛的关注[49,50,235,302,303,319]。尤其对于锦屏二级水电站大型建设工程项目，是国家重点提出的生态建设工程。由于其不可避免地会影响生态平衡，会破坏周围的水生环境，预计在生态环境保护方面的投入将超过 10 亿元，因此对环境保护规划提出了很高的要求。所以，针对本项目的特性，环境在研究中是一个不可缺少的目标。将项目调度问题中经典二维的离散工期－成本平衡问题（DTCTP）拓展到三维的离散工期－成本－环境平衡问题（DTCETP）。另外，在研究的锦屏二级水电站大型建设工程项目中，锦屏二级水电站大型深埋隧道群工程是锦屏二级水电站最重要的子项目之一，具有埋深大、洞线长、洞径大、地应力水平高、工程地质条件极其复杂、施工布置困难等特点，是目前世界上已建、在建总体规模最大、综合难度最大的水工隧洞群工程。这对施工质量提出了很高要求，在针对这部分的研究中，本研究将三维的 DTCETP 多目标问题又进一步拓展到四维的 DTCQETP 来对其进行分析。因此对锦屏二级水电站大型建设工程项目中多目标平衡调度问题的研究是对经典的 DTCTP 以及 DTCQTP[11,24,105,143,237,280,305] 的拓展。通过研究，也可以将 DTCETP 及 DTC-QETP 的研究从锦屏二级水电站大型建设工程项目这个个案研究推广到一般大型建设工程。

实际的大型建设工程项目多目标平衡分析调度问题，尤其是在非例行项目中（如：新建项目）[188]，所要面对的一个困难是信息不充分。具体表现在数学模型中则是参数或变量的不确定性，因而导致整个决策空间亦是不确定的。多目标平衡问题调度问题是一项非常复杂的系统工程，各子项目以及各活动之间关系纷繁复杂，大型建设工程项目受交通运输、气象、水文、地形等因素影响也比较大，决策信息完全充分是不太可能的。如果为了去追求最充分的信息而一味地消耗大量的资金和时间，往往得不偿失。在此种情况下，不确定理论是一个有效的工具，能够在信息不充分的环境里，使决策者作出相对科学合理的决策。

在大型建设工程项目调度多目标平衡分析模型中，每一活动的工期和完成时间都很可能不确定。工期不确定模型通常分为两种：基于概率的方法和基于模糊集的方法[14,72,87,137,320,321]。选择哪一种，主要是依靠实际情形来决定。在新建项目中，每一个活动都具有独特性，因此缺少历史数据，项目经理很难通过随机变量来描述工期。基于此，在这种情形下，模糊方法被认为是一种有效的方法。首先，模糊概念是由泽德（Zadeh）[37,311-313]在1965年提出的。随后纳罕姆斯（Nahmias）[209]做了进一步研究，杜博斯和普拉德（Dubois and Prade）介绍了模糊变量的隶属度函数并提出了可能性理论[93-101]。模糊理论作为一种有用的工具来处理模棱两可的信息，尤其对于建设工程项目中活动具有一次性、独特性、不确定性，而又无法通过历史数据来获取信息这种情况很实用。例如每个活动的工期都是典型的不确定变量，它们受很多不确定因素的影响，如天气、设备性质、劳动者效率、决策者的判断误差、材料的供应条件、承包商之间的协调等不确定因素，而决策者们不能通过历史数据判断其准确的数值，但是根据他们主观的从业经验可以大致判断其范围，实际上，决策者可能会有这样的说法："活动 i 的正常工期在乐观和悲观可能范围内，乐观边界是 15 个月，悲观边界是 23 个月，最有可能的工期是 19 个月。"这样就可以转化为三角模糊函数：$\tilde{D}_i =$（15，19，23）。传统模糊事件的模糊测度不能表达决策者乐观－悲观程度的偏好。本书介绍了模糊 Me 测度[299]，该测度用乐观－悲观参数来描述决策者的偏好。

锦屏二级水电站大型建设项目整体工程不仅施工难度大，而且规模宏大，工期长，参与要素众多。为了兼顾长期利益和短期利益，保证各个层次管理满意度，项目调度的决策过程不能完全由一个人决定，需要多层次的决策人员同时参与讨论决策。多层决策和群决策不同，不同决策者属于不同层级。对于大型建设工程项目调度系统，其工作分解结构通常分为六级。一级为工程项目，二级为单项工程，三级为单位工程，四级为分部工程，五级为工作包，六级为作业或工序。一般而言，前三级由业主做出规定，更低级别的分解则由承包商完成并用于对承包商的施工调度控制，以确保承包商完成全部规定要做的工作，实现建设项目在满足工程要求、约束条件的情况下，对项目具体工作进行控制。不同层次决策者控制不完全相同的决策变量，然后根据层次不同，由上而下依次做出决策。例如在锦屏二级水电站大型建设工程项目中，其主体工程项目由若干个子项目构成，各子项目又由若干任务（活动）组成。

从上述分析可以看出，多层性是锦屏二级水电站大型建设工程项目整体工程的一个显著特点。在此种情况下，多层规划理论就成为处理此类问题的一个有效工具。然而一般的多层规划模型可以由多个二层规划模型复合而成，因此对于锦屏二级水电站大型建设工程项目整体工程主要关注二层规划模型。

作为解决梯级结构问题的有效工具，多层规划理论已经越来越多地应用于工程项目调度决策中。巴德（Bard）与穆尔（Moore）[33] 提出了解决线性或者二次型二层规划的分枝定界算法，以及探讨了下层决策者的库恩 - 塔克尔（Kuhn - Tucker）条件。汉森（Hansen）[125] 等提出了二层规划函数均为线性函数的分枝定界算法，以及下层决策者最优的必要条件。登普（Dempe）[89] 进一步对二层规划的基础理论做了研究，研究了其乐观 - 悲观解的概念。其大部分讨论了最优性的存在条件，小部分讨论了其算法，最后讨论了离散二层规划。维森特（Vicente）[277] 对所有二层规划和多层规划的文献书目做了一个总结和分类，主要分成解静态问题、层级优化以及最小化问题来阐述。巴德（Bard）[34] 从三部分分别介绍了二层规划的应用及算法：第一部分从线性、整数和非线性函数角度论述了二层规划算法；第二部分则从理论上对二层规划的定理和证明做了研究；第三部分则讨论了二层规划在实际问题中的应用。文（Wen）与苏（Hsu）[288] 对二层线性规划的基本模型、应用和解法做了一个总结。怀特（White）与阿南德（Anandalingam）[290] 提出了用对偶罚函数解决双层规划的方法，并用一些新的理论性质证明了在线性条件下全局最优解的存在性，这些性质也可以很自然的应用于非线性二层规划之中。本 - 阿伊德（Ben - Ayed）与布莱尔（Blair）[40] 证明了以前提出的两种线性二层规划算法是 NP 难题，是不能求出最优解的，需用启发式算法对其求解。科尔森（Colson）等[74] 对于二层规划优化的关键概念、解法和应用领域作了总结。拉韦（Labb'e）[170] 等从高速公路定价角度分析了上层决策者希望从税收上实现收入最大化，而从属决策者理性地从税收方面进行反映的模型；他们讨论了交通网络中的一种特殊问题，证明其是一个 NP（非确定性多项式）难题，但在特定情况下是多项式可解的，并给出了数值算例。巴德[30] 详细说明了求解二层规划问题有效算法上的一些难点，用例子证明了即使在最好的情况下，最优解都可能是不存在的，并证明了其是一个 NP 难题。穆尔与巴德[206] 研究了二层整数线性规划问题，在合作各方都希望最大化自己的目标函数的情况下，将决策变量分为离散和连续两种情况，讨论了上层决策者首先决策，通过影响而非控制下层决策者的情况。通过研究表明，即使应用穷举法仍然很难求解该问题，如果从极限角度来说是可能在较少的迭代次数情况下求出较为满意的解的。最后提出了可以平衡计算速度和精确性的启发式算法。巴德[32]讨论了二层规划的最优性条件，提出了二层规划问题可以等价于一个可行域内的最大化的线性规划函数，其解位于顶点处，在可微条件下得到了二层规划问题的一阶最优的必要条件，得到了其等价问题的数学规划。最后讨论了其解和帕内托最优之间的关系。马尔卡蒂（Marcotte）[193]通过二层规划研究了交通拥堵的网络设计问题，并求解了其局部最优解。可见，随着工程项目设计和施工技术进步以及行业细分，多层决策规划在多目标平衡项目调度问题中的应用将日益地广泛而深入。

综上所述，多目标性、模糊性和多层次性是锦屏二级水电站大型建设工程项目调度多目标平衡分析模型的特点，只有将三者全面综合考虑，才能更加科学而有效地指导实践。下面以锦屏二级水电站大型建设工程项目调度多目标平衡分析模型为研究对象，以讨论其多目标为主线，在现有的研究基础上，应用优化技术和智能算法对模糊环境下锦屏二级水电站大型建设工程项目调度多目标平衡分析模型及其实际应用进行研究。

1.2　研究现状

以下分别对多目标平衡调度问题、模糊环境、遗传算法和二层规划的现有文献进行归纳分析，介绍它们的研究现状。

1.2.1　文献汇总

为了更准确分析多目标平衡分析模型、模糊环境、遗传算法和二层规划的研究现状与研究热点，选取了三个重要的数据库（SCI，ScienceDirect，CNKI），采用 NoteExpress2 对文献进行了系统的整理和回顾。

在科学引文索引（SCI）和科学指引（ScienceDirect）中，分别选取"time－cost trade－off problem""fuzzy environment"、"genetic algorithm"和"bi－level，bilevel"作为检索词。为了避免过多的文献数目和保证较高的相关性，只选取检索词出现在"title"中的文献。在中国知识基础设施工程（CNKI）中，分别选取"时间－成本平衡问题""模糊环境"、"遗传算法"和

"二层"为检索词，为了提高检索效率，只选取检索词出现在"标题"中的文献。

通过阅读标题与摘要来确定相关性，对所有文献进行初步删选整理，得到文献数目分布如表 1.1 所示。

表 1.1   文献分布

数据库 ＼ 问题	多目标平衡调度问题	模糊环境	遗传算法	二层规划
CNKI	98	218	237	288
SCI	157	546	574	128
ScienceDirect	373	240	327	196
总计	628	1072	1138	763

1.2.1.1 多目标平衡分析模型

对于大型建设工程项目多目标平衡分析模型，在通过对文献进行初步筛选整理后，得到了 628 篇参考文献，见图 1.1。由于 SCI，ScienceDircet，CNKI 这三个数据库的重叠性，首先对文献进行"查找重复题录（文献）"操作。设置"待查重字段（E）"属性为"标题；年份；作者"，"设置匹配度（M）"为"模糊"，选择"大小写不敏感（C）"，查找出重复的题录。删除重复的题录后，得到了有396 个题录的基础数据库。然后选择"文件夹统计信息"，分别统计"年份"、"期刊"、"作者"，得到图 1.2 ~ 图 1.4。文献总体统计结果见表 1.2。

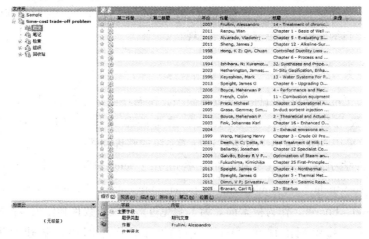

图 1.1　多目标平衡分析模型文献初步汇总

图 1.2　多目标平衡分析模型年份分布

字段：年份	记录数	% (1402)	图形
2012	106	7.561 %	
2011	113	8.060 %	
2010	87	6.205 %	
2009	87	6.205 %	
2008	76	5.421 %	
2007	60	4.280 %	
2006	57	4.066 %	
2005	52	3.709 %	
2004	58	4.137 %	
2003	58	4.137 %	
2002	46	3.281 %	
2001	52	3.709 %	
2000	50	3.566 %	
1999	54	3.852 %	
1998	43	3.067 %	
1997	49	3.495 %	

图 1.3　多目标平衡分析模型期刊分布

字段：期刊	记录数	% (1402)	图形
Surface and Coatings Technology	3	0.214 %	
Solar Energy	3	0.214 %	
Reliability Engineering & Syste...	3	0.214 %	
Nuclear Instruments and Methods in ...	3	0.214 %	
LWT - Food Science and Technology	3	0.214 %	
Letters in Heat and Mass Transfer	3	0.214 %	
Journal of Nuclear Materials	3	0.214 %	
Journal of Molecular Catalysis A: Ch...	3	0.214 %	
Journal of Materials Processing Technology	3	0.214 %	
Journal of Heat Recovery Systems	3	0.214 %	
Journal of Biotechnology	3	0.214 %	
Journal of Aerosol Science	3	0.214 %	
International Communications in He...	3	0.214 %	
High Temperature	3	0.214 %	
Gas Separation & Purification	3	0.214 %	
Fluid Phase Equilibria	3	0.214 %	

图 1.4　多目标平衡分析模型作者分布

表 1.2　　　　　　　多目标平衡分析模型文献总体统计结果

年份	1980 年以前：9（2.27%）； 1981—1990 年：17（4.29%）； 1991—2000 年：92（23.23%）； 2001 年至今：278（70.2%）
关键期刊	Journal of Construction Engineering and Management：56（8.16%） Automation in Construction：33（4.08%） Journal of Computing in Civil Engineering：28（3.58%） International Journal of Project Management：17（2.89%） European Journal of Operational Research：9（1.29%）
作者	14 篇文献的作者：De, P.； 8 篇文献的作者：Demeulemeester, E. L.； 7 篇文献的作者：Eshtehardian, E.； 5 篇文献的作者：Peng, W.； 4 篇文献的作者：Leu, S. S.，Liang, T. F.，Harvey, R. T.，Ammar, M. A.

　　为了得到多目标平衡分析模型的研究热点，我们进一步对"年份"进行了分析。从图 1.5 可以看出，对该问题的研究呈现逐年上升的趋势。尤其是 2001 年以来，共有 278 篇研究文献，占总文献的 70%。

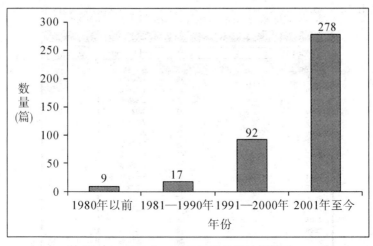

图 1.5　多目标平衡问题文献统计柱状图

1.2.1.2　模糊环境

　　对于模糊环境的问题，在通过对文献进行初步删选整理后得到了 1072 篇参考文献，见图 1.6。

图 1.6　模糊环境文献初步汇总

　　类似地设置相同的属性，查找出 107 篇重复的题录。删除重复的题录后，得到了有 965 个题录的基础数据库。然后选择"文件夹统计信息"，分别对"年份"、"期刊"、"作者"进行统计，得到图 1.7 ~ 图 1.9。文献总体统计结果见表1.3。

字段：年份	记录数	% (968)	图形
1995	18	1.860 %	
1996	17	1.756 %	
1997	26	2.686 %	
1998	37	3.822 %	
1999	20	2.066 %	
2000	36	3.719 %	
2001	29	2.996 %	
2002	42	4.339 %	
2003	41	4.236 %	
2004	38	3.926 %	
2005	52	5.372 %	
2006	57	5.888 %	
2007	51	5.269 %	
2008	65	6.715 %	
2009	73	7.541 %	
2010	84	8.678 %	
2011	91	9.401 %	
2012	50	5.165 %	

图 1.7　模糊环境年份分布

字段：期刊	记...	% (968)	图形
Journal of Systems Engineering and ...	99	10.227 %	
<空>	71	7.335 %	
Journal of Systems Science and Sys...	44	4.545 %	
Expert Systems with Applications	40	4.132 %	
Fuzzy Sets and Systems	37	3.822 %	
Applied Mathematics and Mechanics(...	23	2.376 %	
Progress in Natural Science	23	2.376 %	
Chinese Science Bulletin	22	2.273 %	
Science Bulletin	20	2.066 %	
Chinese Journal of Mechanical Engin...	19	1.963 %	
Chinese Journal of Mechanical Engin...	16	1.653 %	
Journal of Central South University ...	16	1.653 %	
Science in China(Series E:Technolog...	16	1.653 %	
Science in China(Series F:Informati...	16	1.653 %	
A Monthly Journal of Science	15	1.550 %	
European Journal of Operational Res...	15	1.550 %	
Science China(Information Sciences)	15	1.550 %	
Applied Soft Computing	14	1.446 %	

图 1.8　模糊环境期刊分布

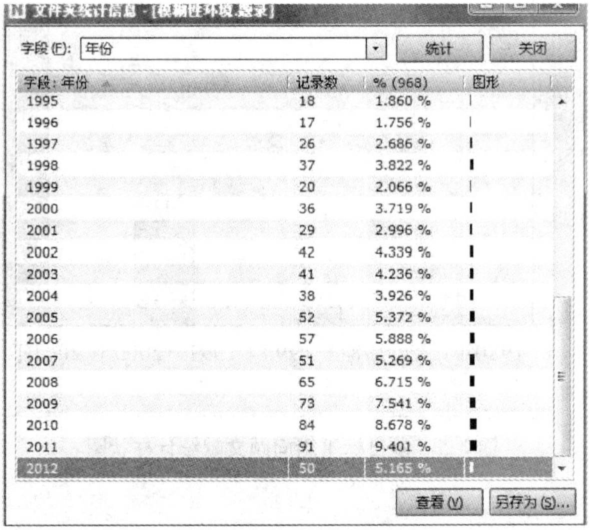

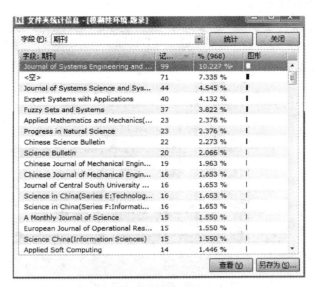

图 1.9　模糊环境作者分布

表 1.3　　　　　　　　模糊环境文献总体统计结果

年份	1980 年以前：11（1.13%）； 1981—1990 年：83（8.6%）； 1991—2000 年：201（20.82%）； 2001 年至今：670（69.43%）
关键期刊	Journal of Systems Engineering and Electronics：107（9.16%） Journal of Systems Science and Systems Engineering：52（6.08%） Expert Systems with Applications：48（5.58%） Fuzzy Sets and Systems：42（4.89%） Applied Mathematics and Mechanics（English edition）：29（2.29%）
作者	13 篇文献的作者：刘应明； 11 篇文献的作者：李洪兴； 8 篇文献的作者：Tang, W. S.；卢冰原；吴从炘； 6 篇文献的作者：Xu, J. P.；Liang, G. S.； 5 篇文献的作者：Zhao, R. Q.；Xu, Z. S.

　　为了得到模糊环境的研究热点，我们进一步对"年份"进行了分析。从图 1.10 可以看出，对该问题的研究呈现逐年递增的趋势。尤其是 2001 年以来，共有 670 篇研究文献，占总文献的 70%。

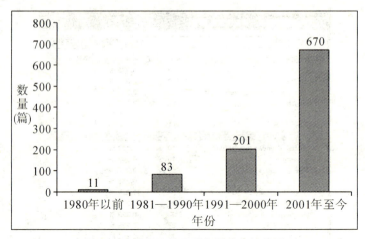

图 1.10　模糊环境文献年份分布柱状图

1.2.1.3　遗传算法

对于遗传算法的问题，在通过对文献进行初步删选整理后得到了1138篇参考文献，见图1.11。

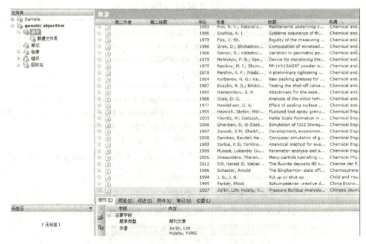

图 1.11　遗传算法文献初步汇总

类似地设置相同的属性，查找出132篇重复的题录。删除重复的题录后，得到了有985个题录的基础数据库。然后选择"文件夹统计信息"，分别统计"年份"、"期刊"、"作者"信息，得到图1.12～图1.14。文献总体统计结果见表1.4。

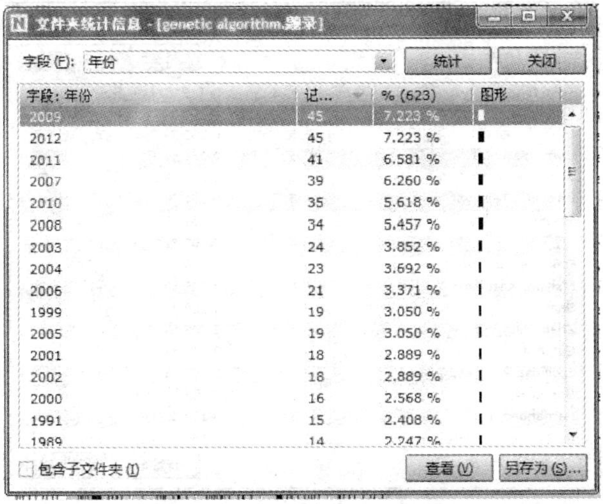

文件夹统计信息 - [genetic algorithm.题录]
字段(F): 年份
统计
关闭
字段: 年份
记...
% (623)
图形
2009 45 7.223 %
2012 45 7.223 %
2011 41 6.581 %
2007 39 6.260 %
2010 35 5.618 %
2008 34 5.457 %
2003 24 3.852 %
2004 23 3.692 %
2006 21 3.371 %
1999 19 3.050 %
2005 19 3.050 %
2001 18 2.889 %
2002 18 2.889 %
2000 16 2.568 %
1991 15 2.408 %
1989 14 2.247 %
包含子文件夹(I)
查看(V)
另存为(S)...

图 1.12　遗传算法年份分布

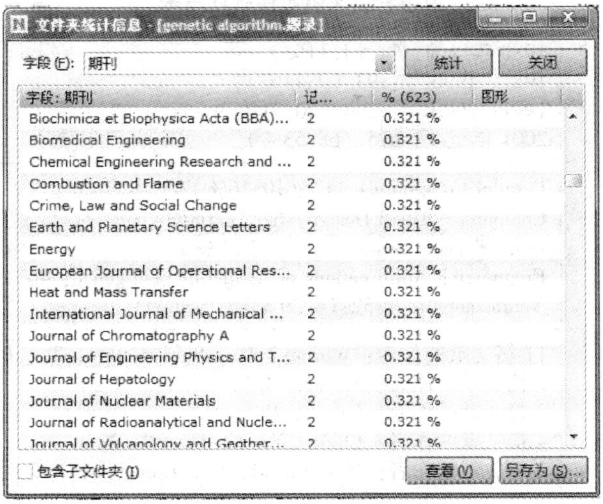

文件夹统计信息 - [genetic algorithm.题录]
字段(F): 期刊
统计
关闭
字段: 期刊
记...
% (623)
图形
Biochimica et Biophysica Acta (BBA)... 2 0.321 %
Biomedical Engineering 2 0.321 %
Chemical Engineering Research and ... 2 0.321 %
Combustion and Flame 2 0.321 %
Crime, Law and Social Change 2 0.321 %
Earth and Planetary Science Letters 2 0.321 %
Energy 2 0.321 %
European Journal of Operational Res... 2 0.321 %
Heat and Mass Transfer 2 0.321 %
International Journal of Mechanical ... 2 0.321 %
Journal of Chromatography A 2 0.321 %
Journal of Engineering Physics and T... 2 0.321 %
Journal of Hepatology 2 0.321 %
Journal of Nuclear Materials 2 0.321 %
Journal of Radioanalytical and Nucle... 2 0.321 %
Journal of Volcanology and Geother... 2 0.321 %
包含子文件夹(I)
查看(V)
另存为(S)...

图 1.13　遗传算法期刊分布

图 1.14 遗传算法作者分布

表 1.4　　　　　　　　　　遗传算法文献总体统计结果

年份	1980 年以前：11（1.11%）； 1981—1990 年：93（9.44%）； 1991—2000 年：206（20.91%）； 2001 年至今：675（68.53%）
关键期刊	Parallel Computing：112（10.16%） Computer – Aided Design：62（8.08%） Fuzzy Setsand Systems：57（7.58%） Engineering Appli cations of Artificial Intelligence：46（5.89%） Neurocomputing：32（4.29%）
作者	11 篇文献的作者：Whitley，D.，Starkweather，T.，Bogart，C.； 9 篇文献的作者：Mayer，M. K.； 8 篇文献的作者：Leardi，R.； 4 篇文献的作者：Chiou，Y. C.，Lan，L. W.； 2 篇文献的作者：Musharavati，F.，Hamouda，A. S. M.

　　为了得到遗传算法的研究热点，我们进一步针对"年份"进行了统计分析。从图 1.15 可以看出，对该问题的研究呈现逐年递增的趋势。尤其是 2001 年以来，共有 675 篇研究文献，占总文献约 70%。

1.2.1.4　二层规划

　　对于遗传算法的问题，在通过对文献进行初步删选整理后得到了 823 篇参考文献，见图 1.16。

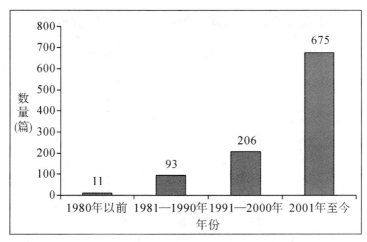

图 1.15 遗传算法文献年份分布柱状图

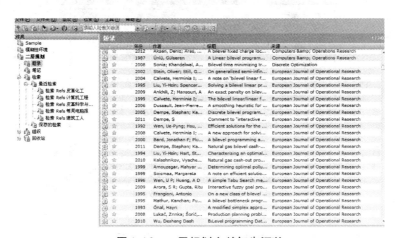

图 1.16 二层规划文献初步汇总

类似地设置相同的属性，查找出 72 篇重复的题录。删除重复的题录后，得到了有 744 个题录的基础数据库。然后选择"文件夹统计信息"，分别统计"年份"、"期刊"、"作者"信息，得到图 1.17～图 1.19。文献总体统计结果见表 1.5。

图 1.17　二层规划年份分布

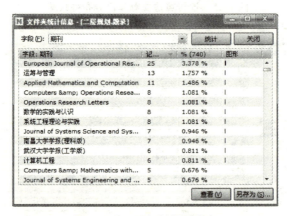

图 1.18　二层规划期刊分布

图 1.19　二层规划作者分布

项目调度多目标平衡分析模型及其应用

表 1.5　　　　　　　　　　　二层规划文献总体统计结果

年份	1980 年以前：18（2.41%）； 1981—1990 年：45（6.04%）； 1991—2000 年：154（20.70%）； 2001 年至今：527（70.83%）
关键期刊	European Journal of Operational Research：26（3.76%） 运筹与管理：14（1.97%） AppliedMathematicsandComputation：12（1.57%） OperationsResearch：9（1.11%） OperationsResearchLetters：8（1.03%）
作者	21 篇文献的作者：万仲平； 13 篇文献的作者：王先甲； 11 篇文献的作者：滕春贤；吕一兵；Wan，Zhongping； 10 篇文献的作者：王广民；Gal，Carmen；Calvete，HerminiaI；

　　为了得到遗传算法的研究热点，我们进一步针对"年份"进行了统计分析。从图 1.20 可以看出，对该问题的研究呈现逐年上升的趋势。尤其是 2001 年以来，共有 527 篇研究文献，占总文献约 70%。

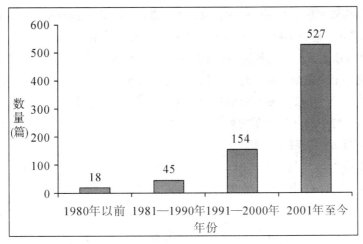

图 1.20　二层规划文献年份分布柱状图

　　下面，以上面的数据库为基础，对多目标平衡调度问题、模糊环境、遗传算法和二层规划的研究现状进行介绍。

1.2.2　多目标平衡分析模型

　　项目调度问题一直以来就是工程项目管理领域的研究热点，已形成比较规范的基本模型和研究方法。随着经典的工程项目调度问题（PSP）的研究深入，在经典的工程项目调度问题的基础上，研究者们还探讨了多模式下的资源受限项目调度问题（multi - mode resource - constrained project scheduling problem, rc - PSP/mM）[15,43,46,54,76,81,83,106,146,200,207,269]，资源受限的多项目调度问题（resource - constrained multiple project scheduling problems, rc - mPSP）[19,52,118,152,161,163,167,171,202,216,292,297]，离散时间/成本/资源/质量平衡问题（discrete time/cost/quality/resource/stability trade - off problem）[17,64,84,121,122,130 - 132,157,165,203,212,213,218,224,230,231,241,265,273,293]，资源水平量问题（resource leveling problem）[18,71,75,155,175,211,264,291,307]，最大/最小时间滞后资源受限项目调度问题（max/mintime lags resource - constrained project scheduling problem, rc - psp/max）[35,36,61,134,147,148,187,210,238,243,244]，任务可拆分/不可拆分资源受限项目调度问题（preemptive/nonpreemptive resource - constrained project scheduling problem）[77,86,92,153,166,226,265,314]。

研究的主要内容——模糊环境下工程项目多目标平衡调度问题，也是在经典的项目调度问题的基础上衍生而来。从 PSP 出发，介绍了 PSP 问题的约束条件、目标函数和常见的拓展问题，及各类问题的相关算法进行了详细综述。

1.2.2.1　基于多目标平衡分析模型的经典 PSP 约束

PSP 可描述为：满足各类约束条件下，为工程项目的各个任务决定开始时间以优化一个或多个目标。对 PSP 问题研究主要包含四类约束：任务间的时序约束[12,13,41,62]、有限资源造成的资源约束[14,16,70,79]、时间约束[78,80,87,88,108,109]以及多项目问题中的项目关系约束[36,68,81,82,123]。

（1）任务间的时序约束

根据埃尔马拉比（Elmaghraby）和坎布罗斯基（Kamburowski）于 1992 年[107]的研究，任务之间的时序约束可分为以下四类：结束 - 开始型（finish - to - start, FS）：紧后任务在紧前任务结束之前不能开始；结束 - 结束型（finish - to - finish, FF）：紧后任务在紧前任务结束之前不能结束；开始 - 开始型（start - to - start, SS）：紧后任务在紧前任务开始之前不能开始；开始 - 结束型（start - to - finish, SF）：紧后任务在任务紧前开始之前不能结束。

结束 - 开始型（FS 型）时序在现实中最为常见，对 PSP 问题的研究只考虑 FS = 0 的情形，即一个任务的所有紧前任务结束后，该任务可以立刻开始。

（2）资源约束

根据现有项目调度领域文献对资源特性不同，将资源分为可更新资源、不可更新资源、双重约束资源[53,256,257,282-284]。

可更新资源指的是资源可用量在项目工期的每个时段都有限制，但消耗之后在下一阶段又可重新利用或再生的资源，如场地、设备、劳动力等；不可更新资源指的是资源可用量在项目开始后以总量形式体现，随项目推进而逐渐被消耗减少，如能源、物资材料；双重约束资源是资源可用量在项目工期的每个时段都有限制，且在项目开始后的总量也有限，如资金，它在整个项目和项目工期的各阶段都有预算限制。

（3）时间约束

针对某些问题，项目执行可能会存在额外的时间约束，紧前任务完成后紧后任务不能立即开始。当项目存在时间约束时，工期会明显延长，从而使项目调度复杂性也会急剧增加。巴杜冉（Bartuseh）等[36]于1988年把任务的开始时间限制在特定时间区域启动。针对给定的任务 i 和 j，有：

$$s_i + l_{ij}^{\min} \leqslant s_j \leqslant s_i + l_{ij}^{\max}$$

其中 $l_{ij}^{\min}$ 为任务 i 对于任务 j 的最小开始 - 开始滞后量（minimal Start - to - start lag），$l_{ij}^{\max}$ 为任务 i 对于任务 j 的最大开始 - 开始滞后量（maximalstart - to - start lag）[35,147,148]，那么任务 $W_{ij} = \left[s_i + l_{ij}^{\min}, \ s_i + l_{ij}^{\max} \right]$ 即为一个任务 j 对于任务 i 的时间窗。

近年来，还有许多学着研究了带最小/最大时间滞后的项目调度问题中时间窗约束对项目调度的影响和应用[61,134,187,210,238,243,244]。

（4）项目关系约束

学者们对多项目调度问题，基于项目间的相互依赖关系提出了项目关系约束。目前文献中涉及的项目关系约束主要有如下三类：互相排斥指项目间非此即彼的关系[123]；相互依赖即一个项目的执行以另一个项目执行为行为前提[114]；紧前关系约束即一个项目须在另一个项目完工后才能开始[222]。

1.2.2.2 基于多目标平衡分析模型的经典 PSP 目标函数

由于现代大型建设工程项目的多目标性，离散时间 - 成本 - 资源 - 质量平衡问题成为了 PSP 中一个重要分支。工期和成本是建设项目中非常重要的两个方面，一直受到很多学者的关注，最初由哈维（Harvey）和帕特森（Patterson）于1979[129]以及欣德朗（Hindelang）与穆特（Muth）于1979[138]提出的离散工期 - 成本平衡问题（DTCTP）成为了工程项目多目标平衡调度中是重要的主题。工程中的每个活动可以增加费用以压缩工期，这就是所谓的工期-成本平衡问题。文献中主要集中讨论DTCTP，是由于离散的工期-成本平衡问题在现实中更容易得到求解和应用。

经典DTCTP例如：考虑一个有5个活动在资金有限的约束（资源总量为6）的简单项目，每个活动的时序关系、工期、资金消耗量以及调度计划如图1.21所示，则该项目的最短工期为10，资金流量限制为6。

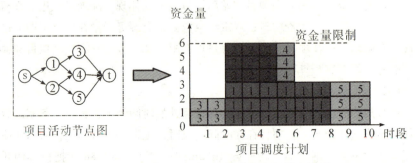

图1.21　经典DTCTP项目活动节点与调度计划

现有离散时间-成本-资源-质量平衡问题领域文献涉及的优化目标函数主要可以分为以下三类：时间类目标函数、成本（资源、财务）类目标函数以及质量类目标函数三类，如表1.6。

表1.6　　　　　　　　　　多目标平衡分析模型常见目标函数

目标函数	文献
最小化工期	［165、208］
最小化项目延误或偏差	［23、130、132、171、304］
最小化加权延误	［272］
最小化项目（期望）工期	［23、24、108、110、131、227、230、267、271、274］ ［11、105、115、116、158、245、266、293、315、315］
最小任务开始时间平均绝对偏差加权和	［136］
最小化总成本或其现值	［13、23、24、108、110、157、227、240］ ［11、105、158、165、174、208、263、293］ ［79、116、133、245、266、267、315］
最小化资源需求方差和	［55、116］

表1.6(续)

目标函数	文献
最小化加权资源需求方差	[259]
最大化项目净现值	[176、262]
最大化资金可用量	[263]
最大化综合质量	[11、24、105、158、266、267、315、315]
最小化压缩成本和质量损失	[66、115、160、204]

（1）时间类目标函数

时间类目标函数是工程项目调度问题最常见的优化目标之一，经典的关键路径法（CPM）的目标就是项目总工期就是最小化。

当工程项目任务有多种可供选择的执行模式或环境存在不确定性时，需优化得到一个最优调度方案使项目工期最小。范·德·万达（Van de Vonder）等于 2007 年为体现项目调度计划的鲁棒性（Solution：robustness），目标函数为最小化项目期望工期[271]。

$$\min\ (E\ (CT_J))$$

通常，项目合同会对交付期有要求，此类问题可用最小化项目延误的目标函数来表达项目完工时间与项目要求时间的差异[171]。

$$\mathrm{minmax}\ (o,\ CT_j - d_j)$$

考虑到项目各任务重要性差异及资源分配的需要，决策者可根据资源成本或是否为关键任务等，对不同任务赋予不同权重，对于这种情况，范（Van）等于 2005 年将最小化加权工期延误作为目标函数[272]。

$$\min(\sum_i w_i \max(o, CT_j - d_j))$$

在涉及工程外包等情况下，项目开始时间则会存在不确定性，对于此类问题，赫尔罗伦（Herroelen）与列乌斯（Leus）于 2004 年用最小任务开始时间平均绝对偏差的加权和来作为目标函数[136]。

$$\min(\sum_j w_j E(\tilde{ST}_j - ST_j))$$

上式中，$\tilde{ST}_j$ 为任务 j 的实际开始时间，ST_j 为项目调度计划任务 j 的指定开始时间。

（2）成本（财务、资源）类目标函数

成本类指标在 DTCTP 与 DTCQTP 里通常作为目标函数之一。

资源构成总成本问题，这类问题研究如何在满足项目工期条件下优化项目的总成本[110、157]。

$$\min \sum_k C_k(R_k)$$

上式中，$C_k(R_k)$ 为第 k 种资源的成本。

净现值是工程项目执行的重要影响因素。通常，在项目执行与资源使用时会产生现金流出；在工程全部或部分完成时，因甲方报量而收到货款而产生现金流入。最大化项目净现值（net Present value，NPV）是项目调度中的重要财务类优化目标[176、262]。

$$\max NPV = \max \sum_j NCF_j e^{-ac_j}$$

上式中，a 表示贴现率，NCF_j 表示任务 j 在完工时的净现金流。

资源水平量问题（resource leveling problem），这类问题研究如何在满足项目工期相关约束的条件下，最优化资源消耗水平，即最小化资源需求方差之和[55]。

$$\min \sum_{t=1}^{CT_j} (D_k t - \overline{D}_k)^2$$

当项目涉及多种资源的时候，常选用最小化加权资源需求方差和为目标函数[259]。

$$\min \sum_k w_k \sum_{t=1}^{CT_j} (D_k t - \overline{D}_k)^2$$

上式中，D_{kt} 表示 t 时刻项目对第 k 种资源的需求量，$\overline{D}_k$ 表示第 k 种资源的需求量在整个项目工期内的平均资源需求水平。

（3）质量类目标函数

质量类指标在 DTCTP 与 DTCQTP 里越来越多的成为目标函数之一，比较多见的是最大化综合质量[24]。

$$Q = \sum_{i=1}^N w_i Q_i$$

上式中 N 为项目活动数量，w_i 为活动 i 的权重。

1.2.3 模糊环境

1965 年泽德创立模糊集合理论，提出了模糊集理论和模糊数学[309]。泽德将模糊性和数学结合在一起，用精确数学方法来研究过去不能用数学描述的模糊事物。现在，模糊集理论在自然科学和社会科学领域的研究已受到广泛的重视，成为运筹学、决策科学、系统科学、专家系统、人工智能、控制理论等交叉学科的活跃研究领域，并建立了很多分支理论。到 20 世纪 90 年代，模糊拓扑学已形成了完整体系并具独特性，而模糊分析学、模糊随机数学、模糊逻辑理论等也在不断日益成熟。这些理论的发展很大程度上丰富了模糊数学的内涵。其中，模糊多准则决策（模糊多目标决策和模糊多属性决策）是模糊集理论中研究最为广泛和成熟的领域之一。

从 20 世纪 80 年代开始至今，模糊集理论快速发展。基于模糊集理论和可能性理论，众多学者对模糊多目标决策问题开展的研究大致可分为以下三个方面：

（1）带有模糊参数的多目标决策问题，通常也被称为可能性多目标决策问题。

（2）具有模糊目标及模糊约束的多目标决策问题。

（3）带模糊目标、模糊约束以及模糊系数等混合多目标决策问题。

求解方法一般分为交互式与非交互式方法。模糊多目标决策模型与求解方法也被广泛地运用到实践中。比如，库存控制、系统可靠性、生产计划、项目调度、最优控制等。实践证明，在解决许多实际问题时，模糊多目标决策模型比传统确定的多目标决策模型往往具有更大的优势。

自泽德提出了模糊集以来，模糊型不确定变量得到了进一步发展，当变量的隶属度函数为确定函数时，该变量就被称之为模糊变量。模糊集合理论日益成熟[6、102、164]，为模糊环境的数学描述提供了有效的数学工具。模糊集通常被用于描述主观判断不明确的事件或物体，但是集合与变量也是有严格区别的，比如某些边界不分明的区域就适合用模糊集合来描述，然而某些模糊物理量更适合用模糊变量来描述。因此，在 1973 年，泽德又提出了模糊变量的概念[310]，并在 1978 年定义了模糊变量的可能性测度[308]，进而将模糊变量的研究和应用进一步深化。史多关于模糊集和模糊变量的理论和应用研究，参见文献 [26、60、96、150、275]。传统模糊事件的模糊测度不能表达决策者偏好。为了表达决策者的偏好，许（Xu）和周（Zhou）于 2011 年对模糊理论做了比较详细的介绍，提出了它的基本定义、期望值算子和机会测度等。其中模糊 Me 测度[299]，该测度用乐观 - 悲观参数来描述决策者的偏好。为了将模糊数转化为精确值，期望值算子用以处理该三角模糊数，其期望值表示如下（1.1）。

$$
E^{Me}\left[\xi\right] =
\begin{cases}
\dfrac{\lambda}{2}r_1 + \dfrac{r_2}{2} + \dfrac{1-\lambda}{2}r_3, & if \quad r_3 \leqslant 0 \\[3mm]
\dfrac{\lambda}{2}\left(r_1+r_2\right) + \dfrac{\lambda r_3^2 - \left(1-\lambda\right)r_2^2}{2\left(r_3-r_2\right)}, & if \quad r_2 \leqslant 0 \leqslant r_3 \\[3mm]
\dfrac{\lambda}{2}\left(r_3+r_2\right) + \dfrac{\left(1-\lambda\right)r_2^2 - \lambda r_1^2}{2\left(r_2-r_1\right)}, & if \quad r_1 \leqslant 0 \leqslant r_2 \\[3mm]
\dfrac{1-\lambda}{2}r_1 + \dfrac{\lambda}{2}r_3 + \dfrac{r_2}{2}, & if \quad 0 \leqslant r_1
\end{cases}
\tag{1.1}
$$

上式中，λ 为决策者的乐观－悲观值。

若所有的模糊数都是非负的三角模糊数，那么

$$
E^{Me}\left[\xi\right] = \frac{\left(1-\lambda\right)r_1 + r_2 + \lambda r_3}{2}
$$

许（Xu）和周（Zhou）还将其应用于多目标规划问题[299]。

1.2.4 遗传算法

启发式方法所求出的解常常不能保证最优，但其求解大规模建设工程项目问题所花费的时间比较短，在工程项目调度管理实践中也有广泛的应用。

1975 年，霍兰德（Holland）由于受生物进化论启发而提出了遗传算法（GA）[141]，此算法借鉴生物界适者生存的遗传进化规律，将问题求解经过一定的编码机制表达成染色体优胜劣汰的过程，借助一系列强随机性的交叉、变异操作，不断进化保留优秀个体，最后收敛到问题的最优解或者满意解。1995 年，利昂（Leon）等提出了标准单点交叉算子的遗传算法[173]，并将其与他们提出的基于局部搜索机制的两种启发式算法进行比较，实验结果表明，遗传算法效果比较好。1997 年，莫瑞（Mori）等人提出在遗传算法中[207]，根据编码确定的各活动的调度顺序及执行模式来确定其开始和结束时间。1998 年，哈特曼（Hartmann）提出了应用串行进度生成机制与两个交叉算子的任务链表编码遗传算法[128]，并和基于随机键与有限规则表达法的遗传算法进行了比较分析。2001 年，他又提出了基于解码规则任务链表的编码方法的 GA 算法[126]。2002 年，他又提出了自适应遗传算法[127]。1999 年，奥达马亚（Özdamar）提出了个体编码应用双链结构，个体由执行模式链和优先顺序链构成的遗传算法[217]。在调度的某个阶段的解码过程是按串行调度方案根据编码生成可行调度计划，根据优先顺序和执行模式来调度可行活动集的。2003 年，金（Kim）等提出了带有模糊控制器的混合遗传算法[162]，使遗传算法的收敛速度得到提

高。2001 年，刘士新等提出了求解多模式资源约束调度问题的模拟煺火/遗传算法[1]；2002 年，他们将精英保留策略应用在遗传算法中[2]。2008 年，瓦尔斯（Valls）等人提出的遗传算法[270]，提供了遗传操作中的几种变化，并与其他算法进行比较，证明其是运行快速、求解质量较高的算法。2009 年，门德斯（Mendes）等人提出了染色体采用随机数密钥编码的遗传算法[197]，通过定义活动的优先规则产生参数化的调度计划，然后和其他方法进行比较，证明该方法是有效的。

遗传算法具有以下优点：

（1）将问题参数编码为“染色体”进行操作，而非参数本身，且不受函数约束条件限制。

（2）从种群（问题解集合），而非单个解开始整个搜索过程，算法隐含并行搜索的特性。

（3）具有全局搜索性，并将搜索重点集中于适应性较高的解空间，保持高效而不易陷入局部最优解。

（4）依据个体适应值得到下一步搜索信息，并且遗传操作均为随机操作，特别适用于解决复杂问题和非线性问题。

尽管如此，标准遗传算法也有一定的局限性，尤其是对于对一些动态程度高的问题，因而，学者们提出了各种改进的遗传算法。例如，在以往定长二进制编码的基础上，提出了实数编码、动态编码等；针对选择算子，在按比例选择的基础上，提出了按序选择、精英选择等方案；针对交叉算子，在一点交叉算子的基础上，提出了均匀交叉、两点交叉、多点交叉方案；把控制参数的信息作为基因编入染色体，提出了退火遗传算法、自适应遗传算法等。

1.2.5　二层规划

1934 年，斯塔克尔贝里（Stackelberg）在 *Marktform und Gleichgewicht* 中提出双寡头模型（duopoly models，实质上是二层规划问题的一种特殊情况），这是二层规划的最早研究。由于当时德国的反竞争经济政策，该研究并未引起关注[260]。在 1973 年，巴尔肯（Bracken）和麦吉尔（McGill）首次建立了关于二层决策问题的数学模型[47]。在 1977 年，坎德拉（Candler）与诺顿（Norton）在关于奶制品工业模型与墨西哥农业模型科技报告里，正式提出了多层规划与二层规划概念[59]。

在过去几十年中，多层规划理论、方法的研究获得了飞速发展，并在实际应用方面有广泛发展，并逐渐成为运筹学、决策科学等新兴学科的研究热点。

然而由于多层规划非凸非光滑性质，使当前对其的研究主要集中于相对简单的二层规划，对三层以上多层规划研究仅局限于线性模型。二层规划是多层规划中最简单的形式，它可以看作是多层规划里的特例，而多层规划则是一系列二层规划的综合。纵观二层规划的研究，二层线性规划的研究逐渐趋于完善。

下面将回顾二层规划问题的模型和算法两个方面：

1.2.5.1 模型

二层规划模型主要分为以下几种类型：一般模型、线性二层规划模型、二层多目标规划模型与二层规划分散模型。

（1）一般模型

二层规划经典模型[39]：

$$\begin{cases} \min\limits_{x} F\ (x,\ y) \\ \text{s.t.} \begin{cases} G\ (x,\ y)\ \leqslant 0 \\ \text{上式中}\ y\ \text{是如下问题的解} \\ \begin{cases} \min\limits_{y} f\ (x,\ y) \\ \text{s.t.} \begin{cases} g\ (x,\ y)\ \leqslant 0 \\ x \in R^{n1},\ y \in R^{n2} \end{cases} \end{cases} \end{cases} \end{cases} \quad (1.2)$$

上式中，x，y 分别表示上层领导决策者和与下层从属决策者的决策变量；$F\ (x,\ y)$，$f\ (x,\ y)$ 分别表示上层领导决策者与下层从属决策者的目标；$G\ (x,\ y)$，$g\ (x,\ y)$ 分别表示上层领导决策者和下层从属决策者的约束条件。在此决策系统中，决策过程一般表示为：上层领导决策者宣布自己决策 x，下层从属决策者以此为依据，同时考虑自身的利益做出合理反应 y，之后上层决策领导者依据下层从属决策者的反应做出使全局利益最优的决策。

在某些情况下，下层从属决策者的合理反应集可能是空集、单元素或多元素集合。在此情况下，为简化二层规划求解的过程，通常假定合理反应集是单元素集合。此时，y 成了 x 的函数，即 $y\ (x)$，称为上层领导者决策的反馈函数。若已知反馈函数，则二层规划模型（1.2）等价于如下单层规划问题（1.3）：

$$\begin{cases} \min F\ (x,\ y\ (x)) \\ \text{s.t.} \begin{cases} G\ (x,\ y\ (x))\ \leqslant 0 \\ g\ (x,\ y)\ \leqslant 0 \\ x \in X,\ y \in Y \end{cases} \end{cases} \quad (1.3)$$

（2）线性二层规划模型

作为最简单的二层规划问题，在线性二层规划问题模型里，上下层决策者的目标和约束条件 $F(x, y)$，$G(x, y)$，$f(x, y)$，$g(x, y)$ 均为线性函数，标准模型表示如下：

$$
\begin{cases}
\min c_1^T x + d_1^T y \\
\text{s. t.}
\begin{cases}
A_1 x + B_1 y \leqslant b_1 \\
\text{其中 } y \text{ 是如下问题的解} \\
\min c_2^T x + d_2^T y \\
\text{s. t.}
\begin{cases}
A_2 x + B_2 y \leqslant b_2 \\
x \in X, \ y \in Y
\end{cases}
\end{cases}
\end{cases}
\tag{1.4}
$$

模型中，c_1，$c_2 \in R^{n1}$，d_1，$d_2 \in R^{n2}$，$A_1 \in R^{p1'n1}$，$B_1 \in R^{p1'n2}$，$A2 \in R^{p2'n1}$，$B_2 \in R^{p2'n2}$，$b_1 \in R^{p1}$，$b_2 \in R^{p2}$。

（3）二层多目标规划模型

当经典二层规划模型（1.2）的上层领导决策者目标 $F(x, y)$ 或下层从属决策者目标 $f(x, y)$ 为向量函数时，即 $F(x, y) = [F_1(x, y), F_2(x, y), \cdots, F_{m1}(x, y)]$（$m_1 > 1$），则式子（1.2）可以改写为二层多目标规划模型（1.5）。

$$
\begin{cases}
\max_x [F_1(x, y), F_2(x, y), \cdots, F_{m1}(x, y)] \\
\text{s. t.}
\begin{cases}
G_r(x, y) \leqslant 0, \ r = 1, 2, \cdots, p_1 \\
\text{其中 } y \text{ 是如下问题的解} \\
\max_y [f_1(x, y), f_2(x, y), \cdots, f m_2(x, y)] \\
\text{s. t.}
\begin{cases}
g r_0(x, y) \leqslant 0, \ r^0 = 1, 2, \cdots, p_2 \\
x \in X, \ y \in Y
\end{cases}
\end{cases}
\end{cases}
\tag{1.5}
$$

除了一般的二层多目标规划模型外，特殊的上层为多个目标线性和下层为多目标线性二层规划表示如下：

$$\begin{cases} \min_{x} \left[F_1(x, y), F_2(x, y), \cdots, F_{m1}(x, y) \right] \\ \text{s.t.} \begin{cases} A_1 x + B_1 y \leqslant b_1 \\ x \geqslant 0 \\ \text{其中 } y \text{ 是如下问题的解} \\ \begin{cases} \min_{y} d_2^T y \\ \text{s.t.} \begin{cases} A_2 x + B_2 y \leqslant b_2 \\ y \geqslant 0 \end{cases} \end{cases} \end{cases} \end{cases} \tag{1.6}$$

与

$$\begin{cases} \min_{x} F(x, y) \\ \text{s.t.} \begin{cases} A_1 x + B_1 y \leqslant b_1 \\ x \geqslant 0 \\ \text{其中 } y \text{ 是如下问题的解} \\ \begin{cases} \min_{y} \left[f_1(x, y), f_2(x, y), \cdots, f_{m2}(x, y) \right] \\ \text{s.t.} \begin{cases} A_2 x + B_2 y \leqslant b_2 \\ y \geqslant 0 \end{cases} \end{cases} \end{cases} \end{cases} \tag{1.7}$$

(4) 二层规划分散模型

设在一个复杂二层决策系统中，有一个决策领导者和 m 个从属决策者。令 x 表示领导者的决策变量，y_i 为第 i 个从属者的决策变量。则 $F(x, y_1, y_2, \cdots, y_m, c)$ 为领导者的目标函数，$f_i(x, y_1, y_2, \cdots, y_m, c)$ 为第 i 个从属者的目标函数。$G(x, c)$ 为领导者的约束函数，$g_i(x, y_1, y_2, \cdots, y_m, c)$ 是第 i 个从属者的约束函数，其中，$i = 1, 2, \cdots, m$；$c = (c_1, c_2, \cdots, c_n)$ 为一个参数向量。

在这个决策系统中，若决策领导者选择策略 x 后，则 m 个从属决策者将依此做出相应决策 $(y_1, y_2, \cdots, y_m)$。因此，二层规划分散模型可表示为：

$$\begin{cases} \min_{x} F(x, y_1, y_2, \cdots, y_m, c) \\ \text{s.t.} \begin{cases} G(x, c) \leqslant 0 \\ \text{其中 } (y_1, y_2, \cdots, y_m) \text{ 是如下问题的解} \\ \begin{cases} \min_{y_i} f_i(x, y_1, y_2, \cdots, y_m, c) \\ \text{s.t.} \begin{cases} g_i(x, y_1, y_2, \cdots, y_m, c) \leqslant 0 \\ x \in X, y \in Y \end{cases} \end{cases} \end{cases} \end{cases} \tag{1.8}$$

除此之外，线性分式二层规划模型与非线性二层规划模型等亦是常见的二层规划模型，具体参见文献［20、56、67、103、104、120、192、196、261、268、278］等。

1.2.5.2　算法

由于其复杂的几何性质，二层规划求解较困难。研究文献［29、38、125］已先后指出二层线性决策为 NP 难题，并给出了证明。为了求解多层决策问题，学者们提出了各种算法。综合史（Shih）等研究者对求解二层规划问题算法分类方式及近年来新兴的算法[253]，二层规划算法可以大致分为以下几类，见表1.7。

表1.7　　　　　　　　　　二层规划算法

类别	主要算法	文献
极点算法（主要针对线性二层规划）	网络搜索算法	［27、28］
	K 次最好法	［190、248、249、286、316］
变换算法（将二层规划转换为单层规划）	KKT 变换方法	［31、246、255］
	罚函数法	［44、145、151、191、195、301］
下降和启发算法	下降法	［149、242、258、276］
	割平面法	［57、194］
	分支定界法	［22、90、124、214、247］
	动态规划方法	［51、252］
智能算法	遗传算法	［58、85、135、159、215、300、306］
	粒子群算法	［111、169、223、317、318］
	模拟退火算法	［239、279、300］
	禁忌算法	［113、229、287］
其他算法	模糊方法	［21、220、250、251、254］
	内点法	［289］
	同伦法	［179］

1.2.6　现状评述

这部分介绍了项目调度多目标平衡分析模型及其相关领域的问题，基于本问题分别从 DTCTP 与 DTCQTP、模糊环境、求解方法及二层规划角度已有文献进行概述和总结。总结已有的文献，主要存在如下问题：单目标的研究相对比较多，而多目标研究较少；考虑时间－成本优化的比较多，考虑质量、环境目标优化的比较少；或者尽管考虑了质量，而未考虑环境；考虑确定性因素的比较多，考虑不确定因素的比较少；考虑大型建设工程项目及实际工程案例的较少。

近年来，随着社会经济和城市化进程的加速发展，大型建设工程项目受到学术界内外的广泛关注。由于经济发展对能源的需求急剧增加，如何在发展经济的同时保护环境已成为当务之急。模糊集理论越来越受到国内外学术界的高度重视，广泛渗透并且运用于决策科学的各个领域，尤其是关于模糊多目标决策的理论及应用研究，成果颇为显著。同时，作为最简单的多层规划，二层规划因其较为深入的模型和算法研究，以及与实际问题相结合的高契合度，不断提高和改善着现实工程中的待优化环节。对于重大建设项目管理问题研究由来已久，合理并有效地解决制订调度计划以平衡多个管理目标具有理论和实际双重意义。通过模糊理论与多目标理论相结合，构建模型并应用于整个工程项目管理中，综合分析项目调度中的各个要素，整体应用经济学、管理学、运筹学等基本理论和方法分析各个环节并对其进行模拟，运用优化理论使其具有工期、成本、质量和环境最优的特征，对大型建设系统理论和实践有重大意义。

1.3 研究框架

由于社会和经济飞速的进步和发展，建设工程项目无论是从数量上还是规模上发展都非常迅速，对能源的需求也急剧增加，如何发展清洁能源引起了大家的重视。为了发展清洁和可再生能源和国家"西电东送"战略，我国正在建设大量的水电工程，尤其是在雅砻江流域。锦屏二级水电站是雅砻江上最重要的建设工程之一。对于大型建设工程项目而言，如何制订调度计划以平衡多个管理目标，虽然有一些研究，但多数局限于理论研究，缺少能解决实际问题的方法。因此，以多目标决策为研究背景，主要针对模糊环境下，多目标规划模型及其在锦屏二级水电站大型建设工程项目中的应用进行研究，构建模糊多目标规划模型，包括了模糊变量的处理、算法的设计等，同时重点分析了模型在锦屏二级水电站大型建设工程项目中的实际应用，从而构建适合于大型建设工程项目的决策方法。

1.3.1　研究思路

经过对相关多目标决策理论的梳理之后，结合锦屏二级水电站大型建设工程项目中的实际情况，形成了如下的研究思路。

考虑到锦屏二级水电站大型建设工程项目多目标平衡在调度计划实际问题上（由于新建项目活动的唯一性、独特性，因而缺乏历史数据）只能通过模糊数来表达专家对某些参数假设的主观性。在模糊环境下多目标平衡项目调度问题模型和模糊环境下多目标平衡多项目调度问题模型中，分别探讨了三维的离散工期－成本－环境平衡问题（DTCETP）和四维的离散时间－成本－质量－环境平衡问题（DTCQETP）的多目标优化模型。从不同角度对模糊多目标平衡调度问题模型及算法展开了研究。

首先讨论了模糊环境下，锦屏二级水电站建设工程项目的离散工期－成本－环境平衡问题（DTCETP）的多目标调度模型，并用带修复策略的（f）a－hGA）求解。然后考虑锦屏二级水电站建设工程某些施工难度大的项目在模糊环境下的离散时间－成本－质量－环境平衡问题（DTCQETP）的多目标调度模型，并用（f）a－hGA）将其求解。接下来针对锦屏二级水电站项目规模较大、结构较复杂的多项目运作问题考虑了多项目时间－成本－环境平衡调度问题（mPTCETSP），结合多目标 GA 算法（MOGA），设计了混合智能算法——FLC 设计遗传算子的混合遗传算法（flc－hGA）来求解。最后讨论了上下层决策者均有多个目标的锦屏二级水电站项目的多项目时间－成本－质量－环境平衡调度问题（mPTCQETSP），应用交互式模糊规划技术将其转化为单层多目标模型以及熵－玻尔兹曼选择遗传算法（EBS－basedGA）来解该模型。

对于上述四种模型，都抽象得到单层单目标期望值规划模型，通过智能算法进行求解。此外，每个模型均给出了应用研究和比较分析，验证了该优化方法的可行性和有效性。上述研究思路可以用图进行简单的描述概括。

1.3.2　技术路线

经过对锦屏二级水电站大型建设工程项目进行调研，已有的模糊多目标决策、智能算法以及二层规划研究文献进行梳理之后，形成了上面的研究思路，并以多目标、模糊决策的基本理论和方法为基础，以运筹学优化方法和智能算法为主要工具，以项目中的实际问题为主线展开研究。根据研究思路，全书的技术路线如图 1.22 所示。

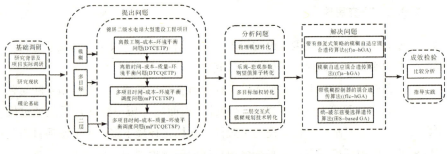

图 1.22   技术路线

（1）制订可行、详细的调研计划，进行理论资料检索，全面了解本选题的研究现状及存在的相关问题，做好充分的理论及实践准备。

（2）在调研基础上对锦屏二级水电站大型建设工程项目进行分析，根据模糊多目标规划理论对其存在问题进行归纳总结，进而分别建立模型，求解。

（3）分别分析所获资料，做系统化的检验、比较，得出若干重要建议。

1.3.3   研究内容

研究内容包括引言、基础知识、锦屏二级水电站建设工程项目的离散工期 - 成本 - 环境平衡问题（DTCETP）、锦屏二级水电站大型深埋隧道群工程的多模式离散时间 - 成本 - 质量 - 环境平衡问题（DTCQETP）、锦屏二级水电站建设工程项目中多项目时间 - 成本 - 环境平衡多项目调度问题（mPTCET-SP）、锦屏二级水电站建设工程项目中多项目时间 - 成本 - 质量 - 环境平衡多项目调度问题（mPTCQETSP），研究结论及展望七个章节。具体内容如图 1.23 所示。

第一章为引言，从研究背景、研究现状、研究框架三个方面进行了阐述，并对国内外近年来对模糊环境下的多目标规划的研究现状进行了梳理和归纳。研究背景部分主要是通过实际工程调研发现问题、明确研究目的与研究意义，指出了研究的重要性；研究现状部分通过对国内外相关问题及方法研究的总结分析，指出其不足，为本研究指明方向；研究框架主要从研究思路、技术路线、研究内容三个方面对全文进行归类概括说明，其中包含研究的方法和途径。

模糊变量是一个非常重要的核心概念，因此在第二章对模糊变量的定义、期望值以及测度等基本概念进行了介绍，求解了期望值。之后对后文所要用 GA 算法进行了介绍，并指出了其主要优势和算法流程。二层规划在解决后续

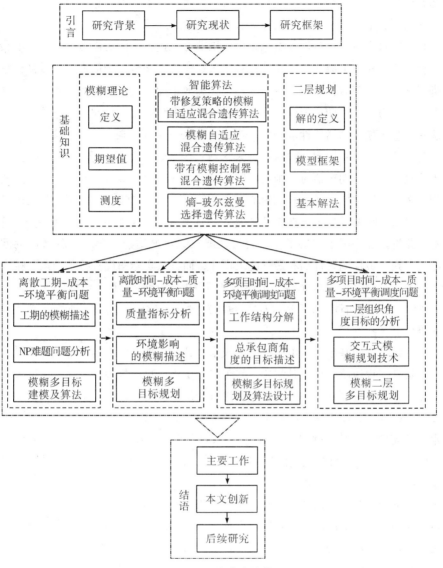

图 1.23　研究内容结构图

问题中也有涉及，描述了其基本概念，同时对其科学性和实用性进行了说明，为问题的解决提供了数学支撑。

　　第三章提出了针对锦屏二级水电站建设工程项目的离散工期－成本－环境平衡问题（DTCETP）针对项目活动工期是模糊变量的条件下，建立了模糊环境下锦屏二级水电站大型建设工程项目的多模式离散工期－成本－环境平衡的问题模型。它有四个目标：最小化项目总费用、最小化项目总工期、最小化总压缩费用、最小化环境影响。在总预算、资金流以及工期都有一定的约束下，工程中的每个活动可以增加费用以压缩工期方式进行，同时需考虑环境影响最小化的目标对施工模式的影响。在利用乐观－悲观参数期望值模型将模糊变量进行确定化处理后，模糊环境下的多模式离散工期－成本－环境平衡的问题模型便转化为多目标期望值模型，分析了该问题求解的意义，并用改进的遗传算法——基于模糊的适应性混合遗传算法（(f)a－hGA）来求解。当该多目标模型为线性时，可直接用期望值模型来求解；当该模糊多目标模型为非线性时，无法直接求出其期望值时，则通过模糊模拟植入适应性混合遗传算法来求解模型。然后，通过加权法将多目标模型转化为单目标，即求解单目标期望值模型。(f)a－hGA设计了单点交叉和变异的修复式策略来避免不可行解的产生。基于此将该算法用来解决了二滩公司锦屏二级水电站建设部分工程调度的问题，得到了最佳调度计划和最优施工模式，而且从实际角度分析了结果，拓展了结果的应用范围，从而验证了模型和算法的可行性和有效性。此外将（f)a－hGA与其他两种GA算法（GA、hGA）进行了比较，验证了所提出算法的先进性。

在第三章的基础上，由于锦屏二级水电站建设地下深埋隧道群工程建设项目多具有工程地质条件极其复杂、施工布置困难、总体规模大、综合难度大等特点，施工质量是建设的安全和顺利进行的重要保障。面对大型建设工程项目面对项目量大、短工期、高质量、低环境影响的要求，第四章研究了锦屏二级水电站大型深埋隧道群工程的多模式离散时间－成本－质量－环境平衡问题（DTCQETP）的多目标优化模型。针对DTCQETP的四个目标做出了分析：最小化项目工期、最小化项目总成本、最小化质量缺陷、最小化环境影响。在总预算、资金流、工期以及每个阶段质量缺陷和环境影响都有一定的约束下，为每个活动选择合适的施工模式以及安排最优的调度计划。通过将模糊变量精确化的处理，将DTCQETP转化为了多目标期望值模型，并用改进的遗传算法——基于模糊的适应性混合遗传算法（f)a－hGA来求解。根据实际问题，解的表达赋予了染色体新的含义。该算法中应用了基于次序的交叉和局部变异来提高算法求解效率，其用来解决了实际的锦屏二级水电站大型深埋隧道群工程这个项目的调度问题，得到了最佳调度计划和最优施工模式，通过和实际运作的数据对比，建设效率取得明显提高，说明该优化方法可以带来可观的经济效益，尤其是对于大型建设工程项目。从实际角度分析了结果，拓展了结果的应用范围，从而验证了模型和算法的可行性和有效性。此外将（f)a－hGA与其他两种 GA 算法（GA、hGA）进行了比较分析。

在项目规模较大、结构复杂的建设工程项目调度问题中，要考虑将整个项目拆分成多个子项目来完成。第五章研究了模模糊环境下的多项目时间－成本－环境调度问题期望值模型。其目标是：所有子项目工期之和最小、整个项目延期惩罚成本最小或者工期提前奖励最多、整个项目造成的环境影响最小。项目施工每个阶段的各子项目的各活动总费用不能超过规定子项目资金流量最大值且各阶段所有进行活动的资金总值也不能超过总限定值，同时，项目施工每个阶段监测的各子项目的活动环境影响总值不能超过限定值并且各阶段所有进行活动的环境影响总值也不能超过总限定值，在这样的约束条件下，求解最优调度计划的决策问题。利用乐观－悲观参数期望值模型将模糊变量进行确定化处理后，模糊环境下大型建设项目管理中的多项目时间－成本－环境平衡多目标调度问题便转化为多目标期望值模型。模糊多目标模型为非线性时，将对模型中带有模糊变量的参数进行模拟计算，并结合多目标 GA 算法（MOGA），设计了混合智能算法——FLC 设计遗传算子的混合遗传算法（flc－hGA）来求解模糊环境下的 mPTCETSP，特别适用于大型多项目调度问题。该算法引入的模糊控制器（fuzzy logic controller，FLC）提供了是一种基于专家知识，能将语言控制策略转化为自动控制策略，用以规范变异率。然后，通过模糊环境下的多项目时间－成本－环境多目标调度问题期望值模型和 flc－hGA 来解决锦屏二级水电站建设系统中的部分多项目多目标调度问题，得到了整个项目的最佳调度计划，并对最佳调度计划进行了结果分析和灵敏度分析，得出了一些有益于实际操作的结论，验证了模型和算法的可行性和有效性。flc－hGA 与其他 GA（GA、hGA）进行比较分析的结果表明，验证了 flc－hGA 的优越性。

针对施工难度大、组织亦复杂的工程项目，第六章研究了时间－成本－质量－环境平衡多项目调度问题（mPTCQETSP）在锦屏二级水电站大型建设工程项目调度问题的决策过程中，由于规模较大、施工复杂，在制订项目调度计划时往往需要考虑多个决策目标和多个决策层次结构。因而，结合模糊理论和二层规划，建立了上、下层均为多目标的模糊环境下多项目时间－成本－质量－环境平衡调度问题模型。上层决策者（项目总指挥）的目标是项目总的完成质量最高以及环境影响最小，下层从属决策者（项目经理）的目标是子项目的完成时间最小、惩罚费用最少和综合费用最少。在精确后的模型中，用交互式模糊规划技术将 mPTCQETSP 的二层规划模型转化为单层规划模型。因为在作决策时，项目总指挥不仅要考虑自己的满意度，而且要考虑各项目经理的满意度，然后用熵－玻尔兹曼选择遗传算法（EBS－based GA）求解该单层模型。通过二层模糊期望值模型、交互式模糊规划技术以及熵－玻尔兹曼选择遗传算法来解决了锦屏二级大型水电站建设项目中部分项目的调度问题，得到了项目最佳调度计划和子项目中每个活动的最佳调度方式，其考虑了项目组织多方满意度的平衡，保证了项目长期和短期的利益，和实际运作效果相比，验证了该优化方法的可行性和有效性。

第七章是结语，对全书的研究工作进行归纳总结，说明全书研究的创新点和不足，并对后续的研究工作进行了讨论。

2 理论基础

为了研究模糊型环境下的多目标平衡调度优化问题，尤其是大型建设工程项目中多目标平衡调度优化问题以及相关的多项目调度问题，需要对模糊的基本概念及求解的启发式算法的基本理论进行回顾。这一章节主要介绍模糊变量及遗传算法的相关基础知识。

2.1 模糊理论

下面对模糊理论的基本知识做一个简要介绍，主要从模糊变量及其测度两个方面进行阐述。

2.1.1 模糊变量

模糊集理论。假设 U 为论域，普通集合 A，常常被定义为 U 中某些元素 x（$\in U$）的全体。U 中每个元素或属于 A，或不属于 A，$A \subset U$。这样的集合可以以多种方式来描述，例如可列举集合中的全体元素，通过等式或不等式约束解析的描述该集合，或定义元素的特征函数，特征函数取值为 1 代表该元素属于集合 A，特征函数取值为 0 则代表该元素不属于集合 A。而很多情况下，元素和集合的隶属关系是不清晰的，如"年轻人"、"满意"、"近似等于 20"等，此时应用经典集合论或概率论都是不易处理的。为了便于处理此种情况，泽德于 1965 年最先提出了模糊集的概念[309]。从 1965 年至今，在 40 多年时间里，模糊集理论得到了长足发展。

【定义 2.1】[323]假设 U 为论域，令 $\bar{A}$ 为论域 U 的一个子集。对 $\forall x \in U$，函数 $\mu_{\bar{A}}: U \rightarrow [0, 1]$ 都指定了一个值 $\mu_{\bar{A}} \in [0, 1]$ 与其对应。$\mu_{\bar{A}}(x)$ 在元素 x 处的值反映元素 x 隶属于集合 $\bar{A}$ 的程度，称集合 $\mu_{\bar{A}}(x)$ 为模糊子集，$\mu_{\bar{A}}(x)$ 称作 $\bar{A}$ 的隶属函数，记作

$$\tilde{A} = \{ (x, \mu_{\tilde{A}} (x)) \mid x \in X \}$$

模糊集 $\tilde{A}$ 由隶属函数 $\mu_{\tilde{A}} (x)$ 来刻画。当隶属函数 $\mu_{\tilde{A}} (x) = \{0, 1\}$ 时，则 $\tilde{A}$ 退化为一个普通集合 A。

显然，$\alpha -$ 截集 A_{α} 为一个普通集合。以下将给出模糊数的概念。

【定义 2.2】[323] 模糊集 $\tilde{A}$ 的 $\alpha -$ 截集被定义为 $A_{\alpha} = \{x \in X \mid \mu_{\tilde{A}} (x) \geqslant \alpha\}$，$\alpha \in [0, 1]$，这里 α 被称作为置信水平值。

【定义 2.3】[323] 假设 $\tilde{A}$ 为一模糊集，其隶属函数为 $\mu_{\tilde{A}} : R \rightarrow [0, 1]$。若

(1) $\tilde{A}$ 是上半连续的，则 $\alpha -$ 截集 $A_{\alpha} = \{x \in R \mid \mu_{\tilde{A}} (x) \geqslant \alpha\}$ 是闭集，对 $\forall \leqslant a \leqslant 1$；

(2) $\tilde{A}$ 是正规的，则 $A_1 \neq \varnothing$；

(3) $\tilde{A}$ 是凸的，则 A_{α} 是 R 的一个凸子集，对 $\forall 0 \leqslant a \leqslant 1$；

(4) $\tilde{A}$ 支撑的闭凸包 $A_0 = cl [co \{x \in R \mid \mu_{\tilde{A}} (x) > 0\}]$ 是紧的。

则称 $\tilde{A}$ 为模糊数。

由定义 2.3 可知，模糊数 $\tilde{A}$ 的 $\alpha -$ 截集 A_{α} 是实数域 R 上的闭区间，即

$$A_{\alpha} = \{x \in R \mid \mu_{\tilde{A}} (x) > \alpha\} = [A_{\alpha}^L, A_{\alpha}^R] \quad \alpha \in [0, 1]$$

其中 A_{α}^L 与 A_{α}^R 分别表示闭区间 A_{α} 的左端点与右端点。

若模糊数 $\tilde{A}$ 的隶属函数形式为

$$\mu_{\tilde{A}} (x) = \begin{cases} L\left(\dfrac{a - x}{l}\right), & \text{若 } a - l \leqslant x < a, \; l > 0 \\ 1 & \text{若 } x = a \\ R\left(\dfrac{x - a}{r}\right), & \text{若 } a < x \leqslant a + r, \; r > 0 \end{cases}$$

基准函数 $L (x)$，$R (x)$ 是连续不增函数，$L, R : [0, 1] \rightarrow [0, 1]$，$L (0) = R (0) = 1$，$L (1) = R (1) = 0$，则称 $\tilde{A}$ 为 LR 模糊数，记为 $\tilde{A} = (a, l, r)_{LR}$，其中 a 是模糊数 $\tilde{A}$ 的中心值，$l, r > 0$ 分别称作左宽度和右宽度。

特殊的，当 $L (x) = R (x) = 1 - x$ 时，LR 模糊数被称作三角模糊数，记为 $\tilde{A} = (a - l, a, a + r)$。LR 模糊数 $\tilde{A}$ 的 $\alpha -$ 截集 A_{α} 为

$$A_{\alpha} = [A_{\alpha}^L, A_{\alpha}^R] = [a - L^{-1} (\alpha) l, a + R^{-1} (\alpha) r], \quad \alpha \in [0, 1]$$

如图 2.1 所示。

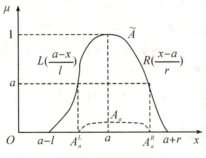

图 2.1 *LR* 模糊数

三角模糊数 $\tilde{A}$ 的 α - 截集 A_α 可表示为

$$A_\alpha = \left[A_\alpha^L,\ A_\alpha^R \right] = \left[a - (1-\alpha)\ l,\ a + (1-\alpha)\ r \right],\ \alpha \in \left[0,\ 1 \right]$$

如图 2.2 所示：

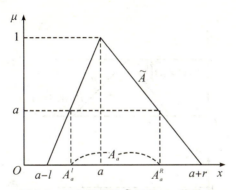

图 2.2 三角模糊数 $\tilde{A}$ 及其 a - 截集 A_a

模糊变量最先由考夫曼（Kaufmann）提出[156]。后来，泽德和纳米亚斯（Nahmias）则对模糊变量进行了研究[209,308]。可能性理论最先是由泽德于 1978 年提出的[308]，后来众多学者对其进行了深入研究，如杜博斯与普拉德[99]。在概率论里，随机变量用概率分布函数表示，而在可能性理论里模糊变量则可用可能性分布函数表示。由可能性理论，一个模糊变量被定义为一个凸的正规模糊集，而一个模糊变量的可能性分布函数则被定义为其相应模糊集的隶属函数。

以 $\pi_A\ (x)$ 代表模糊变量 a 的可能性分布函数，$\mu_B\ (x)$ 代表模糊集 B 的隶属函数，则模糊变量 a 在模糊集 B 中这一模糊事件的可能性测度与必然性测度分别定义为下面形式。

$$\prod_A\ (B)\ = \sup_x \min\ \{ \pi_A\ (x),\ \mu_B\ (x) \}$$

$$N_A(B) = \inf_x \max\{1 - \pi_A(x), \mu_B(x)\}$$

其中 $\prod_A(B)$ 代表模糊变量 a 必定落在模糊集 B 中的程度，而 $N_A(B)$ 表示模糊变量 a 可能落在模糊集 B 中的程度。显然，当 B 是一确定集合时，$\prod_A(B)$ 与 $N_A(B)$ 即为

$$\prod_A(B) = \sup_{x \in B} \pi_A(x), \quad N_A(B) = \inf_{x \notin B}[1 - \pi_A(x)]$$

2.1.2 模糊变量的测度

假定 g 是一个实数，以 Pos $\{a \geq g\}$ 与 Nec $\{a \geq g\}$ 分别代表模糊事件 $a \geq g$ 的可能性与必然性，则有：

$$\text{Pos}\{a \geq g\} = \prod_A([g, +\infty)) = \sup_x\{p_A(x) \mid x \geq g\}$$

$$\text{Nec}\{a \geq g\} = N_A([g, +\infty)) = 1 - \sup_x\{p_A(x) \mid x < g\}$$

如图 2.3 所示：

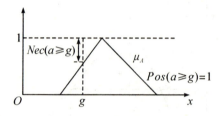

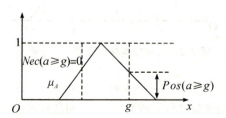

图 2.3　模糊事件 $a \geq g$ 的可能性和必然性

同样的，可得到 Pos $\{a \leq g\}$ 与 Nec $\{a \leq g\}$。刘（Liu）将可能性测度与必然性测度的算术平均值定义为可信性测度 Cr[182]，即

$$\text{Cr}\{a \geq g\} = \frac{1}{2}(\text{Pos}\{a \geq g\} + \text{Nec}\{a \geq g\})$$

【例 2.1】　梯形模糊变量 $\xi = (r_1, r_2, r_3, r_4)$，$r_1 < r_2 < r_3 < r_4$ 的隶属度函数为

$$\mu(x) = \begin{cases} \dfrac{x-r_1}{r_2-r_1}, & 若\ r_1 \le x \le r_2 \\[2mm] 1, & 若\ r_2 \le x \le r_3 \\[2mm] \dfrac{x-r_4}{r_3-r_4}, & 若\ r_3 \le x \le r_4 \\[2mm] 0, & 否则 \end{cases}$$

如图 2.4 所示:

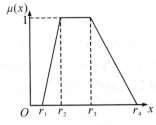

图 2.4　梯形模糊变量

由 Pos，Nec，Cr 的定义可得:

$$Pos\ \{\xi \le x\} = \begin{cases} 1 & 若\ x \ge r_2, \\[2mm] \dfrac{x-r_1}{r_2-r_1} & 若\ r_1 \le x \le r_2, \\[2mm] 0 & 否则, \end{cases}$$

$$Nec\ \{\xi \le x\} = \begin{cases} 1 & 若\ x \ge r_4, \\[2mm] \dfrac{x-r_3}{r_4-r_3} & 若\ r_3 \le x \le r_4, \\[2mm] 0 & 否则, \end{cases}$$

$$Cr\ \{\xi \le x\} = \begin{cases} 0 & 若\ x \le r_1, \\[2mm] \dfrac{x-r_1}{2(r_2-r_1)} & 若\ r_1 \le x \le r_2, \\[2mm] \dfrac{1}{2}, & 若\ r_2 \le x \le r_3, \\[2mm] \dfrac{x-2r_3+r_4}{2(r_4-r_3)} & 若\ r_3 \le x \le r_4, \\[2mm] 1 & 否则 \end{cases}$$

2.2　二层规划

双层规划（二层规划）问题最初是由巴尔肯和麦吉尔[48]在1973年提出来，并给予了严格定义的，然而当时并未引起广泛的注意。后来由于受到斯塔克尔贝里博弈理论的影响，大批学者开始关注双层决策问题[233]。

2.2.1　相关概念

双层规划是双层决策问题抽象的数学模型，上层问题和下层问题都有各自不同的目标函数和约束条件。上层问题的目标函数和约束条件不仅和上层决策变量有关，而且还影响着下层问题的最优解，同时下层问题的最优解也受到上层决策变量的影响。

2.2.2　一般模型

双层规划问题与一般常规单层规划问题不同，其约束条件包含一个或多个规划模型[34]，同时双层规划问题与多目标优化问题又有着本质的区别，虽然两者都具有两个或两个以上的目标函数，但是前者的目标函数之间存在层次结构上的区别，主从关系分明，而后者的目标函数并无主从层次区别。双层规划问题可以用以下一般模型来描述。

$$\begin{cases} \min\limits_{x} F\ (x,\ y) \\ \text{s. t.} \begin{cases} G\ (x,\ y)\ \leqslant 0 \\ y \text{ 是下面规划的解} \\ \min\limits_{y} f\ (x,\ y) \\ \text{s. t.} \begin{cases} g\ (x,\ y)\ \leqslant 0 \\ x \in R^n,\ y \in R^m \end{cases} \end{cases} \end{cases} \qquad (2.1)$$

上式中，x，y 分别代表上层规划问题和下层规划问题的决策变量。F，f：$R^n \times R^m \to R$ 分别为上层规划问题和下层规划问题的目标函数。G：$R^n \times R^m \to R^p$ 和 g：$R^n \times R^m \to R^q$ 分别为上层规划问题和下层规划问题的约束条件。

模型（2.1）为模型分类中的决策控制型模型。在此模型基础上简化或扩展可以得到其他双层规划模型的具体形式。

2.2.3 分类

根据上层目标函数是含有下层的决策变量还是目标函数，下层决策者个数及下层决策者之间是否有关联，上层约束是否含有下层变量、目标函数和约束条件等性质，可以对单目标双层规划模型进行分类。决策控制型模型是上层目标函数含有下层决策变量，而目标控制型模型则是上层目标函数含有下层的目标函数，因而决策控制型模型包含了目标控制型模型，目标控制型模型则是决策控制型模型的特例。同时，下层仅有一个决策者的"一主一从模型"则是下层拥有多个决策者的"一主多从模型"的特例；从者有关联与从者无关联、非线性与线性、上层约束含下层变量与不含下层变量也有类似的包含关系。

2.2.4 模型求解

下面针对与研究相关的一主多从型从者有关联二层规划相关理论基础进行阐述。

对于上层每一个决策 x 向量，如果 $(y_1^*, y_2^*, \cdots, y_n^*)$ 使 $f_i(y_1^*, \cdots, y_n^*) \leq f_i(y_1^*, \cdots, y_n^*)$ 对于任意 $(y_1^*, \cdots, y_n^*)$ 和 $i = 1, 2, \cdots, n$ 成立，则称 $(y_1^*, y_2^*, \cdots, y_n^*)$ 为下层的纳什（Nash）均衡解[3]。

文献 [5, 7, 8] 讨论了基于满意度的交互式约束变尺度算法以求解一主多从有关联的二层规划模型，

$$
\begin{cases}
\max\limits_x F(x, y) = (f_{01}(x, y), \cdots, f_{0N_0}(x, y)) \\
\text{s. t.}
\begin{cases}
(x, y_1, \cdots, y_p) \in W_0 \\
y_i \text{ 是如下问题的解} \\
\begin{cases}
\max\limits_{y_i} f_i(x, y_1, y_2, \cdots, y_n) = (f_{i1}, f_{i2}, \cdots, f_{iN_i}) \\
\text{s. t. } (x, y_1, y_2, \cdots, y_i) \in W_i, i = 1, \cdots, p
\end{cases}
\end{cases}
\end{cases}
\tag{2.2}
$$

首先定义上下层决策者的目标满意度表达式。

$$\mu_{0k}(f_{0k}(x, y)) = 1 - (b_{0k} - f_{0k}) / (b_{0k} - a_{0k}), \quad k = 1, \cdots, N_0 \tag{2.3}$$

$$\mu_{0i}(f_{0i}(x, y)) = 1 - (b_{0i} - f_{0i}) / (b_{0i} - a_{0i}), \quad i = 1, \cdots, N_i \tag{2.4}$$

借助 e - 约束法将上层多目标转换为一个代有满意度的单目标问题，上层多目标的二层规划问题则转换为单目标的二层规划问题。

$$
\begin{cases}
\max\limits_{x} f_{01}(x, y) \\
\text{s. t.}
\begin{cases}
(x, y_1, \cdots, y_p) \in W_0 \\
f_{0k}(x, y)^3 (b_{0k} - a_{0k}) S + a_{0k}, \quad k = 2, 3, \cdots, N_0 \\
y \text{ 是如下问题的解} \\
\begin{cases}
\max\limits_{y_i} f_{i1}(x, y_1, \cdots, y_{N_i}) \\
\text{s. t.}
\begin{cases}
f_{0i}(x, y)^3 (b_{0i} - a_{0i}) S^0 + a_{0i}, \quad i = 2, 3, \cdots, N_i \\
(x, y_1, y_2, \cdots, y_i) \in W_i, \quad i = 1, \cdots, p
\end{cases}
\end{cases}
\end{cases}
\end{cases}
\tag{2.5}
$$

借助 Kuhn - Tucker 条件代替下层规划问题，则得到如下单层单目标规划问题。

$$
\begin{cases}
\max\limits_{x} f_{01}(x, y) \\
\text{s. t.}
\begin{cases}
(x, y_1, \cdots, y_p) \in \Omega_0 \\
f_{0k}(x, y) \geqslant (b_{0k} - a_{0k}) S + a_{0k}, \quad k = 2, 3, \cdots, N_0 \\
\nabla_{y_i} f_{i1}(x, y) - \sum\limits_{j=1}^{M} r_j \nabla_{yi} g'_j(x, y_i) = 0, \quad i = 1, \cdots, p \\
r_j \cdot g'_j(x, y) = 0, \quad r_j \geqslant 0, \quad j = 1, 2, \cdots, M \\
(x, y_1, y_2, \cdots, y_i) \in \Omega'_i, \quad i = 1, \cdots, p
\end{cases}
\end{cases}
\tag{2.6}
$$

根据不同满意度 S 与 S' 可得到一组可接受的满意解。

文献［4］研究的模型（2.7）是一个上层为多目标，下层含有多个有关联的决策者，下层也有决策的先后优先权次序。

$$
\begin{cases}
\max_{x} F_{01}\ (x,\ y)\ =f_{01}x,\ y,\ \cdots,\ f_{0N}\ (x,\ y) \\[2mm]
\text{s. t.}\ \begin{cases}
(x,\ y_1,\ \cdots,\ y_p)\ \in \Omega_0 \\[2mm]
y_1\ 是如下问题的解 \\[2mm]
\begin{cases}
\max_{y_i} f_1\ (x,\ y_1) \\[2mm]
\quad \text{s. t.}\ (x,\ y_1)\ \in \Omega_0
\end{cases} \\[2mm]
y_i\ 是如下问题的解 \\[2mm]
\begin{cases}
\max_{y_i} f_i\ (x,\ y_1,\ y_2,\ \cdots,\ y_i) \\[2mm]
\text{s. t.}\ (x,\ y_1,\ y_2,\ \cdots,\ y_i)\ \in \Omega_i
\end{cases} \\[2mm]
\cdots \\[2mm]
y_p\ 是如下问题的解 \\[2mm]
\begin{cases}
\max_{y_p} f_p\ (x,\ y_1,\ y_2,\ \cdots,\ y_p) \\[2mm]
\text{s. t.}\ (x,\ y_1,\ y_2,\ \cdots,\ y_p)\ \in \Omega_p
\end{cases} \\[2mm]
x,\ y \geqslant 0
\end{cases}
\end{cases}
\tag{2.7}
$$

此种模型的实际背景是企业产品生产调控问题，总厂决策者和各车间决策者构成上下两级决策层，下层各车间的决策有着一定工序要求，因而形成了下层决策者的优先权级别。算法通过满意度定义将下层多目标转换为一个有满意度的 ε - 约束单目标问题，则形成了上层为单目标的二层规划问题，应用 Kuhn - Tucker 条件代替下层多目标规划问题，得到可直接求解的单层规划问题。其思路和前文介绍的 Kuhn - Tucker 条件法基本一致，在此不再赘述。

2.3　遗传算法

遗传算法是一种借助生物界进化（适者生存的遗传机制）规律演化而来的随机搜索方法。它是由美国霍兰德教授于 1975 年首次提出[139] 的。GA 问题的求解过程就是"染色体"的适者生存过程，经过"染色体"种群一代代的不断进化，它们历经复制、交叉和变异等操作，最终收敛为"最适应环境"的个体，从而求得该问题的满意解或最优解。GA 的主要特点是对问题参数编码成的染色体而非对问题参数本身进行进化操作，因此其优化不存在函数连续性与求导限定；其搜索过程始于种群而非个体，因而具有高度内在隐并行性，减小了其陷入局部极点的可能性；采用概率化寻优方法，增加了算法鲁棒性，无须其他外部信息；具有全局寻优能力，能自动获取与指导优化搜索空间，自适应地调整搜索方向，不需确定的规则，善于解决复杂和非线性问题。

它的提出在一定程度上解决了基于符号处理机制的人工智能方法在信息处理、知识表示和解决组合爆炸等方面的困难；它的自组织、自适应、自学习与群体进化优势使之适合于解决大规模的复杂优化问题。因而，它已被人们广泛用于信号处理、人工生命、组合优化、机器学习、优化控制和自适应控制等领域[45,63,73,168,189,232,236]，也是解决现代有关智能计算的关键技术。

2.3.1 一般步骤

标准遗传算法的基本步骤如下：

（1）设计编码方案，将个体表示为染色体的基因编码。

（2）随机产生初始种群。

（3）计算个体适应值，并判定是否满足终止条件；若满足，则输出最优个体及所对应的最优解，结束计算终止；否则转入下一步。

（4）根据适应值大小选择进入后续进化的个体，适应值越大的个体被选中的概率越高。

（5）根据一定的交叉率，对选择的个体进行交叉操作，产生新个体。

（6）根据一定的变异率，对新个体进行变异操作，再次产生新个体，产生下一代种群，返回到步骤3。

遗传算法一般步骤见图2.5[10]。

适应值与个体的目标值存在着一种对应关系，是对个体进行评价的一种指标；选择操作通常采用比例选择，即选择概率与个体适应值成正比，适应值大的个体在下一代中被选择的概率大，因而可提高种群的平均适应值；交叉操作通过交换两个父代中个体的部分信息形成后代个体，从而使子代继承父代的有效模式，因而有助于形成优良个体；变异操作则是通过随机改变个体中某些基因而形成新个体，有益于增加种群的多样性，避免早熟收敛。

2.3.2 算法设计

一般来说，遗传算法具有5个基本问题需要解决[199]：问题解的染色体的表达（编码）方法、产生解的初始种群、依据个体适应值对其染色体进行优劣判定的评价（适应）函数、设计遗传操作、设置遗传算法参数值（种群大小、迭代次数、交叉率与变异率等）。

接下来针对上述问题作简要介绍。

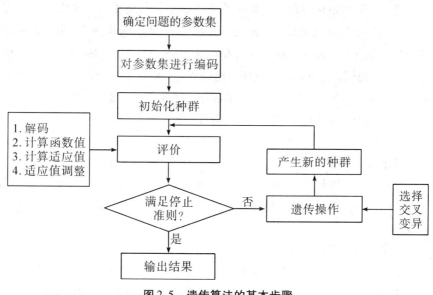

图 2.5　遗传算法的基本步骤

2.3.2.1　遗传算法编码

在应用遗传算法解决实际问题时，问题参数不直接参与遗传运算，而是建立问题的实际描述与染色体表示之间的对应关系，即编码和解码。如何将问题的解表达为染色体是遗传算法的关键问题，多数遗传算法的研究是围绕解的表示结构进行的。霍兰德提出的遗传算法的表达结构采用了二进制字符串（binary string）的形式来表达个体的染色体，编码符号集由二进制符号 0 和 1 组成。它的优点是编码、解码操作简单，并且遗传操作易于实现；但此种方法不利于反映实际问题，由于遗传算法的随机特性，对于一些连续函数的优化问题，而使得局部搜索能力下降。

非二进制编码可以解决二进制编码的缺陷，提高遗传算法的有效性。可以结合问题的具体情况，一方面简化编码与解码过程；另一方面可采用非传统操作算子，以及与其他搜索算法相结合。比如在解决项目调度问题时，可用任务序列的形式来进行编码。其他非二进制编码方法还有大字符集编码、整数或字母排列编码、实数编码等[9,112]。

由于遗传算法的优化过程是在一定编码机制对应的空间上进行的，因而编码方式的设计影响着算法的性能与效率。

2.3.2.2　初始种群的产生

由于优化问题的复杂性，很难解析产生可行染色体，因此可以利用下面两种方法之一作为初始化过程。一是决策者先给出可行集中的一个内点，记作 V_0。令 M 为一个足够大的数，并随机生成方向 $d \in R^n$，若 $V_0 + Md$ 可行，那么接受为初始染色体，否则令 M 为 0 与 M 中任意数，直到 $V_0 + Md$ 可行为止。反复进行 N_{pop} 次得到 N_{pop} 个初始染色体，整数 N_{pop} 为染色体的个数。二是让决策者给出一个包含可行集，但不能过大的区域，在此区域中随机产生点，若可行则接受为染色体，否则重新产生直到获得 N_{pop} 个初始染色体。

2.3.2.3　评价函数

评价函数是对个体的优劣的评价，其结果会为遗传进化的依据。评价函数的选取直接影响到遗传算法的收敛速度及能否找到最优解。一般来说，适应函数是由目标函数转换而成的，然而对于复杂优化问题，通常需要构造适合的评价函数。

用 $eval\ (V)$ 表示评价函数，对种群中各染色体设定一个概率，使得该染色体被选中的概率与种群中其他染色体的适应性成比例，即通过轮盘赌方式，适应性越强的染色体被选中产生后代的机会越大。对当前该代中的染色体 V_1，V_2，…，$V_{N_{pop}}$ 进行排序，使之从好到坏进行重排。设定参数 $a \in （0，1）$，定义评价函数为：

$$eval\ (V_i)\ =a\ (1-a)^{(i-1)}，i=1，2，…，N_{pop}$$

上式中，$i=1$ 表示染色体是最好的，$i=N_{pop}$ 表示染色体是最差的。

2.3.2.4　遗传操作以及遗传算子

选择：选择过程体现自然界适者生存、优胜劣汰的思想。它提供了遗传算法的驱动力。若驱动力太大，遗传算法搜索过程将过早终止；而若驱动力太小，进化时间将长得难以接受。常常需要在搜索前期推荐用较小选择概率（用来对搜索空间进行观点探索），而在后期则推荐采用较大选择概率（用来限制搜索空间）。在过去的 20 多年中常用的选择方法有以下几种：

（1）轮盘赌选择（roulette wheel selection）是知名的选择方式，其基本原理是根据各个染色体适应值的比例来确定该个体被选择的概率，因此可建立一个轮盘赌模型以代表这些概率。选择过程即旋转轮盘若干次（次数为种群规模）。每次在新种群选出一个个体，轮盘赌的选择方法特点就是随机采样过程，其步骤如下：首先对每个染色体计算累积概率：

$$q_0=0，q_i=\sum_{j=1}^{i} eval\ (V_j)，i=1，2，…，N_{pop}$$

然后在区间 $（0，qN_{pop}]$ 中产生一个随机数 r。如果 $q_{i-1}<r \leqslant q_i$，则选择第 i 个染色体 V_i（$1 \leqslant i \leqslant N_{pop}$）。重复以上步骤共 N_{pop} 次得到 N_{pop} 个复制的染

色体。

（2）精英选择（elist selection），即若当前群体中含有适应值优于下一代种群的最优个体适应值的个体，则将当前种群中最优的个体或适应值大于下一代最优个体的多个个体复制到下一代，随机替代或代替下一代种群中相应数量的最差的个体。这种方式可保证种群可以收敛到最优解。

（3）竞争选择（tournament selection），首先在当前种群中随机选取 k 个个体，然后将其中适应值最优的个体保留到下一代。反复执行这一过程，直到下一代个体数量达到设定的种群规模。k 的大小影响选择性能，根据大量实验总结，一般取 $k=2$。

交叉操作：交叉操作是交换两个父代个体的信息，并产生新个体，其作用在于将原有优良的基因遗传给下一代。

常用的交叉方式有三种：

（1）一点交叉：随机确定一个交叉位置，对换交叉点之后的子串。

（2）多点交叉：随机确定多个交叉位置，对换相应点之内的子串。

（3）一致交叉：染色体位串上每一位都按相同概率进行随机均匀交叉。

在区间 $[0, 1]$ 上产生随机数 r，若 $r < p_c$（p_c 为交叉率），则选择 V_i 为一个父代，$i = 1, 2, \cdots, N_{pop}$。反复以上过程 N_{pop} 次，平均有 $p_c \times N_{pop}$ 个染色体被选择进行交叉。设 V_1 与 V_2 被选择进行交叉，产生两个子代 X 和 Y，其中 $X = cV_1 + (1-c) V_2$，$Y = (1-c) V_1 + cV_2$，$c \in (0, 1)$ 为随机数。若可行集为凸集，则可以保证 X 和 Y 一定是可行的。然而通常情况下可行集未必为凸的或很难检验其凸性，那么需对每个子代的可行性进行检验。仅当两个后代均可行时，才能用它们替代父代，否则保存其中可行的（如果存在），然后反复执行以上操作直到获得两个可行后代或循环设定次数为止。

变异操作：变异操作是通过随机改变染色体某个基因的遗传信息而得到新染色体的操作过程。通常传统的变异策略有：非均匀变异、有向变异和高斯变异。下面就有向变异进行说明，在 $[0, 1]$ 上产生随机数 r，若 $r < p_m$（p_m 为变异率），则选择 V_i 为一个父代，$i = 1, 2, \cdots, N_{pop}$，反复上述过程 N_{pop} 次，平均有 $p_m \times N_{pop}$ 个染色体选择执行变异。设 V 被选择执行变异操作，产生随机方向 $d \in R^n$，若 $V + Md$ 不可行，则 M 为 0 与 M 中任意数，直到 $V_0 + Md$ 可行为止，用 $V_0 + Md$ 代替 V。若在预定的次数内都没有可行解产生，则重新产生随机方向 d 并重复上述操作，这里 M 为一个足够大的正数。

村田（Murata）、石渊（Ishibuchi）及田中（Tanaka）提出了随机权重朝有效前沿可变方向的搜索[144]。一般而言，有两种目标空间内的搜索方式，固定方向搜索与多方向搜索，分别见图2.6和图2.7。固定权重法是遗传算法一个固定点某一个方向区域的取点，而随机权重法是遗传算法在可变方向上进行搜索，可对整个有效前沿进行搜索。

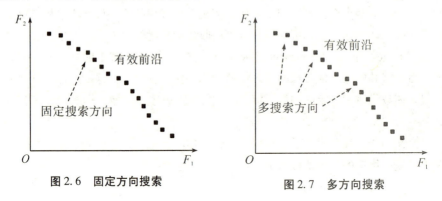

图 2.6　固定方向搜索　　　　　　　图 2.7　多方向搜索

　　遗传算法通过交叉操作和变异操作这一对相互配合又相互竞争的操作而使之具备全局和局部的均衡搜索能力。

　　对于模糊环境下多目标规划的求解方法，已经有很多学者使用智能算法，但针对模糊环境下的多目标平衡项目调度问题，尤其是大型建设工程项目的调度问题，遗传算法是当前求解项目调度问题启发式算法中单一使用效果最好的近似算法。在具体模型中再设计模糊环境下改进的混合遗传算法。

3 多模式离散工期－成本－环境平衡分析模型及其应用

在模糊环境下讨论大型建设项目管理中的多模式离散工期－成本－环境平衡的问题，并建立了工期为模糊变量的多目标决策模型。为了处理其不确定性，模型中应用了乐观－悲观参数期望值模型转化模糊变量。该模型的目标函数是，最小化工程费用、最小化工期、最小化压缩费用、最小化环境影响。此外，提出了基于模糊的适应性混合遗传算法来求解。算法中设计了单点交叉和变异的修复式策略来避免不可行解的产生。最后，一个大型建设项目的案例用以说明模型的有效性和合理性。结果分析、灵敏度分析以及与其他算法的比较也说明该优化方法的高效性、灵活性和适应性。

3.1 基本问题

近年来，由于我国社会和经济飞速的进步和发展，城市化进程加快，大型建设工程项目比比皆是，对能源的需求也急剧增加。如何在发展经济，进行建设工程项目提高人们生产生活条件的同时保护环境，是目前的热点和管理的重点。因此，将集中以费用、工期、压缩费用、环境最小化为目标，讨论大型建设项目中离散工期－成本－环境平衡的问题（DTCETP）。工期和成本是建设项目中非常重要的两个方面，长时间受到很多学者的关注[13,174]。最初由哈维和帕特森以及欣德朗和穆特于 1979 年提出的离散工期－成本平衡问题（DTCTP）[129,138]在工程项目调度中是很重要的主题，目前也有了更多的探讨[225]。工程中的每个活动可以增加费用以压缩工期方式进行。基于 DTCTP，安（Ahn）和埃伦居奇（Erengüç）于 1998 年提出了压缩活动工期的问题[12]，每个工期－成本由模式选择决定，工期压缩量有有限个可选模式。这就是多模式的 DTCTP。近年来，建筑业由于过度消耗资源污染环境引起了大家对环境问题的重视。特别是大型建设工程项目的兴起，在其全生命周期内对环境的影响是非常巨大的[50]。因此，建议将环境作为目标之一，在多模式选择中考虑其影响。在建设工程管理计划阶段，环境影响应该和工期、成本一起平衡优化。目前，建设项目无论是从数量上还是规模上发展都非常迅速。建设工程项目经理常面对需要同时协调项目相冲突的不同方面的挑战[180]。大体上说，项目管理决策都集中在最小化时间或通过缩短活动工期的情况下最小化成本[13,108,174]。因此，项目决策者能够通过缩短项目完成时间实现节约间接成本，可以通过增加直接成本来加快工期[180]。而且，尽管各种项目管理决策技术已经对最小化项目工期或最小化总费用有所涉及，但是没有对环境影响进行最小化[16,279]。因此，建设项目经理不仅应该管理控制项目的工期、成本，而且同时还应该包括环境影响，已达到管理目标。这就产生了离散工期－成本－环境平衡问题（DTCETP），是对 DTCTP 的一个拓展。项目管理的目标是为每个活动确定开始时间及压缩时间[165]，从而达到最小化工期的作用，同时满足活动先后顺序[14]，压缩时间、总预算以及工期限制[188]。DTCETP 有四个目标需要考虑：①最小化项目总费用；②最小化项目总工期；③最小化总压缩费用；④最小化环境影响。

目前求解 DTCTP 的方法可以分为两类：精确算法以及启发式算法。精确算法包括线性规划[185,219]、动态规划[79]、穷举法[129]、分枝定界法[88]，它们都被广泛地应用于解决这类 DTCTP 问题[108]。尽管如此，没有一种精确的算法可以解决大型的即包含巨量活动的工程。考虑到项目网络的结构以及每个活动执行模式的数量的情形，将不能在可以接受的时间内很好地被解决。[267]德（De）等人于 1997 年指出了 DTCTP 属于 NP 难题[78]，很难求解[80]，所以 DTCETP 作为 DTCTP 的一个拓展也是 NP 难题，寻求精确解法很难解决该问题，从而应研究有效地启发式算法来解决 DTCTP 这类问题。阿克坎（Akkan）等于 2005年[13]将一种基于拉格朗日松弛法的启发式算法应用于双代号网络。冯（Feng）等于 1997 年也提出了应用遗传算法和帕累托求解方法来解决 DTCTP[109]。上述研究均为求解 DTCTP 做出了显著的贡献，但是根据了解，没有一种算法能有效解决大型建设项目中的 DTCETP。在非例行项目中[188]（如：新建项目），每一活动的工期和完成时间都很可能不确定，项目经理必须在不确定以及信息不完或不可得的环境下，权衡多目标冲突的问题。工期不确定模型通常分为两种：基于概率的方法和基于模糊集的方法[87,285]，选择哪一种主要是依靠实际情形和项目经理的偏好来决定。在新建项目中，每一个活动都具有独特性，因此缺少历史数据，项目经理很难通过随机变量来描述工期。基于此，在这种情形下，模糊方法被认为是一种有效的方法。首先，模糊概念是由泽德[309] 1965 年提出的，随后纳米亚斯在 1978 年[209]，杜博斯与普拉德于 1988 年[99]，进行了进一步的研究。模糊理论作为一种有用的工具来处理模棱两可的信息。为了解决复杂大型建设项目中的 DTCETP，同时提高其计算效率，提出了基于模糊的适应性混合遗传算法（(f)a-hGA）。另外，提出了单点交叉和修复式的变异算子来适应压缩工期策略集。最后，爬山法和自适应机制的应用使遗传算法循环中收敛解的局部搜索具有更高的效率。有效解决模糊环境下的 DT-CETP 之后，接下来的各部分结构如下：第二部分提出了该问题的假设和变量定义，以及模糊不确定环境下的多目标 DTCETP 模型；第三部分提出了解决大型建设项目中该问题的 (f)a-hGA；第四部分将该模型和算法应用到一个大型建设项目中，并作了灵敏度分析和其他启发式算法进行了比较；最后第五部分得出结论并对该方向的发展做出了展望。

3.2　模型建立

基于大型建设项目中的管理问题，假设整个任务依赖于相关联的所有活动均以一定顺序、一定的执行模式完成。由于建设工程的独特性、不确定因素以及数据缺乏，管理者很难精确估计每一活动的工期及其函数表达式。现实生产实践中，也会有很多的非概率因素影响大型建设工程项目，所以就不能用概率论的方法来解决。已有一些研究用模糊数描述由于环境变动影响的工期[174]。模糊论认为不同的人对相同的事有不同的感受，所以也会得出不同的结论。因此，模糊是一种主观不确定性。通过 (f)a-hGA 技术在固定成本、变动成本和总预算约束下，优化了每一活动的开始时间和压缩时间。该多目标模糊优化模型的目标是：最小化项目成本、项目工期、压缩费用和环境影响。

3.2.1　模糊变量的处理

有关模糊变量的基本知识，包括定义、测度和期望值将介绍如下：模糊集理论得到了很好的发展而且在现实中也有了广泛的应用。关于模糊的定义将采用泽德于 1965 年提出的定义[309]，模糊变量是由考夫曼于 1975 年[156]首次提出的，然后纳米亚斯于[209]1978 年也对此有较深入的研究。杜博斯和普拉德[100] 在 1980 年介绍了模糊变量的隶属度函数，并且杜博斯与普拉德在 1988 年进一步地提出了可能性理论[99]。尽管如此，传统模糊事件的模糊测度不能表达决策者偏好。因而介绍了模糊 Me 测度[299]，该测度用乐观－悲观参数来描述决策者的偏好。每个活动的工期都是典型的不确定变量，它们受很多不确定因素的影响，如天气、设备性质、劳动者效率、决策者的判断误差、材料的供应条件、承包商之间的协调等不确定因素。令 $\tilde{D}_i$ 为活动 i 的正常工期，$\tilde{d}_i$ 为活动 i 被压缩后的工期，Y_i 为活动 i 的压缩时间。实际上，决策者可能会有这样的说法：“活动 i 的正常工期在乐观和悲观可能范围内，乐观边界是 15 个月，悲观边界是 23 个月，最有可能的工期是 19 个月”，这样就可以转化为三角模糊函数 $\tilde{D}_i$ =（15，19，23）。如果压缩时间 Y_i 决策为 3 个月，那么被压缩后的活动的工期可以用三角模糊函数表示 $\tilde{d}_i$ =（12，16，20），如图 3.1 所示。

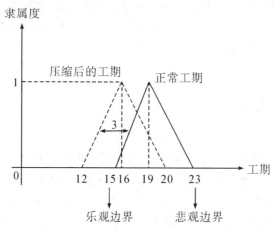

图 3.1　每个活动工期的隶属度

3.2.2　问题假设

为了在模糊环境下针对大型建设项目研究 DTCETP，建立模型，有如下假设：

（1）此单工程包含一定数量的活动，每个活动的工期由三角模糊数表示，最小压缩后的工期已知[174]。

（2）每个活动的固定成本、单位变动费用和单位时间的压缩费用已知。

（3）任一时间段，参与执行的所有活动的资金流量和不能超过限制值，而且工程总预算也有确定性的限制值。

（4）每个活动的开始时间不能先于所有紧前活动的结束时间。

（5）每个活动工期的变化范围介于正常工期与最小压缩工期之间，且每一活动的总变动费用与其工期呈线性递增关系。

（6）总工程费用由固定成本、变动成本以及压缩成本组成，单位变动成本在整个活动工期范围内是不变的。

（7）当一个活动开始了，就不允许中断。

（8）管理的目标是：最小化工程费用、总工期、压缩费用和环境影响。

（9）决策者是风险中性的。

3.2.3 模型建立

本问题是基于单代号网络来建立模型的，并且只有一个起点和一个终点。模型变量定义如下：

3.2.3.1 角标

i：建设项目中的各活动，其中 $i = 1, 2, \cdots, I$。

j：各活动的压缩方式，其中 $j = 1, 2, \cdots, m_i$。

p：对每个活动环境影响的评分值。

t：工程中的各时间段，其中 $t = 1, 2, \cdots, ceil(E[\tilde{T}_I])$。

3.2.3.2 确定性参数

B：工程总预算。

C_{ai}：活动 i 的单位变动费用。

$ceil(\cdot)$：取比 $\cdot$ 大的最接近的整数。

C_{fi}：活动 i 的固定成本。

d_i^{min}：活动 i 压缩后的最小工期。

k_i：活动 i 单位压缩成本。

l：任意时间段所有执行的活动资金和的限制值。

m_i：活动 i 可执行模式的数量。

$Pre(i)$：活动 i 的紧前工作集合。

$Q_{i,p}^{j}$：当活动 i 执行压缩模式 j 时的第 p 种得分。

w_i：环境评价下，活动 i 在项目中相对于其他活动的权重。

$w_{i,p}^{j}$：环境评价下，当活动 i 执行压缩模式 j 时第 p 种得分所占的权重。

3.2.3.3 模糊变量

$\tilde{D}_i$：活动 i 的正常工期。

$\tilde{d}_i$：活动 i 被压缩后的工期。

$\tilde{T}_i$：活动 i 的最早开始时间。

$\tilde{T}_1$：工程项目开始时间。

$\tilde{T}_{I+1}$：工程项目结束时间。

$\tilde{T}_{(I+1)c}$：工程项目正常情况下的结束时间。

$\tilde{T}$：工程规定的结束时间。

3.2.3.4　决策变量

Y_i：活动 i 的压缩时间。

$$x_{ijt} = \begin{cases} 1, & \text{如果活动 } i \text{ 以模式 } j \text{ 在时段 } t \text{ 执行} \\ 0, & \text{否则} \end{cases}$$

决策变量 Y_i 用于确定当前活动的压缩时间。决策变量 x_{ijt} 确定当前活动在时段 t 是否执行。

3.2.3.5　函数

z_1：工程总费用。

z_2：工程总工期。

z_3：总压缩费用。

z_4：总环境影响。

为了将模糊数转化为精确值，模糊 Me 测度[299]的期望值算子用以解决了 DTCETP 中的不确定性，该三角模糊数的期望值表示如式（3.1）。

$$E^{Me}\left[\xi\right] = \begin{cases} \dfrac{\lambda}{2}r_1 + \dfrac{r_2}{2} + \dfrac{1-\lambda}{2}r_3, & if \quad r_3 \leq 0 \\[2mm] \dfrac{\lambda}{2}\left(r_1 + r_2\right) + \dfrac{\lambda r_3^2 - (1-\lambda)\ r_2^2}{2\left(r_3 - r_2\right)}, & if \quad r_2 \leq 0 \leq r_3 \\[2mm] \dfrac{\lambda}{2}\left(r_3 + r_2\right) + \dfrac{(1-\lambda)\ r_2^2 - \lambda r_1^2}{2\left(r_2 - r_1\right)}, & if \quad r_1 \leq 0 \leq r_2 \\[2mm] \dfrac{(1-\lambda)\ r_1 + r_2 + \lambda r_3}{2}, & if \quad 0 \leq r_1 \end{cases} \qquad (3.1)$$

上式中，λ 为决策者的乐观 – 悲观值。

由于该问题中所有的模糊数都是非负的三角模糊数（如图 3.1），所以 DTCETP 属于这种情况[299]，即

$$E^{Me}\left[\xi\right] = \frac{(1-\lambda)\ r_1 + r_2 + \lambda r_3}{2}, \quad 0 \leq r_1 \text{。}$$

例如，

$$\tilde{d}_i \rightarrow E\left[\tilde{d}_i\right] = \frac{(1-\lambda)\ d_{i1} + d_{i2} + \lambda d_{i3}}{2}$$

同理，DTCETP 中的三角模糊数可以转化如下。

$$\tilde{D}_i \rightarrow E\left[\tilde{D}_i\right] = \frac{(1-\lambda)\,D_{i1}+D_{i2}+\lambda D_{i3}}{2}, \quad \tilde{T}_i \rightarrow E\left[\tilde{T}_i\right]$$

$$= \frac{(1-\lambda)\,T_{i1}+T_{i2}+\lambda T_{i3}}{2}$$

$$\tilde{T}_i \rightarrow E\left[\tilde{T}_1\right] = \frac{(1-\lambda)\,T_{11}+T_{12}+\lambda T_{13}}{2}, \quad \tilde{T}_I \rightarrow E\left[\tilde{T}_I\right]$$

$$= \frac{(1-\lambda)\,T_{I1}+T_{I2}+\lambda T_{I3}}{2}$$

$$\tilde{T}_{Ic} \rightarrow E\left[\tilde{T}_{Ic}\right] = \frac{(1-\lambda)\,T_{Ic1}+T_{Ic2}+\lambda T_{Ic3}}{2}, \quad \tilde{T} \rightarrow E\left[\tilde{T}\right]$$

$$= \frac{(1-\lambda)\,T_1+T_2+\lambda T_3}{2}$$

3.2.4 模糊多目标模型

基于项目管理者的目标，本部分提出了模糊多目标优化模型，其目标函数和约束条件分别阐述如下：

3.2.4.1 目标函数

通常，项目的总费用是由很多因素组成的，如固定费用、工期、每个活动的压缩模式等。因此，决策者在项目执行过程中作出决策使总费用最低。第一个目标函数就是最小化期望工程项目总费用。总费用为固定成本、变动成本和各活动压缩费用之和，即"活动 i 的固定费用 + 活动 i 以一定压缩模式执行的期望工期 × 活动 i 的单位变动成本 + 活动 i 的单位压缩成本 × 活动 i 的压缩时间"的加和，如式（3.2）。

$$\min z_1 = \sum_i \left(C_{f_i}+E[\tilde{d}_i]C_{a_i}\right)+\sum_i k_i Y_i \tag{3.2}$$

第二个目标是最小化工程项目的期望工期，它是由工程期望开始时间和结束时间的距离所决定，如式（3.3）。

$$\min z_2 = E\left[\tilde{T}_{I+1}\right]-E\left[\tilde{T}_1\right] \tag{3.3}$$

第三个目标函数是最小化总压缩费用。这个目标函数表明每个活动的压缩费用都应尽量减少。一般来说，决策者事先应确定每个活动的期望工期。事实上，如果某些活动完成过早，可能影响其与其他活动之间的协调，造成附加的一些费用，如环境惩罚费。因此，尽管有第一个目标存在，压缩费用应该单独作为一个目标[180]，即式（3.4）。

$$\min z_3 = \sum_i k_i Y_i \tag{3.4}$$

项目环境主要是指项目所指向的他们的文化、组织、社会、环境以及生态环境[294]。文化、组织环境属于项目内部环境[294]，主要是关注的项目的外部环境（空气、水、土壤、噪音、固体废物污染以及生态改变）[184]。需研究的环境指标在图3.2中已显著标识，主要目标是分析项目环境与生态环境之间的因果关系。

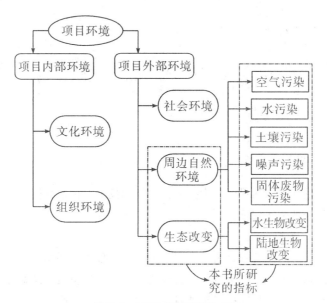

图 3.2　工程项目环境指标

第四个目标是最小化量化的环境影响，用简单加权的办法将各活动的各种影响通过专家评分综合起来，即式（3.5）。

$$\min z_4 = \sum_i w_i \sum_p w_{i,p}^j \times Q_{i,p}^j \tag{3.5}$$

对于某个工程及某个活动某种执行方式的环境影响的估计与量化比对项目成本与时间的估计更具有挑战性。其挑战性主要有以下两方面：

（1）每个活动每一种压缩方式对环境的影响是难以测量和量化的。

（2）各活动环境影响的值难以综合到整个项目的水平。

为了解决这两个难题，本模型给出了一个新的目标函数来优化环境影响。

为了方便测量和量化环境影响，综合环境影响的目标函数考虑了一系列项目活动中可测量的环境指标。这些指标发展成为基于环境的系统，已经在文献[69]中得到了研究和证实。这些被研究证实的指标是从分析基于绩效模型的活动长期绩效中得到的。环境指标必须能客观实际的测量每个活动的绩效。对于每种压缩方式，环境影响的测试结果都应该易于获得和收集。实际上，许多数据都是在项目进行中收集到的，这些被收集到的数据在估计环境影响中作为统计数据来分析。另外，需要注意的是所选择的环境指标有空气的、水的、土壤的、噪音的、固体废物的以及生态改变的，常常使用不同的单位来测量的[65,178,184]。因此，需要将其转化为统一的测量系统以便于评价其绩效。在本模型中，不同指标的评价结果均转化为 0 ~ 100 的分值，代表每个活动中每种压缩方式的环境影响程度。以上列出的环境目标函数能加权综合项目所有活动的所有环境影响[91,221]。

评价项目的环境影响需要以下两种权重：

（1）活动 i 的权重（w_i）代表在项目中它相对于其他活动对于整个项目环境影响的重要性和贡献。

（2）分值 p 在活动 i 执行压缩模式 j 时，相对于其他得分所占的权重，如 $w_{i,p}^j$。这两种权重能实现评价整个项目环境影响目标。

3.2.4.2　约束条件

活动之间优先顺序的约束：在项目中，为保证工作的合理安排，活动之间的优先顺序是很重要的一个基本要素。紧后工作必须在所有紧前工作全部完成的情况下以一种确定的压缩方式开始。任何一个活动都不能违反这个约束。因此，将活动 i 的紧前活动设为 e，即 $e \in Pre\,(i)$，其中 $Pre\,(i)$ 代表活动 i 的紧前活动集合。所以，紧前活动 e 的开始时间、工期以及活动 i 的开始时间关系可以表达为式（3.6）。

$$E\,[\tilde{T}_e] + E\,[\tilde{d}_e] - E\,[\tilde{T}_i] \leqslant 0, \quad \forall e \in Pre\,(i) \tag{3.6}$$

其中 $i = 1, 2, \cdots, I$。

压缩时间约束：活动 i 压缩后的工期等于活动 i 的正常工期减去其压缩时间，如式（3.7）所示。

$$E\,[\tilde{d}_i] = E\,[\tilde{D}_i] - Y_i \tag{3.7}$$

另外，活动 i 的压缩时间不能超过其正常工期与最小压缩后的工期之差，如式（3.8）所示。

$$Y_i \leqslant E\,[\tilde{D}_i] - d_i^{min} \tag{3.8}$$

总预算约束：工程项目总成本不能超出一个确定的限制，即总预算。式（3.9）表示了各活动在选择了一定的压缩方式后的总费用之和不能超过总预算。

$$z_1 \leqslant B \tag{3.9}$$

逻辑约束：为了满足实际情形中的非负约束和变量约束，有式（3.10）

与式（3.11）成立。

$$E\left[\tilde{D}_i\right],\ E\left[\tilde{d}_i\right],\ Y_i,\ E\left[\tilde{T}_i\right],\ E\left[\tilde{T}\right] \geqslant 0 \qquad (3.10)$$

$$x_{ijt} = 0\ or\ 1, \qquad (3.11)$$

上式中，$i=1,\ 2,\ \cdots,\ I$；$j=1,\ 2,\ \cdots,\ m_i$；$t=1,\ 2,\ \cdots,\ ceil\ (E\left[\tilde{T}_I\right])$

现金流约束：在任一时段，所有以一定方式执行的活动的固定成本、变动成本与压缩费用均不能超过资金流限制，如图 3.3 所示。其表达式如式（3.12）所示。

$$\sum_i \frac{C_{f_i} + E[\tilde{d}_i]C_{a_i} + k_i Y_i}{E[\tilde{d}_i]} x_{ijt} < l, \qquad (3.12)$$

其中 $t=1,\ 2,\ \cdots,\ ceil\ (E\left[\tilde{T}_I\right])$；$j=1,\ 2,\ \cdots,\ m_i$

工期约束：一般为了协调与其并行的工程之间的资源，决策者会事先对该工程提出一个期望工期，该期望工期也是根据决策者的经验对各活动完成时间的估计，所以工程的期望结束时间不能超过其期望工期，如式（3.13）所示。

$$E\left[\tilde{T}I+1\right] \leqslant E\left[\tilde{T}\right] \qquad (3.13)$$

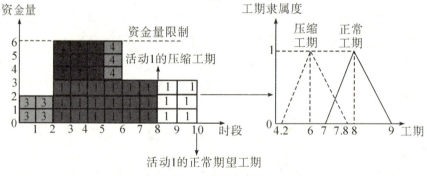

图 3.3　资金流限制

对于大型建设项目工程中的离散时间－成本－环境平衡分析（DTCETP），为了使其调度管理系统达到最优，需要在活动顺序、压缩工期、总预算、资金流量等一系列约束条件下最小化成本、最小化工期、最小化压缩成本和最小化环境影响。DTCETP 的四个目标可以在调度管理系统中通过决策变量的调整协调被优化。DTCETP 模型的目的是寻找关于活动优先次序和压缩模式的最优决策，从而协调的最小化成本、工期、压缩成本和环境影响。决策变量的控制使调度系统的目标中在总工期、压缩工期约束、总预算约束以及各时段资金约束下达到平衡，即不同决策变量同时存在系统各部分导致了不同目标之间的均衡。基于以上的讨论，综合式（3.2）~（3.13），大型建设工程项目管理中的 DTCETP 的数学模型可以表示如下：

$$
\begin{cases}
\min z_1 = \sum_i \left(C_{f_i} + E[\tilde{d}_i] C_{a_i} \right) + \sum_i k_i Y_i \\
\min z_2 = E[\tilde{T}_{I+1}] - E[\tilde{T}_1] \\
\min z_3 = \sum_i k_i Y_i \\
\min z_4 = \sum_i w_i \sum_p w_{i,p}^j \times Q_{i,p}^j \\
\text{s. t.}
\begin{cases}
E[\tilde{T}_e] + E[\tilde{d}_e] - E[\tilde{T}_i] \leqslant 0, \forall i \\
E[\tilde{d}_i] = E[\tilde{D}_i] - Y_i, \forall i \\
Y_i \leqslant E[\tilde{D}_i] - d_i^{\min}, \forall i \\
z_1 \leqslant B, \forall i \\
E[\tilde{D}_i], E[\tilde{d}_i], Y_i, E[\tilde{T}_i], E[\tilde{T}] \geqslant 0, \forall i \\
x_{ijt} = 0 \text{ or } 1, i = 1, 2, \cdots, I, j = 1, 2, \cdots, m_i, t = 1, 2, \cdots, ceil(E[\tilde{T}_I]). \\
E[\tilde{T}_{I+1}] \leqslant E[\tilde{T}] \\
\sum_i \dfrac{C_{f_i} + E[\tilde{d}_i] C_{a_i} + k_i Y_i}{E[\tilde{d}_i]} x_{ijt} < l, t = 1, 2 \cdots, E[\tilde{T}_I]
\end{cases}
\end{cases}
$$

$$(3.14)$$

从以上模型中可以看出，如果 $k_i < C_{a_i}$，则有下式：

$$C_{\tilde{d}i} = C_{f_i} + C_{ai}\tilde{d}_i + k_i \ (\tilde{D}_i - \tilde{d}_i) \ = C_{f_i} + C_{a_i} \ (\tilde{D}_i - Y_i) \ + k_i Y_i$$

$$< C_{f_i} + C_{a_i} \ (\tilde{D}_i - Y_i) \ + C_{a_i} Y_i = C_{f_i} + C_{ai}\tilde{D}_i = C_{\tilde{D}_i}$$

这证明了如果 $k_i < C_{a_i}$，那么 $C_{\tilde{d}i} < C_{\tilde{D}_i}$；如果 $k_i > C_{a_i}$，那么 $C_{\tilde{d}_i} > C_{\tilde{D}_i}$。所以对于工期 - 成本平衡问题可以简单地比较 k_i 和 C_{a_i} 的大小。如果 $k_i < C_{a_i}$ 压缩工期能够同时减小工期和成本；如果 $k_i > C_{a_i}$，就要根据决策者偏好和实际情形来决定了，但是那也是比较易于解决的。但是，在 DTCETP 中，含有总预算约束和资金流量约束，而且还需要考虑模糊环境下，执行模式的环境影响。为了求解每个活动的最优压缩模式，这是一个 NP 难题，不能简单地根据 $k_i > C_{a_i}$ 或者 $k_i < C_{a_i}$ 来判断。

3.3　算法设计

正如前面所述，DTCETP 属于 NP 难题。传统精确的算法不适于解决大型复杂的案例，根据查阅资料，还没有一种有效解决模糊环境下大型建设项目管理的 DTCETP，因此，提出了一种新算法——模糊自适应混合遗传算法。近年来，学者们开始研究诸如遗传算法（GA）[299]、粒子群算法（particle swarm optimization，PSO）[295]、模拟煺火算法、禁忌搜索算法以及局部搜索法等启发式算法得到了较好的发展。在众多启发式算法中，很多研究者都发现 GA 在解决实际的工程项目调度问题中非常有效。GA 是霍兰德（1992）第一次提出并应用达尔文的进化论来解决问题的[139]。GA 属于启发式优化算法，在解决已知信息很少的大型搜索空间显得很有效。在应用 GA 时需解决的问题是搜索空间中广度与深度搜索的平衡。为了达到平衡，GA 的输入参数非常重要，如种群大小、交叉率、变异率和最大代数都非常重要。与以前的研究相比，提出的 (f)a - hGA 可以更有效地解决多目标的问题（如：总费用、总工期、压缩费用和环境影响）并在模糊环境下同时满足 DTCETP 的所有约束。所提出的算法可以分别针对线性和非线性两种情形。如果是线性的，就用模糊期望值模型 (fuzzy expected value model，EVM）被嵌入到自适应混合算法中（adaptive - hybrid Genetic Algrithm（a - hGA））已解决模糊变量在线性函数中的转化问题；如果是非线性的情形，模糊模拟便于（a - hGA）结合处理非线性的模糊问题。前面提到的该问题的多目标模型，是可以找到其帕累托最优解的。但是，在实际的建设项目中，决策者只能在相对急迫的条件下执行一个准确的优化解。因此，应用加权法将多目标模型转化为一个单目标模型。首先是模糊 EVM 用来将模糊变量转化为精确变量。其次，加权程序将管理实践中的多个目标转化为单个目标以反映决策者的偏好。再次，基于优先权和基于多阶段的编码分别用以确定活动的优先级和压缩时间[112]。另外，采用活动优先权的单点交叉操作以及活动压缩时间的变异操作修复式策略来避免不可行解的产生。最后，爬山法和自适应机制用以加快 GA 循环的收敛。

3.3.1　综合程序

根据模糊环境下的 DTCETP，该方法分为五个子系统：①输入子系统；②活动工期产生子系统；③项目工期确定子系统；④工期 - 成本 - 环境平衡子系统；⑤输出子系统。每个子系统都有自己的功能。

活动工期产生子系统可以产生所有可能性的活动工期。这些染色体代表代表各个可能的活动工期。染色体中每个基因代表相应活动，其值是由模糊 EVM 或者模糊模拟获得[299]。接下来，项目工期决定子系统，基于前面提到的活动工期和活动优先关系式（3.6），正常工期与最小压缩工期可以作为边界确定。然后，将介于正常工期与最小压缩工期选择的工期，最小项目成本、压缩成本和环境影响值输入到工期－成本－环境影响子系统。这个子系统将用单点交叉算子和变异算子的修复式策略产生可行的染色体子代。关于单点交叉和变异的操作如图3.4所示。根据式（3.2）～（3.5）以及以下的目标加权法确定GA的适应值函数，用以选择下一代的染色体。下一代的染色体可以在选择子系统根据轮盘赌原则确定。其选择概率是由霍兰德于1992年提出的，见式（3.15）。

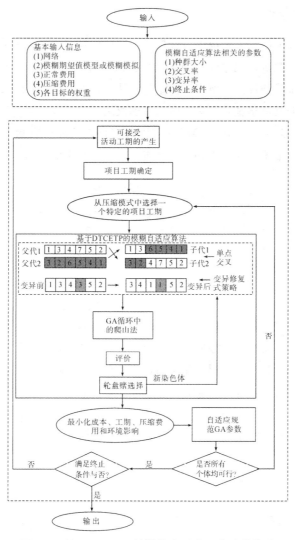

图3.4 基于DTCETP的模糊自适应混合遗传算法

$$P(x_i) = \frac{f(x_i)}{\sum\limits_{j=1}^{N} f(x_j)} \tag{3.15}$$

上式中，$f(x_i)$ 代表第 i 代染色体的适应值，N 是种群大小。爬山迭代法能够保证混合局部搜索技术的性质，它是由米夏尔维克兹（Michalewicz, 1996）提出[199]并应用于 GA 循环中的。最后一步是工期 - 成本 - 环境平衡子系统，最优解就是在这个子系统中输出的。

3.3.2   加权程序

在此，加权程序用以解决多目标模型。这种加权综合目标函数的形式只能当其解集是凸函数的情况才能找到其帕累托最优解[112]。由于，模型的目标函数和约束条件都是凸性的，所以该模型是凸性的，即 DTCETP 的数学模型是凸规划。不难证明其解集也是凸集。所以，加权法适合于该模型。为了保证多目标的有效性和一致性，在执行多目标程序前应该先去除所有量纲和统一数量级。需估计最大值来去除量纲和统一数量级。这里有 4 个目标：

$$\begin{cases} z_1' = \dfrac{z_1}{z_1^{\max}} \\[2mm] z_2' = \dfrac{z_2}{z_2^{\max}} \\[2mm] z_3' = \dfrac{z^3}{z_3^{\max}} \\[2mm] z_4' = \dfrac{z_4}{z_4^{\max}} \end{cases} \tag{3.16}$$

上式中，$z_1^{\max}$，$z_2^{\max}$，$z_3^{\max}$ 和 $z_4^{\max}$ 分别是 z_1，z_2，z_3 和 z_4 的最大值。

对于给定的个体，加权目标函数可以表示如下：

$$\text{eval} = \min \left(\eta_1 z_1' + \eta_2 z_2' + \eta_3 z_3' + \eta_4 z_4' \right) \tag{3.17}$$

上式中，η_1 是项目成本的权重，η_2 是项目工期的权重，η_3 是压缩成本的权重以及 η_4 是环境影响权重，它们都是由决策者给定的，反映了决策者认为重要的程度。这些权重均满足式（3.18）。

$$\eta_1 + \eta_2 + \eta_3 + \eta_4 = 1 \tag{3.18}$$

3.3.3   (f)a－hGA 操作过程

这部分将详细说明模糊自适应混合 GA 的交叉和变异操作方法。

3.3.3.1 交叉操作

交叉的目的是交换两个父代染色体之间的信息以产生两个新的子代。DT-CETP 中，每个活动都对压缩时间有限制，因此，不同的活动含有有限不同的执行方式。例如，活动 1 最多可以压缩 4 个单位时间，那么它就有 5 种执行方式；如果活动 2 最多可以压缩 2 个单位时间，那么它就有 3 种执行方式。所以，戈尔德伯格（Goldberg）于 1989 年提出的单点交叉[117]（在两父代中选择一点，交换其右边部分）被用于交叉操作，它只是在相应活动中交换一个或多个基因以保证解的可行性，见图 3.4。

3.3.3.2 变异操作的修复式策略

一致性变异是根据事先定义好的变异率改变一个或多个基因的染色体。每次变异都是一个改变基因的随机的过程，使之成为一个新的基因。在本问题中，不同的活动含有有限不同的执行方式，如果在改变基因超出其有限的模式，就需要被修复以满足其可行性。对于这个特定的问题，设计了一个新的修复式算法，即事先为每一个活动对应的基因根据执行模式限定一个安全值。如果超过安全值，则取最大值。

3.3.4 (f)a–hGA 参数规则

在这一部分，交叉率和变异率在遗传搜索过程中自我适应[112]。在此，交叉率和遗传率在遗传搜索所有代数之间自动评价并更新，当代的交叉率和遗传率是根据程序结果来适应调整的。

3.4 锦屏二级水电工程中的离散时间 – 成本 – 环境平衡分析

这部分将分析锦屏二级水利枢纽工程中 DTCETP 的一个实际案例。分析的该工程包括 11 个活动和 2 个虚活动（起点和终点）。每个活动都有一定的最大可压缩时间，如图 3.5 所示。

3.4.1 案例说明

该案例所有数据都来自于某水电开发公司的某项目。该项目的多目标 DT-CEPT 模型的建立方法和解决方法可以用于类似的项目。在面对每个活动工期不确定的情况下，决策者需要通过安排合理的活动先后顺序和选择合适的压缩

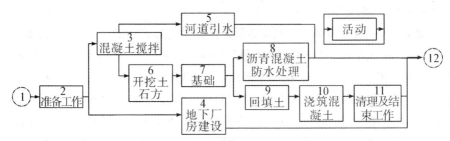

图 3.5 工程实例项目活动结构

时间以优化建设项目管理工作的各个方面。所提出的模型和方法可以帮助决策者优化建设活动的调度。该项目从开始的准备工作到最后结束的清理完成工作有 10 个工作。每个工作都有确定的紧前工作、紧后工作和正常的完成时间。该工作通常用月来作为时间单位。为了建立模型方便了两个虚节点表示虚活动。每个活动具体相应的数据如表 3.1 和表 3.2 所示。

表 3.1 工程中每个活动的具体信息－1

活动	正常期望工期 ($E\ [\bar{D}_i]$)（月）	最小压缩时间 (d_i)（月）	正常费用 (C_{D_i})（10 亿元）	固定费用（10 亿元）	单位变动费用（10 亿元/月）	单位压缩成本 (k_{ij})（10 亿元）	活动权重 (wt_i)（%）
1	虚活动						
2	13	9	25.88	13.53	0.95	0.8	17
3	2	2	11.64	10.82	0.41	∞	14
4	4	2	9.45	9.01	0.11	1	2
5	9	7	65.84	15.26	5.62	2	4
6	13	8	40.79	9.98	2.37	2.5	13
7	5	3	25.46	13.76	2.34	2.5	15
8	4	2	22.73	8.93	3.45	1	2
9	3	3	30.6	14.46	5.38	∞	11
10	3	3	15.22	10.24	1.66	∞	11
11	11	4	2	15.79	10.23	1.39	2.8
12	虚活动						

表 3.2 工程中每个活动的具体信息 - 2

活动	压缩选择	$Q_{i,p}^{j}$	$w_{i,p}^{j}$	活动	压缩选择	$Q_{i,p}^{j}$	$w_{i,p}^{j}$	活动	压缩选择	$Q_{i,p}^{j}$	$w_{i,p}^{j}$
2	$Y=4$	99	0.3	5	$Y=2$	98	0.7	7	$Y=2$	98	0.7
		98	0.4			97	0.3			97	0.3
		97	0.3		$Y=1$	95	0.5		$Y=1$	97	0.5
	$Y=3$	98	0.6			94	0.4			96	0.5
		96	0.4			92	0.1		$Y=0$	95	0.6
	$Y=2$	97	0.5		$Y=0$	92	0.3			90	0.4
		96	0.5			90	0.6	8	$Y=2$	98	0.5
	$Y=1$	94	0.3			89	0.1			96	0.5
		90	0.7		$Y=5$	99	0.1		$Y=1$	96	0.7
	$Y=0$	92	0.3			98	0.9			92	0.3
		89	0.7		$Y=4$	98	0.1		$Y=0$	92	0.6
3	$Y=0$	99	0.1			97	0.9			89	0.4
		97	0.8		$Y=3$	97	0.9	9	$Y=0$	99	0.5
		96	0.1			93	0.1			92	0.5
4	$Y=2$	99	0.5	6	$Y=2$	94	0.1	10	$Y=0$	97	0.5
		98	0.5			93	0.9			93	0.5
	$Y=1$	97	0.3		$Y=1$	93	0.7	11	$Y=2$	98	0.5
		92	0.6			92	0.2			97	0.5
		91	0.1			91	0.1		$Y=1$	94	0.9
	$Y=0$	92	0.1		$Y=0$	92	0.6			91	0.1
		91	0.2			90	0.3		$Y=0$	92	0.7
		90	0.7			89	0.1			89	0.3

基于上述工程项目，提出的方法可以解决其 DTCETP。其他项目数据如下：

总预算 $B=265$，$l=12$，$E(\tilde{T}_{(I+1)C})=43$，$E(\tilde{T})=40$。每个活动的工期估计如下：

$$\tilde{D}_1=(0,0,0),\tilde{D}_2=(10,13,16),\tilde{D}_3=(1,2,3),\tilde{D}_4=(1,4,7)$$

$$\tilde{D}_5=(7,9,11),\tilde{D}_6=(9,13,17),D\tilde{D}_7=(3,5,7),\tilde{D}_8=(2,4,6)$$

$$\tilde{D}_9=(2,3,4),\tilde{D}_{10}=(1,3,5),\tilde{D}_{11}=(2,4,6),\tilde{D}_{12}=(0,0,0)$$

3.4.2 结果讨论

所提出的 $(f)a-hGA$ 是用 $C++$ 语言编程的，在内存为 $1024MB$ 计算机上运行的。其绩效与其他的启发式算法进行了对比。算法参数设置为：种群大小为 20，交叉率和变异率分别为 0.6 与 0.1，最大代数为 200，乐观 - 悲观值为 $l=0.5$。其优化解如表 3.3 所示，各目标的权重分别为 $\eta_1=0.1$，$\eta_2=0.5$，

$\eta_3 = 0.1$，$\eta_4 = 0.3$。最优调度方案如表 3.4 所示。

表 3.3　$\lambda = 0.5$，$\eta_1 = 0.1$，$\eta_2 = 0.5$，$\eta_3 = 0.1$，$\eta_4 = 0.3$ 下的最优解

$z_1 = 262.93$	$Y_2 = 4$，$Y_3 = 0$，$Y_4 = 0$，$Y_5 = 0$，$Y_6 = 1$
$z_2 = 38.0$	$Y_7 = 0$，$Y_8 = 0$，$Y_9 = 0$，$Y_{10} = 0$，$Y_11 = 0$
$z_3 = 5.70$	$t_2 = 9$，$t_3 = 2$，$t_4 = 4$，$t_5 = 9$，$t_6 = 12$
$z_4 = 94.62$	$t_7 = 5$，$t_8 = 4$，$t_9 = 3$，$t_{10} = 3$，$t_{11} = 4$

表 3.4　　　　　　　　　　DTCETP 的最优调度方案

a_1 (0)：0 - 0	a_2 (4)：0 - 9	a_3 (0)：9 - 11
a_4 (0)：9 - 13	a_6 (1)：11 - 23	a_5 (0)：13 - 22
a_7 (0)：23 - 28	a_9 (0)：28 - 31	a_{10} (0)：31 - 34
a_8 (0)：31 - 35	a_{11} (0)：34 - 38	a_{12} (0)：38 - 38

　　根据表 3.4 安排的活动顺序和压缩满足决策者的要求。可以发现非关键路径活动 5 可以安排在第 11～23 月之间，活动 8 可以安排在第 31～38 月之间。如图 3.6 所示。因此，项目经理可以根据实际的人力资源、设备、节假日的需要来安排非关键活动。由于数学模型是建立在某些假设基础上的，可能模型会有一些误差，结果不一定 100% 反映最优工期 - 成本 - 环境平衡的最优解。尽管如此，在某种程度上，最优解只能为工程决策者提供理论上的最优解。

3.4.3　灵敏度分析

　　如果将四个目标函数的权重逐步做调整，其结果与分析见表 3.5。可见这几组解受权重变化影响不是很明显。从组合 1 可以看出，如果平衡偏向的是工期而不是环境影响，那么关键活动（如：活动 6）将被压缩至一个更低的水平；相反的，如组合 3，如果总费用和压缩费用的权重增加了，那么关键活动（如：活动 6）将不被压缩。需注意的是，表 5 所获得的结果都是基于乐观 - 悲观值 $\lambda = 0.5$。

资金消耗

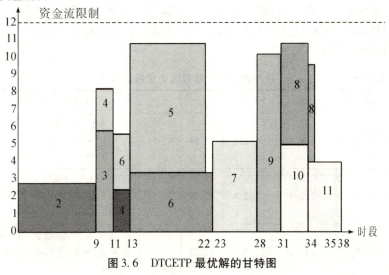

图 3.6　DTCETP 最优解的甘特图

表 3.5　　　　　　　　　　对于目标函数权重的灵敏度分析

组合	目标权重				适应值	最优执行顺序执行时间									
	η_1	η_2	η_3	η_4											
组合 1	0.15	0.6	0.15	0.1	0.627	2	3	4	6	5	7	9	10	8	11
						9	2	4	10	9	5	3	3	4	4
组合 2	0.1	0.5	0.1	0.3	0.570	2	3	4	6	5	7	9	10	8	11
						9	2	4	12	9	5	3	3	4	4
组合 3	0.2	0.4	0.2	0.2	0.648	2	3	4	6	5	7	9	10	8	11
						9	2	4	13	9	5	3	3	4	4

　　表 3.6 中对比了决策者的乐观——悲观态度对结果的影响。从中可以看出，决策者的乐观-悲观态度对结果影响是很显著的。因为重点研究工程项目环境的影响，所以选取组合 2 （$\eta_1 = 0.1$，$\eta_2 = 0.5$，$\eta_3 = 0.1$，$\eta_4 = 0.3$）——表 3.6 中环境影响相对于其他两组来说权重最大的来进行分析。乐观-悲观态度 λ 值决定了决策者的态度，它是与估计项目的工期有关的。对于 DTCETP，第二个目标就是最小化项目总工期，$\lambda = 1$ 是态度悲观的极致，相反，$\lambda = 0$，是乐观的极致。从表 3.6 可以看出，决策者乐观的态度使得优化的趋势偏向项目总费用和项目总工期，相反，决策者悲观的态度使得优化趋势偏向压缩费用和

环境影响。如果决策者越来越乐观，即 λ 减少，那么项目总工期 z_2 将逐步减少；相应地，变动总费用随之降低，工程总费用也将大大降低。所以，对压缩费用和环境影响的优化将大大减弱，这些结果的讨论将有益于实际情形中决策者的判断。

表 3.6 决策者乐观－悲观值的灵敏度分析

乐观－悲观值	z_1	z_2	z_3	z_4	各活动的压缩时间
$\lambda = 0.1$	248.51	31.2	13.94	95.59	$Y_2 = 2.8$，$Y_6 = 3.4$，$Y_7 = 1.2$，$Y_3 = Y_4 = Y_5 = Y_8 = Y_9 = Y_{10} = Y_{11} = 0$
$\lambda = 0.2$	252.07	32.4	12.98	95.53	$Y_2 = 3.1$，$Y_6 = 2.8$，$Y_7 = 1.4$，$Y_3 = Y_4 = Y_5 = Y_8 = Y_9 = Y_{10} = Y_{11} = 0$
$\lambda = 0.3$	255.16	33.6	12.22	95.07	$Y_2 = 3.4$，$Y_6 = 2.2$，$Y_7 = 1.6$，$Y_3 = Y_4 = Y_5 = Y_8 = Y_9 = Y_{10} = Y_{11} = 0$
$\lambda = 0.4$	259.25	36.6	11.56	94.68	$Y_2 = 3.7$，$Y_6 = 1.6$，$Y_3 = Y_4 = Y_5 = Y_7 = Y_8 = Y_9 = Y_{10} = Y_{11} = 0$
$\lambda = 0.5$	262.93	38.0	5.70	94.62	$Y_2 = 4$，$Y_6 = 1$，$Y_3 = Y_4 = Y_5 = Y_7 = Y_8 = Y_9 = Y_{10} = Y_{11} = 0$
$\lambda = 0.6$	$= 267.50 > 262$				不可行

基于上述工程实例，提出的算法（f）a－hGA 与其他启发式算法进行了比较，如基于模糊的遗传算法（fuzzy－based genetic algorithm）［（f）－GA］与基于模糊的混合遗传算法（fuzzy－based hybrid genetic algorithm）［（f）－hGA］。为了在相似的环境下进行对比，3 个算法都用相同的 C＋＋语言，相同的计算机配置，以及相同的 GA 参数（交叉率为 0.6，变异率为 0.1），其每个算法的迭代过程如图 3.7 所示。

从图 3.7 中可以看出，（f）－GA 在解决实际问题时，与其他两种算法相比具有明显的优势。（f）－GA 在解决调度问题时也比（f）－GA 和（f）－hGA 更能容易求到最优解。从图 3.7 可以看出（f）－GA 的收敛速度也是最快的，由于应用了单点交叉和修复式的变异来避免不可行解的产生，所以收缩的绩效明显高于（f）－GA 和（f）－hGA。

3.4.4 算法比较

基于上述工程实例，提出的算法（f）a－hGA 与其他启发式算法进行了比

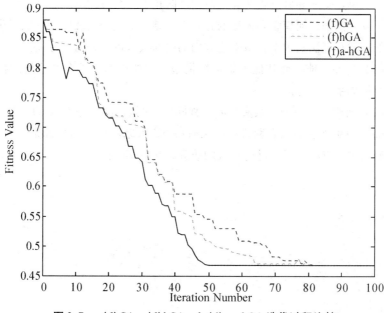

图 3.7　（f）GA，（f）hGAand（f）a – hGA 迭代过程比较

较，如基于模糊的遗传算法（（f）– GA）与基于模糊的混合遗传算法
[（f）– hGA]。为了在相似的环境下进行对比，3 个算法都用相同的 C ＋＋语
言，相同的计算机配置，以及相同的 GA 参数（交叉率为 0.6，变异率为
0.1），其每个算法的迭代过程如图 3.7 所示。从图 3.7 中可以看出，（f）– GA
在解决实际问题时，与其他两种算法相比具有明显的优势。（f）– GA 在解决调
度问题时也比（f）– GA 和（f）– hGA 更能容易求到最优解。从图 3.7 可以看
出（f）– GA 的收敛速度也是最快的，由于应用了单点交叉和修复式的变异来
避免不可行解的产生，所以收缩的绩效明显高于（f）– GA 和（f）– hGA。

3.5　本章小结

　　研究了建设工程项目管理的多目标 DTCETP 问题，该问题是在模糊不确定
环境下解决使总成本最小、项目工期最小、压缩成本最小以及环境影响最小的
多模式工程调度问题。该方法的优点在于为决策者的决策过程提供了系统，可
随决策者偏好变化控制的调度决策。模糊变量的应用使得多目标模型更接近实
际的不确定情形。为了解决该模型，提出了（f）a – hGA 来提高优化的质量和

稳定性。单点交叉和修复式变异也被用来防止不可行解的出现。最后用一个实际的工程实例来说明模型和方法的有效性。结果讨论和灵敏度分析也阐明了该方法的绩效和算法的效率。未来这方面的研究大致可以分为三方面：

（1）更深入地探究其他不确定性模型，例如更加合理有效地处理模糊随机、双模糊系统实际问题。

（2）研究处理更加复杂实际的工程问题，例如多工程多维度的工程问题。

（3）以更加有效的启发式算法来解决 NP 难题。每个领域都是很重要的、值得研究的，有必要对其进行细致的研究以解决实际问题。

4 离散时间－成本－质量－环境平衡分析模型及其应用

　　讨论了锦屏二级水电站大型深埋隧道群工程的多模式离散时间－成本－质量－环境平衡问题（DTCQETP）的多目标优化模型。与以前的研究相比，该模型将三维的时间－成本－质量或时间－成本－环境平衡分析发展为四维的时间－成本－质量－环境平衡分析。将最小化工期、最小化成本、最小化质量缺陷和最小化环境影响作为目标函数。与现有模型相比，该模型更加接近实际，项目工期和环境影响考虑了模糊不确定性。而且，为了描述现实问题，用模糊测度的乐观－悲观参数处理模糊不确定性。特别是，假设环境影响特征是模糊数，用一定的置信水平和假设水平来描述，因此用模糊逻辑来处理一定执行模式下的项目环境影响。然后，基于模糊的自适应混合遗传算法用以来求DTC-QETP的最优解。最后，锦屏二级水电站大型深埋隧道群工程作为一个真实的案例来证明该优化方法的经济有效性、技术有效性以及社会生态有效性。

4.1　问题简介

　　建设系统中，尤其是大型建设系统，在过去 20 年里，建设系统考虑的重要方面即工期、成本和质量取得了重大的进步。一些学者用线性规划的模型研究了工期－成本－质量的平衡[24,158,266]。近年来，建设工程项目已经引发了许多环境问题[91,294]。特别是，水利水电项目对河流环境影响，尤其是贯穿于项目每个阶段的生态环境影响[50,65]，是很多学者关注的热点问题。但是，很少有学者关注项目计划阶段，将环境目标和其他目标相协调，选择更环境友好的建设方法。从而提出了建设项目的环境可能会受建设模式选择的影响。因此，一个水电项目在计划阶段，其环境影响应该与工期、成本及质量一起来平衡考虑。这种情形下就产生了多模式离散的时间－成本－质量－环境平衡问题（DTCQETP），它是时间－成本－质量平衡问题[266]以及时间－成本－环境平衡问题[298]的拓展。建设工程项目管理的目标是在一定约束条件下如活动先后顺序[14]、总预算、一定资金流[298]以及项目工期[188]寻求每个活动的最有开始时间和执行模式[225,297]。这些研究已经对建设系统的平衡问题做出了很大贡献，但是还没有建设系统 DTCQETP 的有效分析。针对 DTCQETP 的四个目标做出了分析：①最小化项目工期；②最小化项目总成本；③最小化质量缺陷；④最小化环境影响。

作为建设系统项目管理很重要的组成部分，由于世界范围内建设项目数量和规模的快速发展，平衡问题已经引起了很多的关注。为了实现和发展清洁和可再生能源及国家"西电东送"战略，尤其是在雅砻江流域，中国正在建设大量的水电工程。锦屏二级水电站是雅砻江上最重要的建设工程之一。锦屏二级水电站大型深埋隧道群工程是锦屏二级水电站最重要的子项目之一，它包括：由 4 条引水隧洞、2 条辅助洞及 1 条施工排水洞组成，隧洞群总长约 118 千米。具有埋深大、洞线长、洞径大、地应力水平高、工程地质条件极其复杂、施工布置困难等特点，是目前世界上已建、在建总体规模最大、综合难度最大的水工隧洞群工程。隧洞群建设面临地下水预报与处理、岩爆防治等关键技术问题[119,177,228]。因此，施工质量是建设安全、顺利进行的重要保障。而且，锦屏二级水电站大型深埋隧道群工程不可避免地会影响生态平衡，会破坏周围的水生环境，预计在生态环境保护方面的投入将超过 10 亿元，使相应的隧道建设环境控制与其他建设目标相协调。

讨论了锦屏二级水电站大型深埋隧道群工程的平衡问题分析。面对项目量大、短工期、高质量、低环境影响的要求，锦屏二级水电站大型深埋隧道群工程中 DTCQETP 的最优决策相当重要。对于锦屏二级水电站大型深埋隧道群工程中 DTCQETP 的研究可以为相似工程建设提供有用的参考。

前期这方面研究主要集中在确定性的情形，比如时间－成本平衡问题[133]，以及时间－成本－质量平衡问题[24,158,266,267]。在实际中，非常规工程（如：新建工程）[188]在不确定的情形下，必要的历时数据或信息是不可得的[296]。项目工期[108]和环境影响[221]的不确定性对于建设绩效有重大影响，而且对于决策者也是比较困难的问题。由于项目活动的唯一性，而且对于活动工期历史数据的缺乏，项目经理很难通过随机变量来描述工期，所以只能通过模糊数来表达专家对工期假设的主观性[87,174,188,285]。因此，第一次由泽德于 1965 年[309]提出并由其他研究者进一步研究的，如纳米亚斯于 1978 年[209]以及杜博斯和普拉德于 1988 年[99]的模糊方法被认为是处理模糊信息的有效方法。与不同执行模式相关的不同环境影响的信息也是很有限的，通常是不确定和不精确的。因此，可以用语言变量来描述，模糊逻辑很自然便可以用来表达和处理这类信息[221]。文献［315］提出了解决时间－成本－质量平衡问题的模糊多目标粒子群算法。文献［298］也研究了模糊不确定下大型建设系统的（DT-CETP）。但是，不确定环境下，三维问题（时间－成本－质量平衡或时间－成本－环境）研究很少，几乎没有研究涉及四维的 DTCQETP，但是对于大型水利工程的决策者而言显得特别重要。

解决平衡问题的方法分为精确算法和启发式算法两类。精确算法有基于线性规划[185,219]、动态规划[79,234]、穷举法[129]以及分支定界法[88]。锦屏二级水电站大型深埋隧道群工程的 DTCQETP 分析是一个大型难题，因为有多个执行模式的大量活动。DTCQETP 与 DTCETP[298]和时间－成本－质量平衡问题相同，可以看成是 NP 难题的拓展，难以解决[80]。因此，精确算法显得无效，有必要寻求有效地启发式算法来解决解决 DTCQETP。而现在没有有效的启发式算法来解决大项工程项目的 DTCQETP，更何况是在不确定环境下。采用了基于模糊的自适应混合遗传算法（(f)a－hGA），它对于解决锦屏二级水电工程中大型 DTCQETP 非常有效，容易操作。

基于锦屏二级水电站大型深埋隧道群工程的实例进行了 DTCQETP 分析，其中工期和环境影响是模糊变量，需要在预定工期、预算、资金流、质量缺陷水平和环境影响水平下获得最小工期、预算、质量缺陷和环境影响。为了将模糊数转化为精确数期望值模型（expectedvaluemodel，EVM）[299]和模糊逻辑用以处理模糊变量，其后，首次被霍兰德于 1992 年提出的遗传算法[139]（GA）也发展为（f)a－hGA 来适应 DTCQETP 分析。最后，锦屏二级水电站大型深埋隧道群工程作为真实的案例来检验了该优化方法，表明该方法对于不确定下 DTCQETP 有效、实用。

作为世界上最大最难的水工隧道群工程，锦屏二级水电站大型深埋隧道群工程有建设难、结构复杂、要求高以及不确定性多等特点。对于这样一个工程，工期、成本、质量缺陷水平和环境影响水平由建设模式选择决定，这些模式主要与人员组成、设备种类、技术选择等组成。因此，DTCQETP 中的工期、成本、质量缺陷水平和环境影响水平的选择模式的离散关系比连续的关系更加符合实际。在提出的项目中，每个活动都有一些定义好的离散的施工方式。完成各活动相应的工期、成本、质量缺陷和环境影响的离散模式组合已在表4.1～表4.3中罗列出来。DTCQETP 分析的目的就是为项目确定工期、成本、质量缺陷和环境影响水平的最佳组合。

项目总工期主要由专家来估计确定，是由第一个活动的最早开始时间以及最后一个活动的最迟结束时间确定的。项目总成本由直接成本和间接成本组成。质量缺陷水平是由加权方法将各活动对应各执行模式的质量缺陷水平组合成的，由环境影响调查项目中的专家评估得出。项目计划包括对施工方法、人员规模、设备组成和技术方法选择来执行各活动，即通过对工期、成本、质量缺陷和环境影响的平衡来完成整个项目。比如，采用更多的资源和更有效的技术（如用更先进的设备，雇更多工人，或加班）可能会节省工期，但是会增加费用。另外，减少时间会导致工程低质量和低环境影响。这四方面的影响（工期、成本、质量缺陷和环境影响）作为分析项目中 DTCQETP 确定最佳组合的尺度，以此来决策项目中各活动的最佳执行模式。

在锦屏二级水电站大型深埋隧道群工程中，每个活动其选择模式中的工期和环境影响由于建设工程的高难度都无法预知，即每种模式的工期和环境影响不能事先确定。比如，社会压力、气候变化都动态影响着活动的环境影响评估。几乎很少有新活动有翔实的统计数据，人们对工期和环境影响的概率分布或者不知或者只是部分知道。因此，对于新建项目的活动而言，用概率描述这些活动工期和环境影响不是很合适。在这种非统计的不确定情况下，概率方法很自然被模糊方法所替代，所以该项目的各活动的工期和环境影响用模糊数来描述其不确定性。

锦屏二级水电站大型深埋隧道群工程的 DTCQETP 是有四个子系统的复杂的平衡问题，即工期子系统、成本子系统、质量缺陷子系统和环境影响子系统。每个子系统绩效受自己目标的影响（如：工期、成本、质量缺陷和环境影响）。整个项目的绩效通过为每个活动选择最优的执行模式来同时最小化工期、成本、质量缺陷和环境影响。锦屏二级水电站大型深埋隧道群工程的 DTCQETP 可以见图 4.1。锦屏二级水电站大型深埋隧道群工程的 DTCQETP 的工期可以分为四个阶段：开挖阶段、除渣和运输阶段、衬砌阶段、安装阶段。这四个阶段有相应的费用，如隧道爆破费、开挖费、设备费、运输费用、材料费、安装以及环境保护费，如图 4.1 所示。同时，评价质量缺陷的指标有材料质量、设备的可靠度、误差等级等。最后，评价环境影响特征的指标分为正的和负的两类。负的是可逆性和社会认可度。正的是排放、腐蚀、沉降、地震、水土流失、废物管理、森林破坏和野生物破坏。

此多目标系统的重点可以阐述如下：

（1）这些相关联的活动必须以一定模式在紧前活动都以一定模式执行完

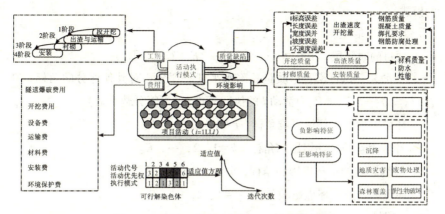

图 4.1 时间 - 成本 - 质量 - 环境平衡问题

成后执行。

（2）不同的执行模式有不同的工期、单位时间费用、质量缺陷水平和环境影响。

（3）每个时间段的资金、质量缺陷以及环境影响都不能超过一定的水平。

（4）每个活动的开始时间依赖于紧前活动的完成时间。

（5）当活动一开始便一直执行下去，不能中断。

（6）工期和环境影响特征是模糊数描述的，其悲观、乐观和最可能值已知[174、221]。

（7）每个活动对于质量缺陷和环境影响都有不等的重要度。

（8）决策者是风险中性的。

4.2 模型构建

为研究锦屏二级水电站大型深埋隧道群工程的 DTCQETP，数学模型的建立是有效的方法。工期、成本、质量缺陷和环境影响组成的多目标优化系统框架很容易转化为多目标模型的求解。为了阐述该模型，单点网络模型（activity - on - node，AOC）正如图 4.11 所示来描述了该工程的问题，所用的参数如下。

（1）角标

i：项目中活动的代号，其中 $i = 1, 2, \cdots, I$。

j：活动执行模式的代号，其中 $j = 1, 2, \cdots, m_i$，（活动 i 有 m_i 中可能执

行的模式）。

⌈ ⌉：向上取整。

t：项目的时间段，其中 $t = 1，2，\cdots，\lceil E\lceil \tilde{T}_{I+1} \rceil \rceil$。

p：活动某一执行模式中质量缺陷水平某一评分相对其他评分的角标，其中 $p = 1，2，\cdots，P_{ij}$（P_{ij} 为活动 i 的执行模式 j 的可能分数个数）。

r：环境因素的正环境影响角标，$r = 1，2，\cdots，R$。

k：环境因素的负环境影响角标，$k = 1，2，\cdots，K$。

n：环境影响的正环境影响角标，$n = 1，2，\cdots，N$。

f：环境影响的负环境影响角标，$f = 1，2，\cdots，F$。

（2）变量

z_1：项目总完成时间。

z_2：项目总费用。

z_3：项目总质量缺陷。

z_4：项目总环境影响。

$\tilde{D}_{ij}$：活动 i 的执行模式 j 的持续时间，该持续时间为一模糊变量，如图 4.2 所示。

$E[\tilde{D}_{ij}]$：活动 i 的执行模式 j 的持续时间的期望值。

$\tilde{T}$：项目的规定完成时间。

$\tilde{T}_i$：活动 i 的最早开始时间。

$\tilde{T}_1$：项目开始时间。

$\tilde{T}_{I+1}$：项目结束时间。

t_{ij}^{EF}：活动 i 的执行模式 j 的最早结束时间。

t_{ij}^{LF}：活动 i 的执行模式 j 的最迟结束时间。

$E[\tilde{T}_i]$：活动 i 的期望开始时间。

B：整个项目的成本总预算。

C_{ij}：活动 i 的执行模式 j 的单位时间费用。

l_c^M：项目执行期间单位时间段的最大可用资金流。

l_q^M：项目执行期间单位时间段的最大质量缺陷水平。

l_e^M：项目执行期间单位时间段的最大环境影响水平。

$Pre(i)$：活动 i 的紧前活动集合。

$Q_{i,p}^j$：活动 i 的执行模式 j 得分为 p 的质量缺陷水平。

w_i：在质量缺陷水平评估中活动 i 相对于其他活动的权重。

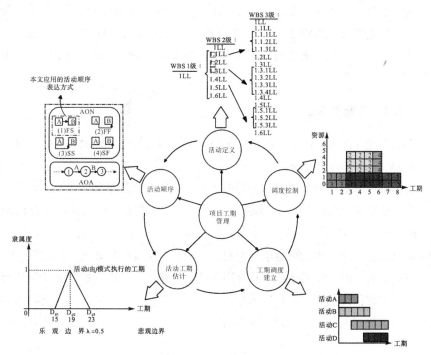

图 4.2　工期管理过程

$w_{i,p}^{j}$：活动 i 的执行模式 j 中得分 p 的权重。

y_i：环境影响评价中活动 i 相对于其他活动的权重。

TV：项目总的环境影响。

TV^+：项目正的环境影响。

TV^-：项目负的环境影响。

V_{ir}^+：活动 i 正环境影响 r。

V_{ik}^-：活动 i 负环境影响 k。

h_{ir}：活动 i 正环境影响 r 的重要性系数。

h_{ik}：活动 i 负环境影响 k 的重要性系数。

c_{irn}：活动 i 正环境影响 r 中影响特征 n 的系数。

c_{ikf}：活动 i 负环境影响 k 中影响特征 f 的系数。

$E(\tilde{a}_{ijrn})$：活动 i 的执行模式 j 的正环境影响 r 中影响特征 n 的期望值。

$E(\tilde{a}_{ijkf})$：活动 i 的执行模式 j 的负环境影响 k 中影响特征 f 的期望值。

（3）决策变量

$$x_{ijt}=\begin{cases}1，如果活动 i 以模式 j 执行并在时段 t 完成\\0，否则\end{cases}$$

决策变量 x_{ijt} 决定正在以某一方式执行的活动是否在时段 t 完成。

基于以上假设，提出了模糊不确定下的多目标 DTCQETP 分析，考虑了 4 个子系统组成的物理优化模型。接下来的部分将详细说明物理模型中的 4 个子系统。

4.2.1　工期子系统

工期管理如图 4.2 所示。活动定义是工期管理的第一步，根据工作分解结构（Work breakdown structure，WBS）将项目分为若干部分。项目经过结构分解之后，就可以确定活动与活动之间的各种关系了，这是第二步，即活动次序的决定。这最常见的两步（活动定义和活动次序的决定）可以基于单点网络（Activity‐on‐Node，AON）和双点网络（Activity‐on‐Arrow，AOA）的逻辑关系来表达。第三步，项目经理会根据一般正常情况来估计每个活动在一定执行方式下的工时。第四步，以甘特图作为依据建立基于时间的调度计划从而来作为跟踪评估计划和实际执行的偏差。最后，调度计划也需要考虑资源与其他相关约束的控制。如果不能达到要求，便重复一至四步直到满足约束条件为止。

估计工期的工作主要是和现场专家进行沟通。比如过去的经验，以及专家的乐观‐悲观系数都会影响估计的精确性，活动工期会有一些不确定。在新建项目中，活动是唯一并且缺乏充足的历史数据，概率方法不能有效解决这些问题，因此，向专家询问工期是个行之有效的办法。模糊正是一种描述主观不确定的估计方法，很适合估计新建项目的工期[174]。

在实际生活中很难找到乐观值和悲观值相对于平均值对称的例子。但是，通过与现场经理沟通发现，在建设工程项目中对称的例子较为常见。令 $\tilde{D}_{ij}$ 为活动 i 执行模式 j 的工期。实际中，专家经常给出这样的说法：活动 i 执行模式 j 的工期很可能在乐观和悲观的范围内。例如：乐观边界是 15 个月，悲观边界是 23 个月，最可能工期值是 19 个月，这种情况可以转化为三角模糊数 $\tilde{D}_{ij}=$（15，19，23），如图 4.2 所示。

为了将模糊数转化为精确数，模糊变量定义、模糊测度和模糊期望值的定义是必要的。模糊集理论被提出并且用于了一些实际领域[99,100,156,209,309]。但是，传统关于模糊事件的模糊测度不能表达决策者的喜好。因此，引入了 Me 测度[299]，包含乐观‐悲观值的决策者喜好。所有模糊变量都是非负的三角模糊数（4.2），DTCQETP 属于 $0 \leqslant r_1$ 这种情况，所以三角模糊数的期望值是 E^{Me}

$$[\xi] = \frac{(1-\lambda) \ r_1 + r_2 + \lambda r_3}{2}$$。其中 λ 是描述决策者偏好的乐观 - 悲观系数。

比如：$\widetilde{D}_{ij} \rightarrow E\left[\widetilde{D}_{ij}\right] = \frac{(1-\lambda) \ D_{ij1} + D_{ij2} + \lambda D_{ij3}}{2}$，因为该问题中所有的模糊数都是三角模糊数，所以转化如下：

$$\widetilde{T}_i \rightarrow E\left[\widetilde{T}_i\right] = \frac{(1-\lambda) \ T_{i1} + T_{i2} + \lambda D_{i3}}{2}, \ \rightarrow \ \widetilde{T}_1 \rightarrow E\left[\widetilde{T}_1\right]$$

$$= \frac{(1-\lambda) \ T_{11} + T_{12} + \lambda T_{13}}{2}$$

$$\widetilde{T}_{I+1} \rightarrow E\left[\widetilde{T}_{I+1}\right] = \frac{(1-\lambda) \ T_{I+1,1} + T_{I+1,2} + \lambda T_{I+1,3}}{2}, \ \widetilde{T} \rightarrow E\left[\widetilde{T}\right]$$

$$= \frac{(1-\lambda) \ T_1 + T_2 + \lambda T_3}{2}$$

当乐观工期与悲观工期相对于平均值是对称时并且决策者是风险中性时，$\lambda = 0.5$，$E\left[\widetilde{D}_{ij}\right] = D_{ij2}$，如图4.2所示。

工期目标就是最小化工期期望值，即最小化项目开始时间与结束时间之间的跨度。在这里，将项目开始时间规定为0，考虑各种执行模式的最后一个活动的结束时间（处于最晚结束时间与最早结束时间之间），被用于目标函数式（4.1）。

$$\min z_1 = \sum_{j=1}^{m} \sum_{t=t_{ij}^{EF}}^{t_{ij}^{LF}} tx_{ijt} \tag{4.1}$$

活动先后约束：项目中，活动先后是安排活动最基本最重要的环节。后续活动必须在所有紧前活动以一定模式执行完之后才能以一定的模式完成。因此，所有紧前活动的完成时间不能迟于该活动的开始时间，如式（4.2）。

$$\sum_{j=1}^{me} \sum_{t=t_{ej}^{EF}}^{t_{ej}^{LF}} tx_{ejt} + \sum_{j=1}^{m_i} \sum_{t=t_{ij}^{EF}}^{t_{ij}^{LF}} E[\widetilde{D}_{ej}]x_{ijt} \leqslant \sum_{j=1}^{m_i} \sum_{t=t_{ij}^{EF}}^{t_{ij}^{LF}} tx_{ijt} \tag{4.2}$$

$$i = 1, \ 2, \ \cdots, \ I, \ e \in Pre \ (i)$$

选择性约束：每个活动的结束时间必须处于其最早完成时间和最迟完成时间之间并以一定的模式来完成，如式（4.3）。

$$\sum_{j=1}^{m_i} \sum_{t=t_{ij}^{EF}}^{t_{ij}^{LF}} x_{ijt} = 1, i = 1,2,\cdots,I \tag{4.3}$$

逻辑约束：为了保证某些变量非负，和0~1变量保证实际中每一活动以唯一模式执行，式（4.4）、（4.5）如下。

$$E\left[\widetilde{D}_{ij}\right], \ E\left[\widetilde{T}\right], \ t_{ij}^{EF}, \ t_{ij}^{LF} \geqslant 0, \ i = 1, \ 2, \ \cdots, \ I, \ j = 1, \ 2, \ \cdots, \ m_i \tag{4.4}$$

$x_{ijt} = 0 \; or \; 1, \quad i = 1, 2, \cdots, I, \; j = 1, 2, \cdots, m_i, \; t = 1, 2, \cdots, \lceil E \lceil \tilde{T}_{I+1} \rceil \rceil$

$$(4.5)$$

工期约束：众所周知，决策者为了本项目和总项目或其他子项目协调进行，都会规定本项目的完成时间。所以他们会根据经验确定本项目的工期，即项目完成时间不超过规定工期，可以如下表示为式（4.6）。

$$E \lceil \tilde{T}_{I+1} \rceil \leqslant E \lceil \tilde{T} \rceil \qquad\qquad\qquad (4.6)$$

4.2.2 成本子系统

项目成本估计和预算是项目成本计划很重要的两个组成部分。因为任何项目很重要的约束就是其预算，项目成本的估计和预算是建立项目管理的关键。而且，最好预防超支的办法就是尽可能仔细地估算成本。

成本估计是第一步，即为项目总预算定一个合理的上限并合理分时段预算。这样，成本估算就和项目预算结合起来了。认识到成本估算和预算必须遵循范围管理和 WBS 的过程也是很重要的，如图 4.3 所示。因为这一阶段设计工作已经完成，项目范围已经确定。这时，所有重要的订单都根据已知价格和所需数量确定，因此，确定性估计能精确反映项目成本。

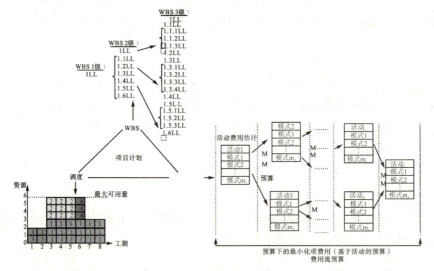

图 4.3　WBS、调度和预算的关系

项目成本计划可以分为五个步骤：①对比；②分析；③预测；④纠偏；⑤核实。成本分解是成本计划最重要的方法，可以根据活动、工期和成本组成来分解。但是几种方法也不是独立的。实际上，在 DTCQETP 中多种方法结合在一起扬长避短。这种方式可以保证成本的完整性，避免重复和漏项。在 DTCQETP 的单点网络图（AON）中，基于活动的预算很适合 WBS 中项目中的活动协调。基于活动的预算和调度必须同时建立。项目预算的重要因素以及包含成本估算、预算和资金流的建立过程如图 4.3 所示。

基于工期和基于成本组成两种方法适合于每个活动中的成本估算。由于设计工作已经完成，所有订单和价格已经确定，所有活动的执行方式所消耗资源都已经确认。因此，每个活动的费用率，比如人工或材料费用率（C_{ij}）×数量（$E（\tilde{D}_{ij}）$）。

所有活动的总费用都是由每个活动的费用加总得到的，这就是项目的总预算。预算信息最后传达到决策者处，他可以提供精确的反馈信息使计划得到调整，最终得到可以接受的预算。

费用目标是最小化项目总期望费用，即最小化所有活动期望完成费用的总和。活动费用是活动期望工期的增函数，根据执行模式的不同而不同。决策者要为项目选择最佳的执行模式。因此，如式（4.7）所示。

$$\min z_2 = \sum_{i=1}^{I} \sum_{j=1}^{m_i} \sum_{t=t_{ij}^F}^{t_{ij}^F} C_{ij} x_{ijt} E[\tilde{D}_{ij}] \tag{4.7}$$

总预算约束：首先，成本计划根据活动来分解，总成本即项目的最大可用资金，如式（4.8）所示。

$$\sum_{i=1}^{I} \sum_{j=1}^{m_i} \sum_{t=t_{ij}^F}^{t_{ij}^F} C_{ij} x_{ijt} E[\tilde{D}_{ij}] \leq B \tag{4.8}$$

资金流约束：成本管理的第二步就是资金流管理，在 DTCQETP 中，所有活动在每一时段的总费用都不能超过最大资金的流量。基于式（4.8）和式（4.9），项目成本可以得到控制。如图 4.4 所示，表达式如式（4.9）所示。

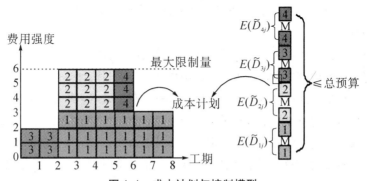

图 4.4　成本计划与控制模型

$$\sum_{i=1}^{I}\sum_{j=1}^{m_i} C_{ij}\sum_{s=t}^{t+E[\tilde{D}_{ij}]-1} x_{ijs} \leq l_c^M, t=1,2\cdots,\lceil E[\tilde{T}_{I+1}]\rceil. \tag{4.9}$$

4.2.3 质量子系统

质量目标主要是最小化可测和可量化的项目缺陷水平。与质量缺陷水平相关的目标函数考虑了项目中各活动一系列可测的质量指标[69]（见图4.1）。质量缺陷水平的各指标的评估过程如图4.5所示。计划者和决策者需要考虑建设模式，比如不同的材料、方法、人员组成或者是否加班。每种可能的选择都会有不同的质量缺陷水平，在正常情况下会产生唯一的质量缺陷。因此，每一活动的每一执行模式都有确定的质量缺陷[11、105]。

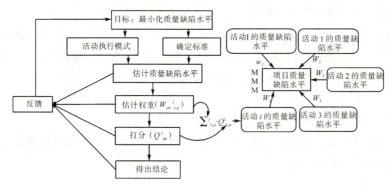

图 4.5　质量评估过程

尽管如此，估计每个活动的执行模式的质量缺陷直到最终的项目质量缺陷评价，是一个比预测工期和成本更难的工作，因为有以下两点：

（1）很难测量和量化每个活动的每种执行模式的质量缺陷水平。

（2）将活动层次的质量缺陷水平加权综合到项目层次的质量缺陷水平也比较困难。

质量指标在选择时应当遵循实际测量的原则。事实上，许多数据的收集和储存都是以各种模式在进行中的工程中得到的。这些统计到的数据可以用来统计分析以评估计划项目各活动执行模式项目工期、成本、质量缺陷以及环境影响。计划阶段的质量缺陷水平评估过程可以看作是一个连续的过程，如图4.5所示。根据所用的评估过程，一定的决策可以达到一定的质量缺陷水平。每个阶段都会有反馈指导下一步的信息。例如：表4.2的活动2有两种执行模式，估计第一种模式得分为72的权重为0.3；得分为71.14的权重为0.7。

质量指标的测量结果通常是表达为不同的单位，因此需要将其变成统一的计量单位,以便于评价。在本模型中,质量缺陷水平的不同指标都转化为统一的 $0 \sim 100\%$ 的范围表示每一指标质量缺陷水平的程度。

将每一个活动的质量缺陷水平综合为整个项目的质量缺陷水平,在此应用加权法。对于活动每种模式质量缺陷水平评价有以下两类权重:

(1) 质量缺陷评价中每一活动相对于其他活动的权重 (w_i)。

(2) 在每一活动的执行模式中各个专家所占的权重 $w_{i,p}^j$,见式 (4.10)。

$$\min z_3 = \sum_{i=1}^{I} w_i \sum_{p=1}^{P_{ij}} w_{i,p}^j \times Q_{i,p}^j \sum_{t=t_{ij}^F}^{t_{ij}^F} x_{ijt} \tag{4.10}$$

质量缺陷水平约束:所有活动的质量缺陷水平综合为整个项目的质量缺陷水平,其各活动的权重需满足以下条件式 (4.11):

$$\sum_{i=1}^{I} w_i = 1 \tag{4.11}$$

在各个活动的各种执行模式中,每个分值即每个专家所占权重,满足以下条件式 (4.12):

$$\sum_{p=1}^{P_{ij}} w_{i,p}^j = 1, i = 1, 2, \cdots, I \tag{4.12}$$

质量缺陷水平在每个时间段也应该达到一定标准,实际上,该式反映了合同中每日质量监测的标准,因此,所有活动在每个时段的质量缺陷水平总和不能超出一定值,如式 (4.13)。

$$\sum_{i=1}^{I} \frac{w_i \sum_{p=1}^{P_{ij}} w_{i,p}^j \times Q_{i,p t + E[\tilde{D}_{ij}] - 1}^j}{E[\tilde{D}_{ij}]} \sum_{s=t}^{t} x_{ijs} \leq l_q^M, t = 1, 2 \cdots, \lceil E[\tilde{T}_{I+1}] \rceil \tag{4.13}$$

4.2.4 环境影响子系统

水电项目对于河流环境影响是很大的[65],而且项目进行的各个阶段都有影响[50]。考虑了项目不同执行模式会对环境造成不同的影响。

环境影响评价因为涉及范围更广,比质量缺陷评价更复杂,质量缺陷评价都是具有客观特征的指标,但是环境影响特征的指标通常不具有客观性,如可逆性、社会认可度等。而且,这些指标值常常具有不精确性和不确定性。由于以上特点,用模糊变量处理这类定性的语言变量,需要一种适合的方法,模糊逻辑可能是比较合适的用来处理这类不确定的主观的方法。

文献 [221] 基于模糊逻辑,提出了环境影响评价的一种新方法。每个影响特征都可以描述为三角模糊数 $\tilde{a}$,比如:在 DTCQETP 中的 $\tilde{a}_{ijrn}$ 与 $\tilde{a}_{ijkf}$。为了在 DTCQETP 中,同时优化工期、成本、质量缺陷和环境影响,首先要将环境影响中的环境影响特征去离散化。因为隶属度函数是基于专家的评价，它们具有主观性。在实际的建设项目中，项目经理、现场经理和监理都可以为计划者提供所需的数据来建立隶属度函数作为输入的数据[154]。如果 $E(\tilde{a})$ 是三角模糊数的均值，其影响特征的估计是 $\tilde{a} \rightarrow E[\tilde{a}] = \dfrac{(1-\lambda)a_1 + a_2 + \lambda a_3}{2}$。同样的方法可以用于活动工期。提出了一个程序来定义评价函数使影响特征转化为各项特征的组成部分。基于模糊逻辑的程序建立起来评估各环境影响。一系列的影响特征描述了每个环境影响，各个影响都由一系列相关的环境特征组成。为了描述锦屏二级水电站大型深埋隧道群工程的特征，环境影响由一些正的（排放、水土流失、沉降、地震、废物管理、森林覆盖减少或野生物破坏）或负的（可逆性或社会认可度）影响特征组成。一旦这些特征确定，无量纲的模糊参数 $\tilde{a}$ 用来评价每种影响特征，无量纲参数 v 作为 $E(\tilde{a})$ 的函数并属于 $0 \sim 100$ 之间的实数。评价函数 $v = f(E(\tilde{a}))$ 用来定义每个影响特征，定义 v 对每个影响的贡献。这些正影响或负影响特征从（0，0）开始至（100，100）结束或从（0，100）开始至（100，0）结束。可以假定评价函数为 $f(E(\tilde{a})) = \dfrac{E^2(\tilde{a})}{100}$；如果 $f(E(\tilde{a}))$ 为增函数，则 $f(E(\tilde{a})) = \dfrac{E^2(\tilde{a})}{100}$ 如果 $f(E(\tilde{a}))$ 为减函数，则 $f(E(\tilde{a})) = 100 - \dfrac{E^2(\tilde{a})}{100}$。

以下例子说明了三角模糊数 $\tilde{a}$ 的函数 v 的变化过程。假设 $\tilde{a} = (20, 30, 40)$，其增函数 $f(E(\tilde{a})) = \dfrac{E^2(\tilde{a})}{100}$，或减函数 $f(E(\tilde{a})) = 100 - \dfrac{E^2(\tilde{a})}{100}$ 的示意图如图 4.6 所示。

每个环境影响 V 都是 v 加总的结果。c_{irn} 或 c_{ikf} 是对应于 $\tilde{a}_{ijrn}$ 与 $\tilde{a}_{ijkf}$ 的系数，是将不同权重的特征加权为 V。其系数满足式（17）与（18）。N 与 F 是影响特征的数量。在 DTCQETP 中，V 由所有的正影响 V^+ 与负影响 V^- 组成，例如在项目中活动的 V_{ir}^+ 以及 V_{ik}^-。总环境影响 TV 是由正总影响 TV^+ 与负总影响 TV^- 组成，如图 4.7 所示。

环境目标即最小化环境影响，项目经理需要考虑的是执行模式的不同，各活动造成不同的环境影响水平。项目环境是所有活动环境影响的总和。因此，如式（4.14）所示。

$$\min z_4 = TV = TV^+ - TV^- = \sum_{i=1}^{I} y_i \left(\sum_{r=1}^{R} h_{ir} V_{ir}^+ - \sum_{k=1}^{K} h_{ik} V_{ik}^- \right) \sum_{t=t_{if}^F}^{t_{if}^F} \sum_{t=t_{if}^F}^{t_{if}^F} x_{ijt}$$

$$= \sum_{i=1}^{I} y_i \left[\sum_{r=1}^{R} h_{ir} \sum_{n=1}^{N} c_{irn} \frac{E^2(\tilde{a}_{ijrn})}{100} - \sum_{k=1}^{K} h_{ik} \sum_{f=1}^{F} c_{ikf} \left(100 - \frac{E^2(\tilde{a}_{ijkf})}{100} \right) \right] \sum_{t=t_{ij}^{F}}^{t_{ij}^{F}} xijt$$

$$(4.14)$$

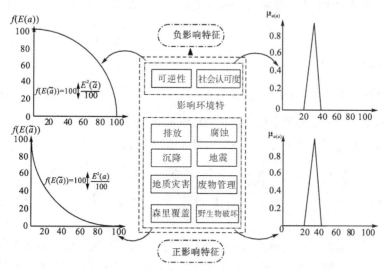

图 4.6   当三角函数 $\tilde{a}$ 为增函数和减函数时的评价函数 v

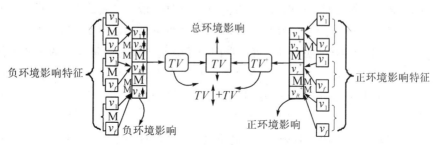

图 4.7   正负环境影响加权过程

环境影响约束：加权方法中的系数分配给量化影响的重要程度，其系数必须满足式（4.15）～（4.18）。每个活动被假设为对于项目环境影响具有不同的重要程度。项目的综合分数是由各个活动简单加权的结果。这些系数满足式（4.15）。

$$\sum_{i=1}^{I} y_i = 1 \qquad\qquad (4.15)$$

每个活动量化的正、负影响值也是由加权办法来取得的。系数满足式

（4.16）。

$$\sum_{r=1}^{R} h_{ir} + \sum_{k=1}^{K} h_{ik} = 1, i = 1,2,\cdots,I \tag{4.16}$$

每个活动中的每个影响由一系列的影响特征组成，其系数满足式（4.17）和式（4.18）。

$$\sum_{n=1}^{N} c_{irn} = 1, r = 1,2,\cdots,R, i = 1,2,\cdots,I \tag{4.17}$$

$$\sum_{f=1}^{F} c_{ikf} = 1, k = 1,2,\cdots,K, i = 1,2,\cdots,I \tag{4.18}$$

环境影响不仅要最小化项目总的环境影响，而且要监控每一时段各个活动的环境影响总和。每一时段环境影响最大值约束如式（4.19）所示。

$$\sum_{i=1}^{I} \frac{\left[\sum_{r=1}^{R} h_{ir} \sum_{n=1}^{N} c_{irn} \frac{E^2(\tilde{a}_{ijrn})}{100} - \sum_{k=1}^{K} h_{ik} \sum_{f=1}^{F} c_{ikf}(100 - \frac{E^2(\tilde{a}_{ijkf})}{100}) \right]_{t+E[\tilde{D}_{ij}]-1}}{E[\tilde{D}_{ij}]} \sum_{s=t} x_{ijs} \leqslant$$

$$l_e^M, t = 1,2\cdots, \lceil \lceil E[\tilde{T}_I + 1] \rceil \rceil \tag{4.19}$$

锦屏二级水电站大型深埋隧道群工程的 DTCQETP 数学模型由四个物理子系统组成：工期子系统、成本子系统、质量缺陷子系统和环境影响子系统。每个系统有其自身的目标。工期子系统是在活动顺序、工期等一系列约束条件下最小化工期；成本子系统是总预算、资金流量等约束条件下最小化成本；质量缺陷子系统是在满足每个时段质量缺陷水平条件下最小化质量缺陷水平；环境影响子系统需要满足每个时段环境影响水平条件下最小化环境影响。从以上讨论可知，DTCQETP 的四个目标可以在四个子系统中通过决策变量的协调被优化。DTCQETP 模型的目的是寻找关于活动优先次序和执行模式的最优决策，从而协调最小化工期、成本、质量缺陷水平和环境影响。决策变量的控制使四个子系统的目标中在总工期约束、总预算约束以及各时段资金、质量缺陷水平和环境影响约束下达到平衡，即不同决策变量同时存在于四个子系统导致了不同目标之间的均衡。合成式（4.1）～（4.19），多目标模型如下：

$$\min z_1 = \sum_{j=1}^{m_i} \sum_{t=t_{ij}^{EF}}^{t_{ij}^{LF}} t x_{ijt}$$

$$\min z_2 = \sum_{i=1}^{I} \sum_{j=1}^{m_i} \sum_{t=t_{ij}^{EF}}^{t_{ij}^{LF}} C_{ij} x_{ijt} E[\tilde{D}_{ij}]$$

$$\min z_3 = \sum_{i=1}^{I} w_i \sum_{p=1}^{P_{ij}} w_{i,p}^{j} \times Q_{i,p}^{j} \sum_{t=t_{ij}^{EF}}^{t_{ij}^{LF}} x_{ijt}$$

$$\min z_4 = \sum_{i=1}^{I} y_i \left[\sum_{r=1}^{R} h_{ir} \sum_{n=1}^{N} c_{irn} \frac{E^2(\tilde{a}_{ijrn})}{100} - \sum_{k=1}^{K} h_{ik} \sum_{f=1}^{F} c_{ikf} (100 - \frac{E^2(\tilde{a}_{ijkf})}{100}) \right] \sum_{t=t_{ij}^{EF}}^{t_{ij}^{LF}} x_{ijt}$$

s.t.

$$\sum_{j=1}^{m_e} \sum_{t=t_{ej}^{tLF}}^{t_{ej}^{LF}} t x_{ejt} + \sum_{j=1}^{m_i} \sum_{t=t_{ij}^{EF}}^{t_{ij}^{LF}} E[\tilde{D}_{ej}] x_{ijt} \leq \sum_{j=1}^{m_i} \sum_{t=t_{ij}^{EF}}^{t_{ij}^{LF}} t x_{ijt}, i=1,2,\cdots,I, e \in Pre(i)$$

$$\sum_{j=1}^{m_i} \sum_{t=t_{ij}^{EF}}^{t_{ij}^{LF}} x_{ijt} = 1, i=1,2,\cdots,I$$

$$\sum_{i=1}^{I} w_i = 1$$

$$\sum_{p=1}^{P_{ij}} w_{i,p}^{j} = 1, i=1,2,\cdots,I$$

$$\sum_{i=1}^{I} \frac{w_i \sum_{p=1}^{P_{ij}} w_{i,p}^{j} \times Q_{i,p}^{j}}{E[\tilde{D}_{ij}]} \sum_{s=t}^{t+E[\tilde{D}_{ij}]-1} x_{ijs} \leq l_q^M, t=1,2,\cdots,\lceil E[\tilde{T}_{I+1}] \rceil$$

$$\sum_{i=1}^{I} y_i = 1$$

$$\sum_{r=1}^{R} h_{ir} + \sum_{k=1}^{K} h_{ik} = 1, i=1,2,\cdots,I$$

$$\sum_{n=1}^{N} c_{irn} = 1, r=1,2,\cdots,R, i=1,2,\cdots,I$$

$$\sum_{f=1}^{F} c_{ikf} = 1, k=1,2,\cdots,K, i=1,2,\cdots,I$$

$$\sum_{i=1}^{I} \frac{\left[\sum_{r=1}^{R} h_{ir} \sum_{n=1}^{N} c_{irn} \frac{E^2(\tilde{a}_{ijrn})}{100} - \sum_{k=1}^{K} h_{ik} \sum_{f=1}^{F} c_{ikf} (100 - \frac{E^2(\tilde{a}_{ijkf})}{100}) \right]}{E[\tilde{D}_{ij}]} \sum_{s=t}^{t+E[\tilde{D}_{ij}]-1} x_{ijs} \leq l_e^M,$$

$$t=1,2\cdots,\lceil E[\tilde{T}_{I+1}] \rceil$$

$$\sum_{i=1}^{I} \sum_{j=1}^{m_i} \sum_{t=t_{ij}^{EF}}^{t_{ij}^{LF}} C_{ij} x_{ijt} E[\tilde{D}_{ij}] \leq B$$

$$E[\tilde{D}_{ij}], E[\tilde{T}], t_{ij}^{EF}, t_{ij}^{LF} \geq 0, i=1,2,\cdots,I, j=1,2,\cdots,m_i$$

$$x_{ijt} = 0 \text{ or } 1, i=1,2,\cdots,I, j=1,2,\cdots,m_i, t=1,2,\cdots,\lceil E[\tilde{T}_{I+1}] \rceil$$

$$\sum_{i=1}^{I} \sum_{j=1}^{m_i} C_{ij} \sum_{s=t}^{t+E[\tilde{D}_{ij}]-1} x_{ijs} \leq l_c^M, t=1,2\cdots,\lceil (E[\tilde{T}_{I+1}] \rceil$$

$$E[\tilde{T}_{I+1}]) \leq E[\tilde{T}]$$

(4.20)

4.3 算法构建

在启发式算法中，1992 年由霍兰德首次提出的遗传算法[139]，是用达尔文进化论的概念来解决问题。它已成为最重要的智能算法之一，并被很多学者广泛地应用于许多实际的工程调度问题中[112,189,205,226]。因此，(f)a-hGA 用于锦屏二级水电站大型深埋隧道群工程的 DTCQETP 中。与以前算法研究相比，所提出的 (f)a-hGA 能够高效地处理 DTCQETP 在模糊不确定环境下的多目标问题。(f)a-hGA 的主要特征在以下部分将详细说明，如处理模糊、加权程序、染色体表达、交叉、变异、爬山法以及 GA 参数规范和 (f)a-hGA 的框架，如图 4.8。

4.3.1 模糊变量和多目标的处理

通常情况下，由于待解决的问题比较复杂，采用精确方法几乎不可能求解模糊多目标数学模型。因此，首先需要将其转化为确定的等价模型，将多目标转化为单目标，进而设计 (f)a-hGA 自适应混合遗传算法求解。

4.3.1.1 模糊变量的处理

(f)a-hGA 有线性和非线性两种。在线性的情况中，模糊期望值模型（EVM）被嵌入到 a-hGA 中处理线性方程中的模糊变量。而在非线性的模型中，模糊模拟与 a-hGA 结合一起处理非线性的模糊。上述内容已说明环境影响用模糊逻辑来表达其不确定性和不准确性，模糊 EVM 将工期与环境影响去模糊化。

4.3.1.2 加权程序

在多目标模型中，加权程序被采用来处理多目标。以上问题的多目标模型很容易找到帕累托最优解。但是，锦屏二级水电站大型深埋隧道群工程的 DTCQETP，决策者最终只能用一种决策来实施。因此，有必要用加权法将多目标的模型转化为单目标模型。只有当解集是凸性的时候才能够用加和目标的加权办法找到最优的这个帕累托最优解。这个条件是满足的，因为以上模型是线性的。为了保证各目标之间的一致性，量纲和数量级在加权前是需要统一的。估计的最大值就是为了统一四个目标为同一数量级和量纲划分的。以下四个目标满足式（4.21）。

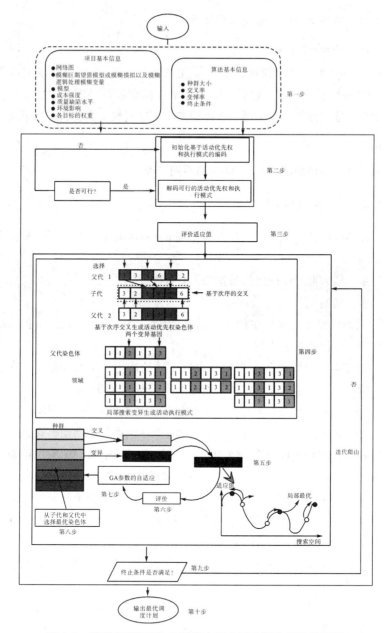

图4.8 基于 DTCQETP 的模糊自适应混合遗传算法流程图

$$z_\delta' = \frac{z_\delta}{z_\delta^{\max}}, \ \delta = 1, \ 2, \ 3, \ 4. \tag{4.21}$$

上式中，$z_\delta^{\max}$ 是 z_δ 的最大值。

对于给定的各个个体，加权方程如下：

$$eval(x) = \min \sum_{\delta=1}^{4} \eta_\delta z'_\delta \tag{4.22}$$

上式中，η_1 为总费用权重，η_2 为总工期权重，η_3 为总质量缺陷水平权重，η_4 为总环境影响权重。它们反映了各个目标在项目经理心中的权重。这几个权重和直接方便的反映了项目经理的需求。这些权重需要满足以下条件：

$$\sum_{\delta=1}^{4} \eta_\delta = 1 \tag{4.23}$$

以上部分是和以前的（f)a - hGA 的不同之处。

4.3.2　(f)a - hGA 框架

为了了在 DTCQETP 中将以上方法结合到 a - hGA 中，（f)a - hGA 的步骤如下：

第一步：输入问题中的已知数据和 GA 参数。

第二步：初始化。

（1）用编码程序为项目中的每个活动产生一个随机优先权。染色体的第一部分就是基于优先权编码程序。

（2）基于多阶段编码程序为项目中每一活动产生一个活动模式。在这个程序中，所有活动都通过变异前的多阶段编码程序进行编码。

（3）如果满足活动先后顺序约束，就解码活动先后顺序；否则返回 1。

（4）在（3）获得的可行活动顺序下为每个活动确定其活动模式。

解的表达：DTCQETP 的解由两个染色体组成，其中第一个染色体表达了可行的活动顺序，第二个染色体表达了各活动的模式[112]。每一对染色体对应一个调度计划。DTCQETP 的解成为一个个体，它包含了两个特征：①活动顺序；②活动模式。如图 4.9 所示表达了 DTCQETP 中的（f)a - hGA 所计算的解。这个结构会出现在每一代的计算中。

第三步：评价这一代的父代。计算新一代目标函数目标值的适应值，如式（4.24）。

第四步：遗传算子：交叉算子和变异算子。基于顺序的交叉算子和基于局部搜索的变异算子会用于可行的子代染色体。

交叉算子：基于顺序的交叉算子（order - based crossover，OBX）被用于活动优先顺序。它的目的主要是交换两个父代之间的信息以产生新的两个子代。

每个活动的优先权代表了它们的优先顺序。如果两个父代是可行的，两个

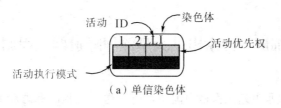

图 4.9　基于 DTCQETP 模糊自适应算法解的表达

子代也必须可行，所以运用 OBX。首先从一个父代活动优先权染色体中随机选择一组位置，然后产生一个复制了相应位置的子代，再从第二个父代中去掉已选中的位置，所得到的优先权染色体就是子代染色体，最后将没有选中的位置从左向右依次排列放入，如图 4.8 所示。

变异算子：作为变异算子，局部搜索变异被用于选择活动模式。从这一代中随机选择两个位置，将这两个作为变异的对象，搜索其相邻的模式，直到边界模式，选择相邻染色体中最优的，如图 4.8 所示。

第五步：迭代爬山法。局部最优方法被用以提高深度搜索 GA 的能力。随机产生与现有种群相同的邻域，选择其中最好的目标值。让这个步骤达到 GA 循环中邻域内最优的解，如图 4.8 所示。

第六步：评价现有子代。

第七步：用自适应方法规范 hGA 参数。交叉率和变异率在遗传搜索过程中得到规范，采用文献［112］提出的自动规范准则用来规范交叉率和变异率。

第八步：选择。子代生存下来的染色体用轮盘赌霍兰德（1992）[139] 的原则来选择，其选择概率是和适应率成正比的，如式（4.24）。

$$P(x_e) = eval(x_e) / \sum_{c=1}^{c} eval(x_c) \tag{4.24}$$

$eval(x_e)$ 代表第 e 个染色体的适应率，C 为种群大小。

第九步：终止条件。如果一个个体达到被定义的最大适应值或最优解，就停止；否则回到第四步。

第十步：输出最优调度计划。

4.4　锦屏二级水电站大型深埋隧道群工程调度管理

锦屏二级水电站工程是中国"西电东送"工程的标志性工程,如图 4.10 所示。锦屏二级水电站位于 28°07′42″N 101°47′27″E,中国西南四川省凉山彝族自治州木里、盐源、冕宁三县交界处的雅砻江干流锦屏大河湾上,系雅砻江卡拉至江口河段五级开发的第二座梯级电站。锦屏一级和锦屏二级水电站联合发电量为 8400 兆瓦。锦屏二级水电站利用雅砻江 150 千米锦屏大河湾的天然落差,截弯取直开挖隧洞引水发电。坝址位于锦屏一级下游 7.5 千米处,厂房位于大河湾东端的大水沟。电站总装机 480 万千瓦(8 台 × 60 万千瓦),多年平均年发电量 242.3 亿千瓦时。首部设低闸,闸址以上流域面积 10.3 万平方千米,闸址处多年平均流量 1220 立方米/秒,本身具有日调节功能,与锦屏一级同步运行则同样具有年调节特性。

工程建设总工期 8 年 3 个月,静态总投资 249.8 亿元。锦屏二级水电站于 2007 年 1 月 30 日正式开工,主体工程建设已全面展开。锦屏二级水电站枢纽建筑主要由拦河低闸、泄水建筑、引水发电系统等组成。

图 4.10　锦屏二级水电站大型深埋隧洞群三维图

4.4.1　项目描述

针对将研究的工程——锦屏二级水电站大型深埋隧洞群,如图 4.10,由 4

条引水隧洞、2 条辅助洞及 1 条施工排水洞组成的 7 条平行的大型深埋隧洞群，隧洞群总长约 118 千米，4 条引水隧洞平均长约 16.6 千米，开挖洞径 13 米，为世界最大规模水工隧洞。自南向北依次为辅助洞 A，B 洞（以下简称 A，B 洞），施工排水洞，引水隧洞 $4^{\#}$，$3^{\#}$，$2^{\#}$，$1^{\#}$，其中辅助洞 A，B 洞采用钻爆法开挖，开挖洞径约 6 米，已于 2008 年 8 月顺利贯通；施工排水洞采用全断面隧道掘进机（TBM）自东向西独头掘进，开挖洞径为 7.2 米，为保证施工期排水，施工排水洞掌子面需领先引水隧洞掌子面；4 条引水隧洞采用东西端向中部掘进开挖方式，$1^{\#}$，$3^{\#}$ 引水洞采用 TBM 施工，洞径为 12.4 米，$2^{\#}$，$4^{\#}$ 引水洞采用钻爆法施工，为马蹄形断面，开挖洞径为 13.0 米。为保证 $1^{\#}$ 引水隧洞按期发电，$1^{\#}$ 引水隧洞需率先贯通，其后依次完成 $2^{\#}$，$3^{\#}$，$4^{\#}$ 引水隧洞的开挖施工。锦屏二级水电站引水隧洞群平面图如图 4.10 和 4.11 所示。此隧洞群具有埋深大、洞线长、洞径大、地应力水平高、工程地质条件极其复杂、施工布置困难等特点，是目前世界上已建、在建总体规模最大、综合难度最大的水工隧洞群工程。隧洞群建设中面临地下水预报与处理、岩爆防治等关键技术问题。

4.4.2　数据收集

为了得到锦屏二级水电站大型深埋隧道群工程的 DTCQETP 分析的数据并且保证其准确性，数据主要来源于二滩水电开发公司现场考察，以及与设计单位、监理单位承包单位和政府的沟通，个别数据来源于以前的研究。建设经理的项目经验能够帮助研究者了解项目的主要特征。

为了解决锦屏二级水电站大型深埋隧道群工程的 DTCQETP 策略，项目经理需要有效可行的方法，同时这些方法也能为以后类似工程提供经验和信息。该大型建设工程的网络图，如图 4.11 所示。锦屏二级水电站大型深埋隧道群工程可以分为四个阶段：开挖、出渣与运输、衬砌和安装。这四个阶段被划分为了 13 个活动以及 2 个虚活动（开始节点和结束节点）。每个活动都会以一个确定的方式来执行，每一个模式都有一个相应的工期、成本、质量缺陷水平和环境影响。各活动的详细信息如表 4.1～表 4.3 所示。

表 4.1

各活动基本数据

活动 i	模式 j	工期 ($\tilde{D}_{ij}$)（月）	成本强度 (C_{ij}（十亿）)	紧前活动 ($Pre\,(i)$)	质量活动权重 (w_i)	环境活动权重 (y_i)
1		虚活动				
2	1 2	(1, 3, 5) (5, 9, 13)	4 3	1	0.07	0.1
3	1 2 3	(0.5, 1, 1.5) (0.5, 1, 1.5) (2, 5, 8)	4 3 4	1	0.06	0.11
4	1 2	(3, 5, 7) (6, 8, 10)	4 3	1	0.03	0.08
5	1	(3, 6, 9)	5	2	0.06	0.1
6	1 2	(1, 2, 3) (3, 6, 9)	2 3	3	0.12	0.056
7	1 2	(1, 3, 5) (6, 8, 10)	5 4	2, 3	0.15	0.07
8	1 2	(2, 4, 6) (8, 10, 12)	4 2	6	0.1	0.014
9	1 2 3	(1, 2, 3) (5, 7, 9) (7, 10, 13)	4 3 2	5 0.09 0.07		
10	1 2 3	(0.5, 1, 1.5) (0.5, 1, 1.5) (7, 9, 11)	4 2 6	5, 7	0.09	0.11
11	1 2 3	(3, 6, 9) (7, 9, 11) (7, 10, 13)	2 1 1	4, 6, 7	0.06	0.14
12	1 2	(9, 11, 13) (6, 8, 10)	2 4	8, 10	0.04	0.028
13	1 2 3	(3, 5, 7) (4, 6, 8) (5, 7, 9)	3 3 2	8, 9, 11	0.07	0.056
14	1 2	(1, 4, 7) (1, 3, 5)	4 5	9	0.04	0.056
15		虚活动				

表 4.2　　　　　　　　　　活动质量相关数据

活动 i	模式 j	质量水平 $Q^j_{i,p}$	各质量水平权重	活动 i	模式 j	质量水平 $Q^j_{i,p}$	各质量水平权重
2	1 2	72, 71.14 42, 43.14	0.3, 0.7 0.3, 0.7	9	1 2 3	66.7, 66.7 44.4, 44.4 33.3, 33.3	0.5, 0.5 0.5, 0.5 0.5, 0.5
3	1 2 3	87, 82.35 68, 66.357 56, 48.5	0.2, 0.8 0.2, 0.8 0.2, 0.8	10	1 2 3	42, 58 72, 36.7 38, 6.7	0.85, 0.15 0.85, 0.15 0.85, 0.15
4	1 2	70, 61.75 155, 184.25	0.6, 0.4 0.6, 0.4	11	1 2 3	60, 67.44 40, 51.11 103, 99.7	0.1, 0.9 0.1, 0.9 0.1, 0.9
5	1	66.7	0.5, 0.5	12	1 2	82, 73.76 131, 123.94	0.15, 0.85 0.15, 0.85
6	1 2	70, 65.6 58, 58.4	0.25, 0.75 0.25, 0.75	13	1 2 3	73, 65.72 58, 53.9 44, 38.54	0.78, 0.22 0.78, 0.22 0.78, 0.22
7	1 2	72, 64.64 55, 43.47	0.28, 0.72 0.28, 0.72	14	1 2	78, 74.67 52, 49.78	0.1, 0.9 0.1, 0.9
8	1 2	63, 101.89 98, 109.11	0.82, 0.18 0.82, 0.18				

表 4.3　　　　　　　　　　活动环境相关数据

活动 i	模式 j	h_{ir}	c_{inr}	$\bar{a}_{ijnr}$	h_{ik}	c_{ifk}	$\bar{a}_{ijfk}$
2	1	0.3	0.4, 0.6	(99, 99.5, 100), (97.60, 97.8, 98)	0.07	0.8, 0.2	(63.2, 63.25, 63.3), (77.44, 77.46, 77.48)
		0.5	0.42, 0.58	(97.96, 97.98, 98), (87.35, 87.37, 87.39)	0.05	0.37, 0.63	(83.65, 83.67, 83.69), (96, 96.02, 96.04)
		0.05	0.37, 0.63	(92.72, 92.74, 92.76), (97.32, 97.34, 97.36)	0.08	0.82, 0.18	(83.65, 83.67, 83.69), (64.94, 64.96, 64.98)
	2	0.3	0.4, 0.6	(99.3, 99.5, 99.7), (98.64, 98.66, 99.68)	0.07	0.8, 0.2	(51.94, 51.96, 51.98), (95.90, 95.92, 95.94)
		0.5	0.42, 0.58	(97.96, 97.98, 98), (75.04, 75.06, 75.08)	0.07	0.8, 0.2	
		0.5	0.37, 0.63	(52.90, 52.92, 52.94), (42.97, 42.99, 42.01)	0.08	0.82, 0.18	(83.65, 83.67, 83.69), (64.94, 64.96, 64.98)
3	1	0.3	0.4, 0.6	(99.3, 99.5, 99.7), (98.64, 98.66, 98.68)	0.07	0.8, 0.2	(72.09, 72.11, 72.13), (90.53, 90.55, 90.57)
		0.5	0.42, 0.58	(97.45, 97.47, 97.49), (98.33, 98.35, 98.37)	0.05	0.37, 0.63	(46.7, 46.9, 47.1), (24.74, 24.76, 24.78)
		0.08	0.82, 0.18	(88.30, 88.32, 88.34), (61.40, 61.42, 61.44)			
	2	0.3	0.4, 0.6	(99.3, 99.5, 99.7), (98.64, 98.66, 98.68)	0.07	0.8, 0.2	(72.09, 72.11, 72.13), (90.53, 90.55, 90.57)
		0.5	0.42, 0.58	(97.45, 97.47, 97.49), (98.33, 98.35, 98.37)	0.05	0.37, 0.63	(46.7, 46.9, 47.1), (24.74, 24.76, 24.78)
		0.08	0.82, 0.18	(88.30, 88.32, 88.34), (61.40, 61.42, 61.44)			
	3	0.3	0.4, 0.6	(89.42, 89.44, 89.46), (85.61, 85.63, 85, 65)	0.07	0.8, 0.2	(36.04, 36.06, 36.08), (69.26, 69.28, 69.3)
		0.5	0.42, 0.58	(90.53, 90.55, 90.57), (66.383, 66.385, 66.387)			
		0.05	0.37, 0.63	(77.44, 77.46, 77.48), (58.80, 58.82, 58.84)	0.08	0.82, 0.18	(69.26, 69.28, 69.30), (79.07, 79.09, 79.11)
4	1	0.3	0.4, 0.6	(99.3, 99.5, 99.7), (96.93, 96.65, 96.97)	0.07	0.8, 0.2	(76.14, 76.16, 76.18), (85.42, 85.44, 85.46)
		0.5	0.42, 0.58	(98.97, 98.99, 99.01), (96.33, 96.35, 96.37)	0.05	0.37, 0.63	(61.62, 61.64, 61.66), (56.24, 56.26, 56.28)
		0.08	0.82, 0.18	(97.86, 97.88, 97.90), (99.71, 99.73, 99.15)			
	2	0.3	0.4, 0.6	(97.96, 97.98, 98), (99.63, 99.65, 99.7)	0.07	0.8, 0.2	(86, 86.02, 86.04), (96.93, 96.95, 96.97)
		0.5	0.42, 0.58	(99.73, 99.75, 99.77), (99.30, 99.32, 99.34)			
		0.05	0.37, 0.63	(81.83, 81.85, 81.87), (76.83, 76.75, 76.87)	0.08	0.82, 0.18	(97.96, 97.98, 98.0), (92.87, 92.89, 93.91)
5	1	0.3	0.4, 0.6	(98.47, 98.49, 98.51), (97.62, 97.64, 97.66)	0.07	0.8, 0.2	(69.26, 69.28, 70), (65.55, 65.57, 65.59)
		0.5	0.42, 0.58	(94.32, 94.34, 94.36), (95.23, 95.25, 95.37)			
		0.05	0.37, 0.63	(73.46, 73.48, 73.5), (61.73, 61.75, 61.77)	0.08	0.82, 0.18	(82.44, 82.46, 82.48), (93.12, 93.14, 93.16)

表4.3(续)

活动 i	模式 j	h_{ir}	c_{inr}	$\bar{a}_{ijnr}$	h_{ik}	c_{ifk}	$\bar{a}_{ijfk}$
6	1	0.3	0.4, 0.6	(97.96, 97.98, 98), (99.63, 99.65, 99.67)	0.07	0.8, 0.2	(65.55, 65.67, 65.59), (61.62, 61.64, 61.66)
		0.5	0.42, 0.58	(95.90, 95.92, 95.94), (94.09, 94.1, 94.11)			
		0.05	0.37, 0.63	(88.30, 88.32, 88.34), (82.73, 82.75, 82.77)	0.08	0.82, 0.18	(78.72, 78.74, 78.76), (99.2, 99.4, 99.6)
	2	0.3	0.4, 0.6	(74.81, 74.83, 74.85), (57.14, 57.16, 57.18)	0.07	0.8, 0.2	(65.55, 65.57, 65.59), (82.44, 82.46, 82.48)
		0.5	0.42, 0.58	(36.04, 36.06, 36.08), (46.3, 46.5, 46.7)			
		0.05	0.37, 0.63	(57.43, 57.45, 57.47), (50.04, 50.06, 50.08)	0.08	0.82, 0.18	(88.3, 88.32, 88.34), (98, 98.01, 98.02)
7	1	0.3	0.4, 0.6	(97.96, 97.98, 98), (99.63, 99.65, 99.67)	0.07	0.8, 0.2	(65.55, 65.67, 65.59), (61.62, 61.64, 61.66)
		0.5	0.42, 0.58	(95.90, 95.92, 95.94), (94.08, 94.1, 94.12)			
		0.05	0.37, 0.63	(88.30, 88.32, 88.34), (82.73, 82.75, 82.77)	0.08	0.82, 0.18	(78.72, 78.74, 78.76), (99.2, 99.4, 99.6)
	2	0.3	0.4, 0.6	(97.86, 97.88, 97.9)), (99.63, 99.65, 99.67)	0.07	0.8, 0.2	(86, 86.02, 86.04), (96.93, 96.95, 96.97)
		0.5	0.42, 0.58	(99.73, 99.75, 99.77), (99.30, 99.32, 99.34)	0.05	0.37, 0.63	(81.83, 81.85, 81.87), (76.83, 76.85, 76.87)
		0.08	0.82, 0.18	(97.86, 97.88, 97.9), (92.87, 92.89, 92.91)			
8	1	0.3	0.4, 0.6	(97.96, 97.98, 98), (99.63, 99.65, 99.67)	0.07	0.8, 0.2	(65.55, 65.57, 65.59), (61.62, 61.64, 61.66)
		0.5	0.42, 0.58	(95.90, 95.92, 95.94), (94.08, 94.1, 94, 12)			
		0.05	0.37, 0.63	(88.30, 88.32, 88.34), (82.73, 82.75, 82.77)	0.08	0.82, 0.18	(78.72, 78.74, 78.76), (99.2, 99.4, 99.6)
	2	0.3	0.4, 0.6	(97.86, 97.88, 97.9), (99.63, 99.65, 99.67)	0.07	0.8, 0.2	(86.01, 86.02, 86.03), (96.93, 96.95, 96.97)
		0.5	0.42, 0.58	(99.73, 99.75, 99.77), (99.31, 99.32, 99.33)			
		0.05	0.37, 0.63	(81.84, 81.85, 81.86), (76.84, 76.85, 76.86)	0.08	0.82, 0.18	(97.87, 97.88, 97.89), (92.87, 92.89, 92.91)
9	1	0.3	0.4, 0.6	(97.97, 97.98, 97.99), (99.64, 99.65, 99.66)	0.07	0.8, 0.2	(65.56, 65.57, 65.58), (61.63, 61.64, 61.65)
		0.5	0.42, 0.58	(95.91, 95.92, 95.93), (94.09, 94.1, 94.11)			
		0.05	0.37, 0.63	(88.31, 88.32, 88.33), (82.74, 82.75, 82.76)	0.08	0.82, 0.18	(78.73, 78.74, 78.75), (99.3, 99.4, 99.5)
	2	0.3	0.4, 0.6	(97.87, 97.88, 97.89), (99.63, 99.65, 99.67)	0.07	0.8, 0.2	(86, 86.02, 86.04), (96.93, 96.95, 96.97)
		0.5	0.42, 0.58	(99.73, 99.75, 99.77), (99.3, 99.32, 99.34)			
		0.05	0.37, 0.63	(81.83, 81.85, 81.87), (76.83, 76.85, 76.87)	0.08	0.82, 0.18	(97.86, 97.8897.9), (92.87, 92.89, 92.91)
	3	0.3	0.4, 0.6	(97.87, 97.88, 97.89), (99.63, 99.65, 99.67)	0.07	0.8, 0.2	(86.01, 86.02, 86.03), (96.93, 96.95, 96.97)
		0.5	0.42, 0.58	(99.73, 99.75, 99.77), (99.3, 99.32, 99.34)			
		0.05	0.37, 0.63	(81.83, 81.85, 81.87), (76.83, 76.85, 76.87)	0.08	0.82, 0.18	(97.86, 97.88, 97.9), (92.87, 92.89, 92.91)
10	1	0.3	0.4, 0.6	(98.47, 98.49, 98.51), (94.14, 94.16, 94.18)	0.07	0.8, 0.2	(64.79, 64.81, 64.83), (46.88, 46.90, 46.92)
		0.5	0.42, 0.58	(92.18, 92.2, 92.22), (82.30, 82.32, 82.34)			
		0.05	0.37, 0.63	(47.94, 47.96, 47.98), (38.79, 38.81, 38.83)	0.08	0.82, 0.18	(26.44, 26.46, 26.48), (54.04, 54.06, 54.08)
	2	0.3	0.4, 0.6	(95.90, 95.92, 95.94), (90.53, 90.55, 90.57)	0.07	0.8, 0.2	(64.79, 64.81, 64.83), (81.83, 81.85, 81.87)
		0.5	0.42, 0.58	(98, 99, 100), (97.22, 97.24, 97.26)			
		0.05	0.37, 0.63	(85.42, 85.44, 85.46), (76.60, 76.62, 76.64)	0.08	0.82, 0.18	(95.50, 95.52, 95.54), (98.75, 98.77, 98.79)
	3	0.3	0.4, 0.6	(89.42, 89.44, 89.46), (85.61, 85.63, 85.65)	0.07	0.8, 0.2	(36.04, 36.06, 36.08), (69.26, 69.28, 69.3)
		0.5	0.42, 0.58	(90.53, 90.55, 90.57), (66.383, 66.385, 66.387)			
		0.05	0.37, 0.63	(77.44, 77.46, 77.48), (58.80, 58.82, 58.84)	0.08	0.82, 0.18	(69.26, 69.28, 69.3), (79.07, 79.09, 79.11)
11	1	0.3	0.4, 0.6	(97.96, 97.98, 98), (99.63, 99.65, 99.67)	0.07	0.8, 0.2	(65.55, 65.57, 65.59), (61.62, 61.64, 61.66)
		0.5	0.42, 0.58	(95.9, 95.92, 95.94), (94.08, 94.10, 94.12)			
		0.05	0.37, 0.63	(88.30, 88.32, 88.34), (82.73, 82.75, 82.77)	0.08	0.82, 0.18	(78.72, 78.74, 78.76), (99.2, 99.4, 99.6)
	2	0.3	0.4, 0.6	(95.9, 95.92, 95.94), (90.53, 90.55, 90.57)	0.07	0.8, 0.2	(65.55, 65.57, 65.59), (79.35, 79.37, 79.39)
		0.5	0.42, 0.58	(88.30, 88.32, 88.34), (92.12, 92.14, 92.16)			
		0.05	0.37, 0.63	(78.72, 78.74, 78.76), (57.80, 57.82, 57.84)	0.08	0.82, 0.18	(92.18, 92.20, 92.22), (98.59, 98.61, 98.63)
	3	0.3	0.4, 0.6	(98.47, 98.49, 98.51), (94.14, 94.16, 94.18)	0.07	0.8, 0.2	(64.79, 64.81, 64.83), (87.73, 87.75, 87.77)
		0.5	0.42, 0.58	(90.53, 90.55, 90.57), (66.37, 66.39, 66.41)			
		0.05	0.37, 0.63	(44.70, 44.72, 44.74), (9.73, 9.75, 9.77)	0.08	0.82, 0.18	(61.62, 61.64, 61.66), (86.47, 86.49, 86.51)
12	1	0.3	0.4, 0.6	(97.96, 97.98, 98), (99.63, 99.65, 99.67)	0.07	0.8, 0.2	(65.55, 65.57, 65.59), (61.62, 61.64, 61.66)
		0.5	0.42, 0.58	(95.90, 95.92, 95.94), (94.08, 94.10, 94.12)			
		0.05	0.37, 0.63	(88.30, 88.32, 88.34), (82.73, 82.75, 82.77)	0.08	0.82, 0.18	(78.72, 78.74, 78.76), (99.38, 99.40, 99.42)
	2	0.3	0.4, 0.6	(97.96, 97.98, 98), (99.63, 99.65, 99.67)	0.07	0.8, 0.2	(86, 86.02, 86.04), (96.93, 96.95, 96.97)
		0.5	0.42, 0.58	(99.73, 99.75, 99.77), (99.3, 99.32, 99.34)			
		0.05	0.37, 0.63	(81.83, 81.85, 81.87), (76.83, 76.85, 76.87)	0.08	0.82, 0.18	(97.96, 97.98, 98), (92.87, 92.89, 92.91)
13	1	0.3	0.4, 0.6	(97.96, 97.98, 98), (99.63, 99.65, 99.67)	0.07	0.8, 0.2	(65.55, 65.57, 65.59), (61.62, 61.64, 61.66)
		0.5	0.42, 0.58	(95.9, 95.92, 95.94), (94.08, 94.10, 94.12)			
		0.05	0.37, 0.63	(88.3, 88.32, 88.34), (82.73, 82.75, 82.77)	0.08	0.82, 0.18	(78.72, 78.74, 78.76), (99.2, 99.4, 99.6)
	2	0.3	0.4, 0.6	(98.47, 98.49, 98.51), (94.14, 94.16, 94.18)	0.07	0.8, 0.2	(68.54, 68.56, 68.58), (84.83, 84.85, 84.87)
		0.5	0.42, 0.58	(90.53, 90.55, 90.57), (66.37, 66.39, 66.41)			
		0.05	0.37, 0.63	(44.7, 44.72, 44, 74), (9.73, 9.75, 9.77)	0.08	0.82, 0.18	(93.79, 93.81, 93.83), (89.62, 89.64, 89.66)
	3	0.3	0.4, 0.6	(97.96, 97.98, 98), (99.63, 99.65, 99.67)	0.07	0.8, 0.2	(65.55, 65.57, 65.59), (61.62, 61.64, 61.66)
		0.5	0.42, 0.58	(95.9, 95.92, 95.94), (94.08, 94.10, 94.12)			
		0.05	0.37, 0.63	(88.3, 88.32, 88.34), (82.74, 82.75, 82.76)	0.08	0.82, 0.18	(78.72, 78.74, 78.76), (99.2, 99.4, 99.6)
14	1	0.3	0.4, 0.6	(97.96, 97.98, 98), (99.63, 99.65, 99.67)	0.07	0.8, 0.2	(65.55, 65.57, 65.59), (61.62, 61.64, 61.66)
		0.5	0.42, 0.58	(95.9, 95.92, 95.94), (94.08, 94.10, 94.12)			
		0.05	0.37, 0.63	(88.3, 88.32, 88, 34), (82.73, 82.75, 82.77)	0.08	0.82, 0.18	(78.72, 78.74, 78.76), (99.2, 99.4, 99.6)
	2	0.3	0.4, 0.6	(98.47, 98.49, 98.51), (94.14, 94.16, 94.18)	0.07	0.8, 0.2	(68.54, 68.56, 68.58), (84.83, 84.85, 84.87)
		0.5	0.42, 0.58	(90.53, 90.55, 90.57), (66.37, 66.39, 66.41)			
		0.05	0.37, 0.63	(44.7, 44.72, 44, 74), (9.73, 9.75, 9.77)	0.08	0.82, 0.18	(93.79, 93.81, 93.83), (89.62, 89.64, 89.66)

锦屏二级水电站大型深埋隧道群工程的 DTCQETP 的其他相关数据如下：总预算为 183.77 亿元，资金流量的最大限制为 15 亿元，每一时段质量缺陷水

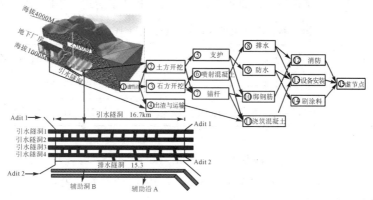

图 4.11　建设工程网络图

平的最大限制为 13 分值单位，每一时段环境影响水平的最大限制为 14 个分值单位，正常情况下项目完工工期为 28 个月，决策者期望工期不高于 30 个月。对于每个目标的重要度和决策者的乐观-悲观系数为：

$$\eta_1 = 0.5，\eta_2 = 0.1，\eta_3 = 0.1，\eta_4 = 0.3，\lambda = 0.5。$$

4.4.3　结果分析

为了说明 DTCQETP 中优化方法的实际性和有效性，用前面描述的（f）a–hGA 来解决这个问题。锦屏二级水电站大型深埋隧道群工程这个真实的案例中的数据应用到这个方法中。用式（4.20）来获得该项目的最优调度计划。（f）a–hGA 应用 C++语言和奔腾 4 处理器，1024MB 内存以及项目中的数据来测试该方法的有效性。

案例的进化环境如下：代数、种群大小、交叉率和变异率分别为：300、100、0.5 和 0.4。

最优的调度计划和最优结果如表 4.4 和 4.5 所示。活动顺序和相应的执行模式已在表 4.4 中展示出来了。通过表 4.5 可以看出，由于项目工期在当前项目中是一个更为重要的目标，决策者就对其使用了更大的权重，这就使得大多数活动将会采用工期较短的执行模式。不难发现对于网络图而言，关键路径是：（1）—（2）—（5）—（10）—（12）—（15），对应的工期是 21 个月。但是对锦屏二级水电站大型深埋隧道群工程的 DTCQETP 分析得知最优工期为 27 个月，路径为：（1）—（2）—（3）—（5）—（9）—（14）—（12）。这是由于每时段资金流、质量缺陷水平、环境影响水平的限制，其最大限制为：$(l_c^M, l_q^M, l_e^M) = (15, 13, 14)$。如图 4.12 所示。实际中表明，工期不仅由关键路径决定，而且由成本、质量和环境能约束条件共同决定。

表 4.4　　　　　锦屏二级水电站大型深埋隧道群工程 DTCQETP 调度表

$a_1(0):0\sim0$	$a_2(1):0\sim3$	$a_3(2):3\sim4$	$a_4(1):6\sim11$	$a_5(1):4\sim10$
$a_6(1):4\sim6$	$a_7(1):12\sim15$	$a_8(1):6.10$	$a_9(1):10\sim12$	$a_{10}(2):15\sim16$
$a_{11}(1):16\sim22$	$a_{12}(1):16\sim27$	$a_{13}(1):22\sim27$	$a_{14}(1):12\sim16$	$a_{15}(1):27\sim27$

表 4.5 中显示了用实际执行数据和由 (f)a-hGA 计算的最优解进行比较的结果。每个目标的净减少量从 1.7%～7.4%。建设效率的进步可以带来可观的经济效益，尤其是对于大型建设工程项目。

表 4.5　　　　$\lambda=0.5$，$\eta_1=0.1$，$\eta_2=0.5$，$\eta_3=0.1$，$\eta_4=0.3$

时最优解和实际数据对比

	z_1	z_2	z_3	z_4	最优顺序和执行模式														
工程实际数据	29	178	71	73	1	3	2	4	5	6	8	9	14	7	10	11	12	13	15
					1	2	1	1	1	1	1	1	2	1	1	1	1	1	1
最优结果	27	175	67	71	1	2	3	6	5	4	8	9	14	7	10	11	12	13	15
					1	1	2	1	1	1	1	1	2	1	1	1	1	1	1
净减少值	2	3	4	2															
减少率（%）	7.4	1.7	6	2.8															

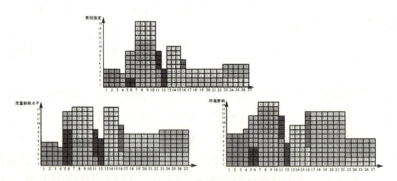

图 4.12　建设工程最优调度计划甘特图

该结果可能不能 100% 保证最优，因为数学模型可能有错，还存在一定的假设，和实际有一定出入。在实际中，决策者多数可能根据自己的经验，所以很难达到最优。因此，以上结果可以在现场为决策者提供一个理论上的最优解。但是，因为研究用（f）a - hGA 计算 DTCQETP 的目的是给实际建设项目提供一个可选择的有效的优化方法，所以这个求解方法和计算结果很有意义，说明了此优化方法的实践性和有效性。

4.4.4 灵敏度分析

表4.6 显示了4个目标权重变化的4种情况的灵敏度分析。通过分析，可以看出这些解不会受权重变化太大的影响。从这4组权重可以看出，决策者始终将项目工期放在比较重要的位置上。因此，虽然有少数活动由于质量目标和环境目标的原因仍然选择了较长工期的执行模式，大多数活动仍然选择较短工期的执行模式。另外，预算也是比较重要的因素。如果成本权重大于质量和环境的权重（如组合2和3），则活动10和14选择相同或较长工期、低预算、高质量缺陷和环境影响的模式。如果预算的权重与质量和环境权重相同（如组合1和4），那么活动10和14则会选择相同或更短工期、较高预算、低质量缺陷和环境影响的模式。由于约束，其他活动的决策变化随权重变化的概率为0。这个分析表明了决策者的不同喜好在时间、成本、质量和环境之间产生的不同平衡。

表4.6　　　　　　　　　　　目标权重的灵敏度分析

组合	目标权重 η_1	η_2	η_3	η_4	适应值	最优顺序执行模式														
组合 1	0.7	0.1	0.1	0.1	0.643	1	3	2	4	5	6	8	9	14	7	10	11	12	13	15
						1	2	1	1	1	1	1	1	2	1	1	1	1	1	1
组合 2	0.6	0.2	0.1	0.1	0.580	1	2	3	6	5	4	8	9	14	7	10	11	12	13	15
						1	2	1	1	1	1	1	1	2	1	1	1	1	1	1
组合 3	0.5	0.3	0.1	0.1	0.590	1	3	2	6	5	4	8	9	14	7	10	11	12	13	15
						1	2	1	1	1	1	1	1	2	1	1	1	1	1	1
组合 4	0.4	0.2	0.2	0.2	0.653	1	4	2	3	5	6	8	9	14	7	10	11	12	13	15
						1	1	1	2	1	1	1	1	2	1	1	1	1	1	1

表4.7 罗列了决策者乐观－悲观系数不同时的详细结果。对于锦屏二级水电站大型深埋隧道群工程分析结果可知，决策者乐观－悲观系数对决策有着较大影响。因项目工期和成本是项目的基本目标，组合3的权重（ $\eta_1 = 0.5$ ， $\eta_2 = 0.3$ ， $\eta_3 = 0.1$ ， $\eta_4 = 0.1$ ）被用作基本参数来比较乐观－悲观值的不同。乐观－悲观值 λ 反映了决策者的偏好，这是与模型中的模糊变量－工期与环境影响相关的。对于 DTCQETP，第一个目标是最小化工期，第四个目标是最小

化环境影响，其中 $\lambda = 1$ 是悲观的极致，而 $\lambda = 0$ 是乐观极致。如表 4.7 所示，如果决策者越来越悲观（λ 的值增加），总工期和环境影响将增加，同时费用随工期增加而增加。当 $\lambda = 0.6$，$z_1 = 28.45 > 28$ 以及 $\lambda = 0.7$，$z_1 = 30.9 > 28$ 时候，解就变为不可行解。不难发现，质量目标不会随着决策者乐观－悲观值的变化而变化，因为质量指标是客观的、独立测量的，只要执行模式确定了，质量评价值也就确定了。相反，费用是由工期确定，它会随工期增加而增加。

表 4.7 决策者乐观－悲观值的灵敏度分析

乐观－悲观值	z_1	z_2	z_3	z_4	执行模式
$\lambda = 0.1$	21.2	140.8	67	70.18	1, 2, 1, 1, 1, 1, 1, 1, 1, 1, 2, 1, 1, 1, 1
$\lambda = 0.2$	23.55	149.35	67	70.39	1, 2, 1, 1, 1, 1, 1, 1, 1, 1, 2, 1, 1, 1, 1
$\lambda = 0.3$	24.1	157.9	67	70.63	1, 2, 1, 1, 1, 1, 1, 1, 1, 1, 2, 1, 1, 1, 1
$\lambda = 0.4$	25.55	166.45	67	70.81	1, 2, 1, 1, 1, 1, 1, 1, 1, 1, 2, 1, 1, 1, 1
$\lambda = 0.5$	27	175	67	71	1, 1, 2, 1, 1, 1, 1, 1, 1, 1, 2, 1, 1, 1, 1
$\lambda = 0.6$	$z_1 = 28.45 > 28$				不可行
$\lambda = 0.7$	$z_1 = 30.9 > 28$				不可行

4.4.5 算法评价

目前存在很多算法可以解决模糊多目标项目决策问题。为了说明（f）a－hGA 的有效性和高效性，选择其他的启发式算法来进行比较，例如：基于模糊的遗传算法（(f)－GA）和基于模糊的混合遗传算法（(f)－hGA）。为了使三种算法都在相同环境下比较，所以都统一用 C＋＋语言、奔腾 4 处理器和相同的 GA 参数设置。算法效率在表 4.8 中显示。

从表 4.8 中可以看出：①虽然（f）－hGA 也比较接近最优解，但是 (f)－GA 和 (f)h－GA 很容易陷入局部最优解；② (f)a－hGA 比其他两种算法更容易稳定地到达最优解；③ (f)a－hGA 在计算时间和平均迭代代数上明显高于其他两种算法。(f)a－hGA 得到的最优解也明显优于其他两种算法的局部最优解。

表 4.8 (f)－GA，(f)－hGAand，(f)a－hGA 的计算比较

算法	目标值			目标值方差方差	平均收敛代数	平均计算时间（s）
	最好值	最差值	平均值			
(f)－GA	0.8217	0.8763	0.8327	0.4312×10^{-3}	82	23.923

表4.8(续)

算法	目标值			目标值方差方差	平均收敛代数	平均计算时间（s）
	最好值	最差值	平均值			
(f) - hGA	0.8028	0.8623	0.8221	0.4017×10^{-3}	68	13.747
(f)a - hGA	0.8022	0.8421	0.8213	0.3213×10^{-3}	50	7.988

4.5 本章小结

将提出的 DTCQETP 应用于实际的锦屏二级水电站大型深埋隧道群工程这个真实的案例中。另外，将（f）a－hGA 应用于该模型解决实际中的问题。经过对目标的权重分析和决策者乐观－悲观值分析，得出了一些对实际问题有意义的指导。

在所提出的模型中，工期、成本、质量和环境四个子系统，即四个目标在实际问题中需要平衡。模型用模糊变量描述了工期和环境影响，这是在平衡问题中的一个创新，特别是大型的建设工程项目，并用 EVM 来处理模型中的模糊变量。（f）a－hGA 被用于解决 DTCQETP，这是一个 NP 难题。

该研究方法的主要优势如下：

（1）它提供了一个系统可行的办法，使决策者能得到结合乐观－悲观值的调度计划。

（2）模糊变量的应用使得多目标模型能更好地描述实际中不精确性，模糊逻辑也作为一种使用的方法来评价项目中的环境影响。

（3）（f）a－hGA 的提出提高了优化质量和稳定性。

（4）锦屏二级水电站大型深埋隧道群工程这个真实的案例说明了 DTCQETP 的实践性和有效性。

未来这一领域的发展可以有以下这三个方向：

（1）研究项目中的其他不确定特征，如粗糙、随机系统或混合不确定系统来更合理有效地处理实际模型。

（2）研究工程调度中更复杂的实际问题，如资源约束、多工程问题。

（3）发展更为有效的启发式算法来解决复杂的 NP 难题。

这三个方向都同等重要，值得进一步研究。

5 多项目时间－成本－环境平衡分析模型及其应用

多项目时间－成本－环境平衡分析调度问题（mPTCETSP），通常是项目规模较大、结构较复杂的问题，也是经典多目标平衡调度问题的扩展。因此，与经典的 DTCTP 和 DTCETP 不同，mPTCETSP 主要解决不确定环境下大型复杂工程项目中的决策问题。目标函数为最小化各项目完成时间和、最小化各项目成本和以及最小化各项目综合环境影响。由于传统优化技术不能在不确定环境下有效地求解 mPTCETSP，所以针对该问题提出了基于混合遗传算法的一种新算法——模糊控制器混合遗传算法（flc－hGA）[281]来求解该问题并应用于中国西南地区的大型水电工程建设项目中说明其有效性。

5.1 问题陈述

对于大型建设工程项目，其工作分解结构通常分为六级：一级为工程项目；二级为单项工程；三级为单位工程；四级为分部工程；五级为工作包；六级为作业或工序。一般前三级由业主做出规定，更低级别的分解则由承包商完成并用于对承包商的施工调度控制，以确保承包商完成全部规定要做的工作，实现建设项目在满足工程要求、约束条件的情况下，对项目具体工作进行控制。该研究正是站在承包商的角度，分析研究大型水利水电建设工程中的一个分部工程，进而剖析其工作包、作业或工序。将分部工程按一定的方法划分为可以管理的项目单元，通过控制这些单元的费用、进度和环境影响目标，使它们之间的关系协调一致、最优化，从而达到控制整个项目目标。这一层次化的树状结构，作为可交付的成果（见图 5.1），确定了需要完成的工作内容。

因此，与经典多目标平衡问题不同，mPTCETSP 考虑了复杂的项目包含子项目，子项目又包含若干活动。mPTCETSP 可以描述为：一个复杂的项目包含

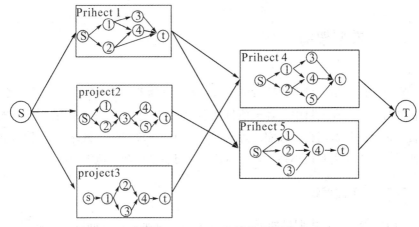

图 5.1　mPTCETSP 的物理模型

I（$i=0$，1，2…I）个子项目，其中 S 和 T 为虚拟子项目，仅代表整个项目的开始和结束，不消耗费用和产生环境影响，且工期为 0。每个项目包含 J 个活动，$j=0$，1，2，…J。s 和 t 为虚活动，也仅代表子项目的开始和结束，不产生费用和环境影响，不消耗工时，在费用、工期和环境影响约束条件下，同时最小化工期、成本和环境影响。在 mPTCETSP 中，不仅需要考虑每个活动的先后顺序，而且需要考虑各个子项目之间的先后顺序。对于各活动的约束条件而言，每个活动不仅要满足活动之间先后顺序的约束，而且每一时段所有活动的费用加和与环境影响加和都不能超过其分别的限定值，所以调度过程中这也会影响活动的开始时间；对于子项目需满足技术上的先后逻辑顺序；对于工程整体而言，成本预算不能超过限定值。另外，子项目中的活动工期、子项目工期均为模糊变量。因此，该研究同时考虑了上一章提出的多目标平衡问题和多项目的调度问题。

　　在 mPTCETSP 中，其目标为最小化总项目时间、最小化多项目总费用以及最小化多项目总环境影响。总项目时间即在满足先后顺序以及费用流与环境影响约束条件的所有活动组成的所有多个子项目完成时间的总和。总费用即各子项目的单位费用与子项目实际完成时间和规定完成时间乘积之和。

　　图 5.1 中展示了将要讨论的 mPTCETSP 的物理模型。其中包含 5 个子项目，与项目相关的数据有：活动工期、费用消耗、环境影响、紧前活动、项目工期、紧前项目。费用不仅有流量限制而且有总额限制，环境在每一时段都有最大限定值。如图 5.1 所示，每个子项目均有相应的虚拟开始活动和结束活动，各节点代表相应活动，箭头代表先后关系。

5.2 模型架构

在复杂的大型建设工程项目中，项目被拆分为若干子项目，总项目与各子项目同时优化。在项目中，各子项目需消耗一定费用和产生一定的环境影响。项目经理计划将费用合理分配，协调各子项目的环境影响。另外，项目经理除了使子项目工期之和最小外，还要使整个项目总费用和环境影响最小。

5.2.1 问题假设

mPTCETSP 的基本假设如下：

（1）总项目由 I 个独立的子项目组成，子项目包含若干独立的活动。

（2）子项目间存在着紧前关系约束。每个子项目的开始时间取决于其紧前子项目的完成时间。对任意的子项目 $e \in Pre\ (i)$，若 e 没有结束，子项目 i 就不能被执行。当紧前子项目完成后，下一个子项目即可开始执行。对子项目 i 中的活动 A_{ij}，任意的 $A_{il} \in Pre\ (A_{ij})$，若 A_{il} 没有结束，活动 A_{ij} 就不能被执行。当紧前活动完成后，子项目中下一个活动即可开始执行。

（3）子项目中的活动一旦开始就不可中断，且每个活动只有一种执行模式。

（4）费用和环境影响都有限制，子项目中各活动总费用与其工期成正比，费用有每一时段的资金流量限制以及总预算限制，环境影响每一时段都有最大值限制。

（5）子项目中各活动总费用与其工期成正比，无论其工期多长均不会对单位时间消耗费用造成影响。

（6）假设子项目中各活动的费用和环境影响在各活动执行期间是均匀分布的，活动 A_{ij} 单位时段对费用的消耗为 l_{ijc}，产生的环境影响为 l_{ije}。其中每单位时段资金最大可用量为 b_c，单位时段环境影响最大可承受值为 b_e。

（7）项目 i 活动 j 的持续时间，该持续时间为一模糊变量。

（8）整个项目目标是最小化各项目完成时间、项目总费用和总环境影响。

（9）决策者属于风险中性的。

下面将建立模糊多工程时间–成本–环境平衡调度问题（mPTCETSP）期望值模型。

5.2.2 模型建立

下面将构建模糊多工程时间－成本－环境平衡调度问题期望值模型，首先模型中所需要的记号如下：

（1）角标

i：项目代号，其中 $i = 1, 2, \cdots I$。

j：每个子项目中的活动代号，其中 $j = 1, 2, \cdots J$。J 是每个项目中的最大活动数，s 和 t 为虚活动。

（2）变量

z_1：项目总完成时间。

z_2：项目总费用。

z_3：项目总环境影响。

$\tilde{d}_{ij}$：子项目 i 的活动 j 的持续时间，该持续时间为一模糊变量。

$E\left[\tilde{d}_{ij}\right]$：子项目 i 的活动 j 的持续时间的期望值。

$\tilde{t}_i^D$：项目的规定完成时间。

l_{ijc}：子项目 i 活动 j 单位时间所消耗的费用。

l_{ije}：子项目 i 活动 j 单位时间所产生的环境影响。

c_i^p：子项目 i 单位时间的惩罚费用（若为负，即奖励费用）。

b_c：单位时间里子项目费用的最大可用值。

b_e：单位时间里子项目环境影响的最大可承受值。

B_c：单位时间里总项目费用的最大可用值。

B_e：单位时间里总项目环境影响的最大可承受值。

$\tilde{t}_{ij}^S$：子项目 i 的活动 j 的开始时间。

$\tilde{t}_{ij}^F$：子项目 i 的活动 j 的结束时间。

V_{ij}：子项目 i 的活动 j 的环境影响。

w_{ij}：子项目 i 的活动 j 的环境影响在所有活动中的权重。

S_p：在时段 p 所进行活动的集合，

其中 $S_p = \{j \mid E\left[\tilde{t}_{ij}^S\right] \leqslant p \leqslant E\left[\tilde{t}_{ij}^S\right] + E\left[\tilde{t}_{ij}\right]\}$；$i = 1, 2, \cdots I+1$；$j = 1, 2, \cdots J+1$。

$Pre\ (i)$：子项目 i 的紧前项目集合。

$Pre\ (j)$：活动 j 的紧前活动集合。

（3）决策变量

$\tilde{t}_{ij}^{S}$：子项目 i 的活动 j 的开始时间。

下面将根据多工程时间－成本－环境平衡系统的物理模型建立模糊多工程时间－成本－环境平衡调度问题（mPTCETSP）期望值模型。然而由于模糊变量的存在，使得该模型数学意义不正确，因此应用模糊期望值模型对模型进行确定化处理，然后对模糊期望值多目标问题进行分析。

（1）目标函数

首先，对于模糊环境下，多工程时间－成本－环境平衡调度问题的决策者而言，要考虑的第一个目标就是工期问题，所有子项目工期之和最小，即 $\sum_{i=1}^{I} E[\tilde{t}_{i,J}^{F}]$ 最小。那么，模型的第一个目标如下式（5.1）。

$$\min z_1 = \sum_{i=1}^{I} E[\tilde{t}_{iJ}^{F}] \tag{5.1}$$

上层决策者的第二个目标是使整个项目延期惩罚成本最小或者工期提前奖励最多。所以用所有子项目实际完工期望时间和其预定完成期望时间之差（若为正，即为工程延期；若为负，即工期提前），并以延期惩罚系数的乘积之和来表示，即式（5.2）。

$$\min z_2 = \sum_{i=1}^{I} c_i^{p} (E[\tilde{t}_{iJ}^{F}] - E[\tilde{t}_{i}^{D}]) \tag{5.2}$$

决策者的第三个目标是使整个项目造成的环境影响最小。这里，通过个子项目的各活动对环境造成影响值与其相应的权重值以及每个子项目拖延时间的乘积之和求得，若提前完成子项目，该子项目环境影响值为负，则视为获得环境效益，如式（5.3）。

$$\min z_3 = \sum_{i=1}^{I} \frac{\sum_{j=1}^{J} V_{ij} \times w_{ij} (E[\tilde{t}_{iJ}^{F}] - E[\tilde{t}_{i}^{D}])}{E[\tilde{t}F_{iJ}]} \tag{5.3}$$

（2）约束条件

以下约束条件保证了问题的可行性。主要包括了时间约束、费用约束、环境影响约束以及其他逻辑约束。首先，各子工程之间应满足时序关系，见式（5.4）。

$$E[\tilde{t}_{eJ}^{S}] \leqslant E[\tilde{t}_{i1}^{S}] - E[\tilde{d}_{eJ}], e \in Pre(i) \tag{5.4}$$

子工程的个活动之间应满足时序关系，见式（5.5）。

$$E[\tilde{t}_{il}^{S}] \leqslant E[\tilde{t}_{ij}^{S}] - E[\tilde{d}_{il}], l \in Pre(j) \tag{5.5}$$

项目施工每个阶段的各子项目的各活动总费用不能超过规定子项目资金流量最大值且各阶段所有进行活动的资金总值也不能超过总限定值，见式

（5.6）及（5.7）。

$$\sum_{j \in S_p} l_{ijc} \leq b_c, i = 1,2,\cdots I \tag{5.6}$$

$$\sum_{i \in S_p} \sum_{j \in S_p} l_{ijc} \leq B_c \tag{5.7}$$

项目施工每个阶段监测的各子项目的活动环境影响总值不能超过限定值并且各阶段所有进行活动的环境影响总值也不能超过总限定值，见式（5.8）及（5.9）。

$$\sum_{j \in S_p} l_{ije} \times w_{ij} \leq b_e, i = 1,2,\cdots I \tag{5.8}$$

$$\sum_{i \in S_p} \sum_{j \in S_p} l_{ije} \times w_{ij} \leq B_e, 其中 l_{ije} = \frac{V_{ij}}{E[\tilde{d}_{ij}]} \tag{5.9}$$

最后，还要满足其他逻辑约束，见式（5.10）。

$$E[\tilde{t}_{ij}^S], E[\tilde{d}_{ij}] \geq 0, i \in I, j \in J \tag{5.10}$$

（3）综合模型

对于多项目时间－成本－环境平衡分析（mPTCETSP）系统，考虑了项目包含子项目，子项目又包含若干活动。各子项及其各活动之间存在逻辑先后顺序。为了使各子项目需消耗的工期之和、惩罚费用和总环境影响最小，决策者将寻找各活动开始时间的最优决策，从而协调的最小化目标。决策变量的控制使调度系统的目标在时间约束、费用约束、环境影响约束以及各逻辑约束下达到平衡。综合以上目标函数与约束条件，可得式（5.11）。

$$
\begin{cases}
\min z_1 = \sum_{i=1}^{I} E[\tilde{t}_{iJ}^F] \\[2mm]
\min z_2 = \sum_{i=1}^{I} c_i^p (E[\tilde{t}_{iJ}^F] - E[\tilde{t}_i^D]) \\[2mm]
\min z_3 = \sum_{i=1}^{I} \dfrac{\sum_{j=1}^{J} V_{ij} \times w_{ij}(E[\tilde{t}_{iJ}^F] - E[\tilde{t}_i^D])}{E[\tilde{t}_{iJ}^F]} \\[4mm]
\text{s. t.} \begin{cases}
E[\tilde{t}_{eJ}^S] \leq E[\tilde{t}_{il}^S] - E[\tilde{d}_{eJ}], e \in Pre(i) \\[2mm]
E[\tilde{t}_{il}^S] \leq E[\tilde{t}_{ij}^S] - E[\tilde{d}_{il}], l \in Pre(j) \\[2mm]
\sum_{j \in S_p} l_{ijc} \leq b_c, i = 1,2,\cdots I \\[2mm]
\sum_{i \in S_p} \sum_{j \in S_p} l_{ijc} \leq B_c \\[2mm]
\sum_{j \in S_p} l_{ije} \times w_{ij} \leq b_e, i = 1,2,\cdots I \\[2mm]
\sum_{i \in S_p} \sum_{j \in S_p} l_{ije} \times w_{ij} \leq B_e, 其中 l_{ije} = \dfrac{V_{ij}}{E[\tilde{d}_{ij}]} \\[2mm]
E[\tilde{t}_{ij}^S], E[\tilde{d}_{ij}] \geq 0, i \in I, j \in J
\end{cases}
\end{cases} \tag{5.11}
$$

5.3 算法设计

下面研究关于 mPTCETSP 在模糊环境下的多目标期望值模型的解法，并进行算法设计。与上一章讨论的 DTCETP 期望值模型相似，当考虑决策者的乐观－悲观值这一态度值时，即应用模糊 Me 测度[299]的期望值算子来解决了 mPTCETSP 中的不确定性。假如模糊多目标模型为非线性时，将对模型中带有模糊变量的参数进行模拟计算，并结合多目标 GA 算法（MOGA），设计混合智能算法来求解模型。

由于传统 GA 在种群、代数、交叉率以及变异率的确定上是很关键的问题，因此，一些研究者用模糊控制器来自动调整 GA 的参数。引入模糊控制器（fuzzy logic control，FLC）[281]提供了一种基于专家知识，能将语言控制策略转化为自动控制策略的一种新算法。采用了文献［281］的 FLC 的概念，它主要包含两方面：交叉 FLC 和变异 FLC。但是，在这里仅考虑变异模糊控制器，因为在基于 mPTCETSP 的混合遗传算法（hGA）中，不考虑交叉算子（由于交叉和交叉模糊控制器的效果几乎不变）。变异 FLC 会依据模糊控制器在遗传搜索过程中自动适应规范的变异率。变异率的混合更新策略考虑了连续两代中每代平均适应值的变化。因此，设计了基于 FLC 设计遗传算子的混合遗传算法（flc－hGA）来解决模糊环境下的 mPTCETSP，特别适用于大型多工程调度问题。

5.3.1 模糊处理

flc－hGA 根据数学模型不同分为两种：线性的和非线性的。在线性模型中，期望值模型（EVM）被植入 flc－hGA 中来解决线性模型中的模糊变量；若是非线性数学模型，则应用模糊模拟[299]与 flc－hGA 优化手段相结合来解决。

5.3.2 多目标转换

mPTCETSP 属于多目标优化问题，一般不存在全局最优解，而是帕累托解集。由于在大型工程建设项目中，只有一个优化解能用于决策，因此，有必要将多目标按照加权的方式转化为单目标，加权程序用以解决多目标模型。这种加权综合目标函数的形式只有当其解集是凸函数的情况才能找到其帕累托最优解[112]。由于，模型的目标函数和约束条件都是凸性的，所以该模型是凸性的，即 mPTCETSP 的数学模型是凸规划，不难证明其解集也是凸集。所以，加权法适合于该模型。为了保证多目标的有效性和一致性，在执行多目标程序前应该先去除所有量纲和统一数量级。需估计最大值来去除量纲和统一数量级（同上一章）。

5.3.3 综合程序

该启发式算法程序如下，如图 5.2 所示。

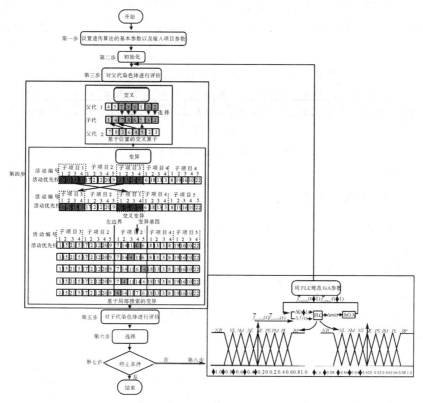

图 5.2　关于 mPTCETSP 模糊环境下带有模糊控制器的混合遗传算法流程图

第一步：设置 flc – hGA 初始参数以及具体项目参数。

第二步：初始化，产生一组初始个体。

第三步：评价父代中的适应值。

第四步：混合遗传算子——交叉和变异。

第五步：评价子代中的适应值。

第六步：选择子代和父代中的最优适应值的解。

第七步：终止条件检查。如果其中一组个体达到了事先规定的适应值，即停止；否则转入第八步。

5.3.4 解的表达

为了初始化混合遗传算法，需要用基于优先权的连续方法。用位置代表活动代号，用优先值代表活动执行的优先权，优先值越大，越具有优先权。

具有优先权基因的染色体表达了所有项目中所有活动的优先值，其数量为全部子项目的所有活动的值，如图5.3所示。根据文献［112］中的基于优先权的编码程序和修正的基于优先权的连续解码程序，可以得出相应的调度计划和甘特图。

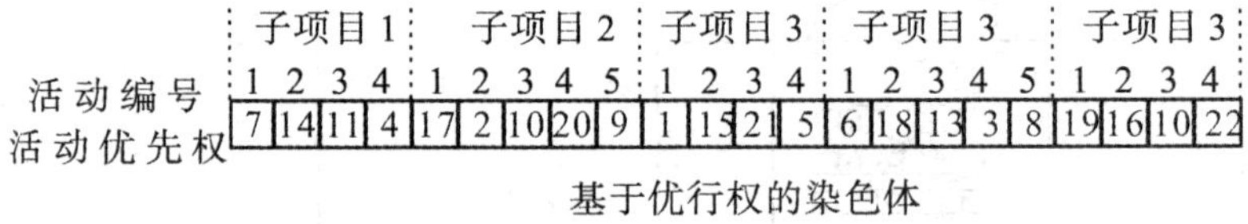

	子项目1				子项目2					子项目3				子项目3					子项目3			
活动编号	1	2	3	4	1	2	3	4	5	1	2	3	4	1	2	3	4	5	1	2	3	4
活动优先权	7	14	11	4	17	2	10	20	9	1	15	21	5	6	18	13	3	8	19	16	10	22

基于优行权的染色体

图5.3 基于优先权的染色体

5.3.5 混合遗传算子

这部分将详细说明带有模糊控制器的混合遗传算法的交叉、变异及选择的操作方法。

5.3.5.1 交叉算子

作为交叉算子，采用了基于位置的交叉，如图5.2所示。它从一个父代随机提取一些基因，填入子代空白位置，剩下的位置则由另一个父代的相应基因从左到右依次填上。

5.3.5.2 变异算子

作为变异算子，采用了互换变异（swap mutation，SM）和基于局部搜索的变异（local search - based mutation，LSM）。在SM中，两组基因位置进行了随机调换，其内容也进行了相应调换。如图5.2所示，利用SM后，调度计划的子工程顺序发生了变化，例如：

$S = \{P_1(2,1,3,4), P_2(2,1,4,3,5), P_3(1,3,2,4), P_4(2,5,1,3,4), P_5(3,2,1,4)\}$ 变异为 $S = \{P_3(1,3,2,4), P_2(2,1,4,3,5), P_1(2,1,3,4), P_4(2,5,1,3,4), P_5(3,2,1,4)\}$

在基于局部搜索的变异中，对于一对基因，以其中固定的一个基因为中心，在其边界范围内，随机选取另一个基因，如图 5.2 所示。这样得到的染色体中优于其他染色体适应值的就是局部最优的。邻域范围大小会影响局部最优的质量。因此，邻域大小的选择有一个平衡：邻域越大找到的局部最优解的质量可能会好些，但是搜索时间会增加。

5.3.5.3 选择算子

保留子代中最优染色体从而避免随机抽样错误地将精英选择作为选择算子。在精英选择中，如果父代最优的个体没有进入子代，那么子代中任意的一个个体将会被去掉，这个最优的个体会加入种群。

5.3.6 带有模糊逻辑控制器的混合遗传算法

对于大型建设项目而言，GA 的参数选择非常重要。为了提高 GA 搜索的效率，许多研究者借助 FLC 对 GA 参数进行自动调节。FLC 可以通过规范交叉率和变异率的变化范围来减少 CPU 的计算时间，提高 GA 的优化质量和稳定性。采用了文献［281］的 FLC 的概念，它主要包含两方面：交叉 FLC 和变异 FLC。不同的是，在这里仅考虑变异模糊控制器，因为在基于 mPTCETSP 的混合遗传算法（hGA）中，不考虑交叉算子（由于交叉和交叉模糊控制器的效果几乎不变）。hGA 与 flc - hGA 不同的是，flc - hGA 中的变异 FLC 会考虑父代和子代种群中的平均适应值的变化，从而自动调节变异率。在 FLC 的帮助下，变异率会在遗传搜索过程中起适应性的变化。

设 $\Delta f(t)$ 为第 t 代与第 $t-1$ 代的平均适应值函数的差，为一个接近 0 的小正数（$\varepsilon = 0.1$），那么下一代的变异率总体上符合以下 If - Then 条件：

（1）如果 $|\Delta f(t) - \Delta f(t-1)| < \varepsilon$，那么下一代的变异率 p_m 会增加很快。

（2）如果 $\Delta f(t) - \Delta f(t-1) < \varepsilon$，那么下一代的变异率 p_m 会减少。

（3）如果 $\Delta f(t) - \Delta f(t-1) > \varepsilon$，那么变异率 p_m 会直接选入下一代。

FLC 的输入参数为 $\Delta f(t)$ 和 $\Delta f(t-1)$，输出参数为变异率的变化 $\Delta m(t)$。所有输入和输出的模糊语言变量的隶属度函数如图 5.2 所示。其中，NR 代表绝对值大的负数，NL 代表绝对值稍大的负数，NM 代表绝对值一般的负数，NS 代表绝对值很小的负数，NE 代表 0，PS 代表绝对值很小的正数，PM 代表绝对值一般的正数，PL 代表绝对值稍大的正数，PR 代表绝对值大的正数。

基于大量的实验数据和专家意见，-4.0 是输入的最小值，4.0 是输入的最大值（见文献［281］）。变异率的模糊决策如表 5.1 所示。

表 5.1　　　　　　　　　　变异率的模糊决策

Z (a, b)		a								
		-4	-3	-2	-1	0	1	2	3	4
b	-4	-4	-3	-3	-2	-2	-1	-1	0	0
	-3	-3	-3	-2	-2	-1	-1	0	0	1
	-2	-3	-2	-2	-1	-1	0	0	1	1
	-1	-2	-2	-1	-1	0	0	1	1	2
	0	-2	-1	-1	0	2	1	1	2	2
	1	-1	-1	0	0	1	1	2	2	3
	2	-1	0	0	1	1	2	2	3	3
	3	0	0	1	1	2	2	3	3	4
	4	0	1	1	2	2	3	3	4	4

令 $\lambda \in [-1, 0, 1.0]$ 为规范变异率的增加或减少范围的值，因此在决定输入值后，我们定义一个刻度 $Z(a, b)$，那么变异率的变化表示如下：$\Delta m(t) = \lambda Z(a, b)$。那么，下一代的变异率可以计算为：$p_m(t+1) = p_m(t) + \Delta m(t)$，其中 p_m 为第 t 代的变异率。

5.4　锦屏二级水电站建设部分项目的调度管理

该实例所有数据均来自于某水电开发公司的部分工程项目。该项目的多目标 mPTCETSP 模型的建立方法和解决方法可以推广用于类似的多项目工程建设。所提出的模型和方法可以帮助决策者优化建设活动的调度。

5.4.1　项目简介

雅砻江锦屏二级水电站，位于凉山州木里、盐源、冕宁三县交界处的雅砻江锦屏大河湾上，是雅砻江上最大的水电站，是雅砻江各梯级中利用水头最高、发电量最大、效益最好的水电站之一，彰显环保理念，是对生态环境影响最小的"和谐工程"和"环保工程"。该工程属大型工程，工程等别为一等，永久性主要建筑物为 1 级建筑级。该电站枢纽建筑主要由拦河低闸、泄水建筑、引水发电系统等组成。锦屏二级电站 4 条引水隧洞平均长约 16.6 千米，开挖洞径12米，为世界最大规模水工隧洞，且地质条件复杂，施工技术难度大，其三维图如图5.4所示。因此这一章主要是延续上一章对锦屏二级水电站这一具有典型意义的案例进行研究。

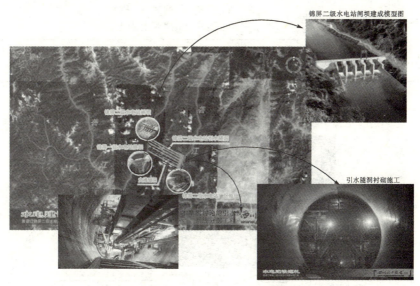

图5.4　锦屏二级水电站建设部分项目三维图

由于锦屏二级水电站建设项目所涵盖的项目数目过多，项目规模大，预定工期长，施工环境复杂，这里只选取了其中部分项目。因此，下面的主要内容主要是针对锦屏二级水电站建设难度最大的引水发电系统分部工程的复杂情况，建立了含有多个子项目的模糊多目标期望值模型，研究其时间-成本-环境平衡的调度问题，并用 flc-hGA 算法来求解该模型，得到项目、各子项目中各活动的施工组织调度计划。

锦屏二级水电站引水发电系统工程包括5个子项目，各项目又包含若干工程活动，如表5.2所示。

表5.2　　　　　锦屏二级水电站引水发电系统工程活动

A_1 辅助洞工程	A_{11} 土石方开挖 A_{12} 危石清理及高压水冲洗 A_{13} 衬砌 A_{14} 锚杆支护
A_2 排水洞工程	A_{21} 开挖 A_{22} 衬砌 A_{23} 运输 A_{24} 支护 A_{25} 喷射混凝土

表5.2(续)

A_3 引水隧洞 $1^{\#}$ 工程	A_{31} 开挖 A_{32} 衬砌 A_{33} 运输 A_{34} 防渗固结灌浆处理
A_4 引水隧洞 $2^{\#}$ ，$3^{\#}$ 工程	A_{41} 开挖 A_{42} 通风 A_{43} 排水 A_{44} 防水 A_{45} 浇筑混凝土
A_5 引水隧洞 $4^{\#}$ 工程	A_{51} 开挖 A_{52} 出渣运输 A_{53} 衬砌 A_{54} 通风

各子项目及其活动节点图如图5.5所示。

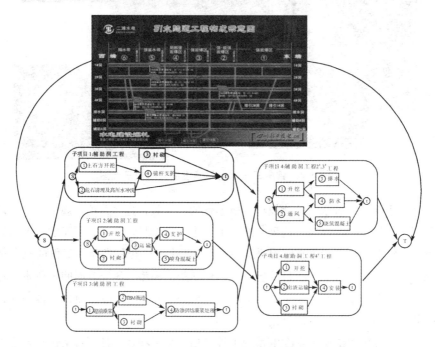

图5.5 锦屏二级水电站建设部分项目活动节点图

此外，锦屏二级水电站建设部分项目各活动所需成本、工期、环境影响及其相应权重、施工顺序以及子项目的规定工期如表5.3所示。决策者会根据子项目以及子项目各活动的先后顺序、预算约束、工期约束、环境影响约束来决定各活动的开始时间，从而协调使总工期、总成本、总环境影响最小，即达到最优。

5.4.2 所需数据

所需数据如表 5.3 所示。

表 5.3 各活动基本数据

项目	活动	活动工期	费用	环境影响及权重	紧前活动	项目工期	紧前项目
S		虚活动					
1	s 1 2 3 4	虚活动 (2,3,4) (2,5,8) (4,6,8) (1,2,3)	虚活动 3 2 3 4	虚活动 20,0.05 35.7,0.056 16.7,0.03 37.5,0.04	s<1,2 1<3,4 2<4,t 3<t 4<t	(9,11,13)	1<4,5
2	s 1 2 3 4 5	虚活动 (3,5,7) (1,2,3) (3,5,7) (1,3,5) (1,2,3)	虚活动 3 3 2 1 3	虚活动 13.5,0.037 23.8,0.042 13.2,0.038 9.4,0.053 17.6,0.057	s<1,2 1<3 2<3 3<4,5 4<t 5<t	(10,11,12)	2<4,5
3	s 1 2 3 4	虚活动 (1,2,3) (4,6,8) (1,3,5) (1,3,5)	虚活动 2 3 3 3	虚活动 27,0.037 25.6,0.039 23.3,0.043 29.4,0.051	s<1 1<2,3 2<4 3<4 4<t	(7,11,15)	3<4,5
4	s 1 2 3 4 5	虚活动 (1,2,3) (2,4,6) (2,4,6) (1,2,3) (2,3,4)	虚活动 2 2 3 3 3	虚活动 10.6,0.047 26.3,0.057 10.4,0.048 8.5,0.059 17.5,0.057	s<1,2 1<3,4 2<4,5 3<t 4<t 5<t	(10,11,12)	4<T
5	s 1 2 3 4	虚活动 (0.5,1,1.5) (1,2,3) (4,6,8) (1,3,5)	虚活动 2 2 1 3	虚活动 25.6,0.039 35.7,0.042 13.2,0.038 25.0,0.04	s<1,2,3 1<4 2<4 3<4 4<t	(8,10,12)	5<T
T		虚活动					

锦屏二级水电站引水发电系统分部工程的其他相关数据如下：资金流量每月不超过 14 千万元，及环境影响扣分每月最大限制值最大不超过 10 分，即

$(B_c, B_e) = (14, 10)$，各子项目资金流量每月不超过 6 千万元，及各子项目环境影响扣分每月最大限制值最大不超过 6 分，即 $(b_c, b_e) = (6, 6)$。承包商对各子工程单位时间（月）惩罚费用均为 $c_{ip} = 10$ 千万元，决策者为风险中性的，其悲观－乐观值为 $\lambda = 0.5$，三个目标函数的权重分别为 $\eta_1 = 0.5$，$\eta_2 = 0.2$，$\eta_3 = 0.3$。

5.4.3　计算结果讨论

为了获得锦屏二级水电站引水发电系统分部工程的施工调度计划并研究前面提出的 mPTCETSP 优化方法的有效性和实用性，应用前面提出的 flc－hGA 来解决此实际案例。

用式（5.11）来求解该问题，其中运用 C＋＋语言在奔腾 4PC 上运行，2.40 千兆赫兹脉冲，内存为 1024 兆，flc－hGA 的基本参数为代数：200；种群大小：100；变异率：0.5，得到最优调度计划为：

S = ｛P$_2$（1，2，3，5，4）→P$_1$（1，3，2，4）→P$_3$（1，2，3，4）→ P$_5$（2，1，3，4）→P$_4$（2，1，3，5，4）｝

锦屏二级水电站引水发电系统分部工程的总工期为 22 个月，子项目工期总和为：

$$\sum_{i=1}^{5} E[\tilde{t}_{ij}^{F}] = 11 + 13 + 11 + 8 + 9 = 52 \text{ 个月。}$$

总的惩罚费用为：

$$\sum_{i=1}^{5} c_i^p (E[\tilde{t}_{iJ}^{F}] = E[\tilde{t}_i^{D}]) = 10 \times (0 + 2 + 0 - 3 - 1) = -20$$

总环境影响为：

$$\sum_{i=1}^{5} \frac{\sum_{j=1}^{J} V_{ij} \times w_{ij}(E[\tilde{t}_{iJ}^{F}] - E[\tilde{t}_i^{D}])}{E[\tilde{t}_{iJ}^{F}]} = -7.72$$

如图 5.6 所示。

通过分析应用提出的多目标优化方法求解的锦屏二级水电站引水发电系统分部工程的最优施工调度计划，从表 5.4 可以看出，如果单独考虑各个子项目，子项目 1 的非关键活动 2 可以安排在第 4 个月和第 9 个月之间，子项目 3 的非关键活动 3 可以安排在第 3 个月和第 8 个月之间，项目经理可以根据实际的人力资源、设备、节假日的需要来安排非关键活动，但是由于在分部工程的费用约束和环境影响约束下，子项目 3 的非关键活动 3 是不能随意移动的，这

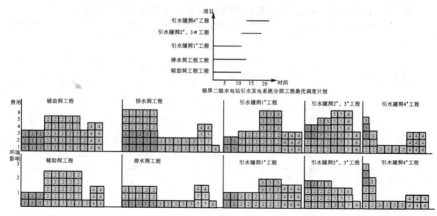

图 5.6　锦屏二级水电站引水发电系统分部工程调度计划及甘特图

使分部工程施工调度计划的可行解的范围大大缩小了。所以，为了最小化工期、成本和环境影响而且使整个工程的资金流和环境影响维持一个合理的水平，每个子项目的每个活动都有必要事先做出计划，在最合适的时间开始。

表 5.4　　　　锦屏二级水电站引水发电系统分部工程最优解

最优调度计划	$S = P_2 \ (1, \ 2, \ 3, \ 5, \ 4) \ \rightarrow P_1 \ (1, \ 3, \ 2, \ 4) \ \rightarrow P_3 \ (1, \ 2, \ 3, \ 4) \ \rightarrow P_5 \cdot (2, \ 1, \ 3, \ 4) \ \rightarrow P_4 \ (2, \ 1, \ 3, \ 5, \ 4)$
子项目工期总和	52（月）
总惩罚费用	-20（千万元）
总环境效益	-7.22
最优适应值	0.571

　　从表 5.5 中可以比较用 flc - hGA 提出的方法得到的最优解与实际执行数据的结果。结果显示，实际执行数据与用 flc - hGA 求解的 mPTCETSP 优化模型确实存在明显的差异。净减少值存在于每个目标之中，特别是惩罚费用和环境影响评价从正值变为负值，说明应用优化法后，将工期延期的惩罚费用变为了提前工期的奖金；同时环境影响目标也由负变正，说明将环境影响扣分变为了环境友好效益；而且减少率也从 8.78% 上升到 200%，因此大大提高了项目施工计划的综合效益。因此，此方法可以用于提高建设工程项目的经济效益，尤其是对于大型建设项目效果更为明显。

表 5.5　锦屏二级水电站引水发电系统分部工程最优解和实际数据的对比

	z_1	z_2	z_3	施工调度计划
工程实际数据	57	30	7.78	$S = P_1$ (2, 1, 4, 3) $\rightarrow P_2$ (2, 1, 3, 4, 5) $\rightarrow P_3$ (1, 3, 2, 4) $\rightarrow P_4$ (2, 5, 1, 4, 3) $\rightarrow P_5$ (3, 2, 1, 4)
最优解	52	−20	−7.72	$S = P_2$ (1, 2, 3, 5, 4) $\rightarrow P_1$ (1, 3, 2, 4) $\rightarrow P_3$ (1, 2, 3, 4) $\rightarrow P_5$ (2, 1, 3, 4) $\rightarrow P_4$ (2, 1, 3, 5, 4)
项目净减少值	5	50	15.5	
减少率（%）	8.87	167	200	

5.4.4　灵敏度分析

由于建立的多目标模型求解 mPTCETSP 的最优解，其解一般为帕累托最优解，但是在实践中决策者只能有一种选择，所以各目标的权重对最优解的选择是有影响的。将三个目标函数的权重逐步做调整。因为该工程是涉及"西电东输"的重要工程之一，所以均首先以工期为主要因素，其次体现总体工程环保理念，目标 1 与目标 3 占有较大权重，其结果与分析见表 5.6。所获得的结果都是基于乐观−悲观值 $\lambda = 0.5$。可见这 4 组最优解受权重变化影响不是很明显，适应值也很接近。这是因为各个活动的执行顺序、资金和环境影响受到子项目和总项目的双重约束，可行解的范围大大减少，因此决策者施工调度计划的灵活性减少了，使得最优解受目标函数权重组合影响小，变化幅度不大。

表 5.6　　　　　　　　　　关于各目标权重的灵敏度分析

组合	各目标权重			适应值	最优调度计划
	η_1	η_2	η_3		
组合 1	0.5	0.2	0.3	0.571	$S = P_2$ (1, 2, 3, 5, 4) $\rightarrow P_1$ (1, 3, 2, 4) $\rightarrow P_3$ (1, 2, 3, 4) $\rightarrow P_5$ (2, 1, 3, 4) $\rightarrow P_4$ (2, 1, 3, 5, 4)
组合 2	0.5	0.3	0.2	0.582	$S = P_2$ (1, 2, 3, 4, 5) $\rightarrow P_1$ (1, 3, 2, 4) $\rightarrow P_3$ (1, 2, 3, 4) $\rightarrow P_5$ (1, 2, 3, 4) $\rightarrow P_4$ (1, 2, 3, 5, 4)

表5.6(续)

组合	各目标权重			适应值	最优调度计划
	η_1	η_2	η_3		
组合3	0.5	0.1	0.4	0.602	$S=P_2$ (1, 2, 3, 4, 5) $\to P_1$ (1, 3, 2, 4) $\to P_5$ (1, 2, 3, 4) $\to P_3$ (1, 2, 3, 4) $\to$ P_4 (1, 2, 3, 5, 4)
组合4	0.4	0.2	0.4	0.598	$S=P_1$ (1, 3, 2, 4) $\to P_3$ (1, 2, 3, 4) $\to$ P_4 (1, 2, 3, 5, 4) $\to P_2$ (1, 2, 3, 4, 5) $\to P_5$ (1, 2, 3, 4)

对于工期这一重要因素是模糊不确定的，决策者悲观－乐观的态度不同，会造成决策的差异。表5.7 中则讨论了悲观－乐观值对锦屏二级水电站引水发电工程分部工程的决策者分析结果的影响。

表5.7　　　　　关于决策者悲观－乐观值的灵敏度分析

悲观－乐观值	z_1	z_2	z_3	最优调度计划
$\lambda=0.1$	41.4	-86	-23.27	$S=P_1$ (1, 3, 2, 4) $\to P_2$ (2, 1, 3, 4, 5) $\to P_3$ (1, 2, 3, 4) $\to P_4$ (1, 2, 3, 5, 4) $\to P_5$ (1, 2, 3, 4)
$\lambda=0.2$	43.8	-72	-19.51	$S=P_1$ (1, 3, 2, 4) $\to P_2$ (1, 2, 3, 4, 5) $\to P_3$ (1, 3, 2, 4) $\to P_4$ (1, 2, 3, 5, 4) $\to P_5$ (1, 2, 3, 4)
$\lambda=0.3$	46.2	-58	-15.77	$S=P_1$ (1, 3, 2, 4) $\to P_2$ (1, 2, 3, 4, 5) $\to P_3$ (1, 2, 3, 4) $\to P_4$ (2, 1, 3, 5, 4) $\to P_5$ (1, 2, 3, 4)
$\lambda=0.4$	48.6	-44	-11.98	$S=P_1$ (1, 3, 2, 4) $\to P_2$ (2, 1, 3, 4, 5) $\to P_3$ (1, 2, 3, 4) $\to P_4$ (2, 1, 3, 5, 4) $\to P_5$ (1, 2, 3, 4)
$\lambda=0.5$	52	-20	-7.22	$S=P_2$ (1, 2, 3, 5, 4) $\to P_1$ (1, 3, 2, 4) $\to P_3$ (1, 2, 3, 4) $\to P_5$ (2, 1, 3, 4) $\to P_4$ (2, 1, 3, 5, 4)
$\lambda=0.6$	53.4	-16	-4.55	$S=P_1$ (1, 3, 2, 4) $\to P_2$ (2, 1, 3, 4, 5) $\to P_3$ (1, 3, 2, 4) $\to P_4$ (2, 1, 3, 5, 4) $\to P_5$ (1, 2, 3, 4)

表5.7(续)

悲观－乐观值	z_1	z_2	z_3	最优调度计划
$\lambda = 0.7$	55.8	-2	-0.712	$S = P_1\ (1,\ 3,\ 2,\ 4) \rightarrow P_3\ (1,\ 2,\ 3,\ 4)$ $\rightarrow P_2\ (1,\ 2,\ 3,\ 4,\ 5) \rightarrow P_4\ (1,\ 2,\ 3,\ 5,\ 4) \rightarrow P_5\ (1,\ 2,\ 3,\ 4)$
$\lambda = 0.8$	58.2	12	3.055	$S = P_1\ (1,\ 3,\ 2,\ 4) \rightarrow P_3\ (1,\ 2,\ 3,\ 4)$ $\rightarrow P_2\ (1,\ 2,\ 3,\ 4,\ 5) \rightarrow P_5\ (1,\ 2,\ 3,\ 4)$ $\rightarrow P_4\ (1,\ 2,\ 3,\ 5,\ 4)$
$\lambda = 0.9$	60.6	26	4.018	$S = P_1\ (2,\ 1,\ 3,\ 4) \rightarrow P_3\ (1,\ 3,\ 2,\ 4)$ $\rightarrow P_2\ (2,\ 1,\ 3,\ 4,\ 5) \rightarrow P_5\ (1,\ 2,\ 3,\ 4)$ $\rightarrow P_4\ (2,\ 1,\ 3,\ 5,\ 4)$

表 5.7 对比了决策者的悲观－乐观态度对结果的影响。对于各目标函数的权重仍然选取 $\eta_1 = 0.5$，$\eta_2 = 0.2$，$\eta_3 = 0.3$。悲观－乐观值 λ 决定了决策者的态度，它是与估计项目的工期有关的。λ 值从 0.1 变为 0.9 即决策者对工期的态度是逐渐由乐观变为悲观的。从表 5.7 中可以看出，决策者的悲观－乐观态度对决策影响不是很显著，而对于三个目标值的影响是工期逐渐增大，费用和环境影响也是逐渐变大的。同样的，由于各活动在各自子项目和总项目的双重约束下，可行解范围大大缩小，因此决策变量变化不大。合同早已对总造价做出了合理的预算，因此承包商方面主要关心各子项目运行期间每阶段的资金流量和环境影响评估，希望最终得到尽量少的工期惩罚以及环评过关，但是由于对工期的估计逐渐悲观，所以各目标值逐渐变大。

因此从结果分析和灵敏度分析均可看出，决策变量在子项目与总项目双重约束下，可行解范围变化很小，不仅表现在参数设置的变化对其影响小，而且在非关键活动的资源安排上也会受到较大的限制。

5.4.5 算法评价

为了详细了解各种适应性算法与提出算法的比较结果，如混合遗传算法 （hGA）、适应性遗传算法 （a－hGA），表 5.8 列出了 hGA、a－hGA 以及 flc－hGA 对于 mPTCETSP 的计算结果 （应用与前面计算相同的计算参数和 GA 参数）。从表中可以看出，flc－hGA 提供的计算效率是最优秀的，而且得到的解最接近最优解。表 5.8 中显示，对于小规模的建设工程问题，flc－hGA 的平均计算时间和迭代时间只比其他两种算法略有优势，但是对于大规模的建设工程项目问题而言，flc - hGA 的计算优势就特别明显了；应注意到，在解决大规模建设工程项目问题时，合理的种群大小和最大迭代代数的确定也非常重要。为了研究 flc - hGA 的计算效率和有效性，我们分析了变异算子和平均适应值在收缩过程中的收敛行为，可见 flc - hGA 与 hGA、a - hGA 相比，不仅会得到更好的结果，而且所得结果更稳定。因此 flc - hGA 与 hGA、a - hGA 相比，在解决 mPTCETSP 优化问题时计算质量更好、更稳定。

表 5.8   基于 mPTCETSP 的算法比较

试验次数	种群大小	最大代数	hGA		a - hGA		flc - hGA	
			平均运行时间	平均迭代时间	平均运行时间	平均迭代时间	平均运行时间	平均迭代时间
1	20	200	15.6	96	15.5	94	14.9	94
2	50	300	41.2	83	36.3	80	33.4	78
3	100	400	94.4	79	70.5	77	65.2	72
4	200	500	198.1	77	156.5	74	134.4	69

5.5   本章小结

针对模糊环境，考虑了锦屏二级水电站建设工程项目中多项目运作的问题。大型建设工程项目的工作分解结构通常分为六级，一般前三级由业主作出规定，更低级别的分解则由承包商完成并用于对承包商的施工调度控制，从而提出了基于总承包商的多项目时间 - 成本 - 环境平衡多项目调度问题（mPTCETSP），通常是项目规模较大、结构较复杂的问题，也是经典多项目调度问题的扩展，建立了模糊环境下的多项目时间 - 成本 - 环境平衡分析期望值模型。目标是：①所有子项目工期之和最小；②整个项目延期惩罚成本最小或者工期提前奖励最多；③整个项目造成的环境影响最小。项目施工每个阶段的各子项目的各活动总费用不能超过规定了项目资金流量最大值且各阶段所有进行活动的资金总值也不能超过总限定值。同时，项目施工每个阶段监测的各子项目的活动环境影响总值不能超过限定值并且各阶段所有进行活动的环境影响总值也不能超过总限定值，在这样的约束条件下，求解最优调度计划的决策问题。利用乐观 - 悲观参数期望值模型将模糊变量进行确定化处理后，模糊环境下大型建设项目管理中的多项目时间－成本－环境平衡多目标调度问题便转化为多目标期望值模型。模糊多目标模型为非线性时，将对模型中带有模糊变量的参数进行模拟计算，并结合多目标 GA 算法（MOGA），设计了混合智能算法——FLC 设计遗传算子的混合遗传算法（flc－hGA）来求解模糊环境下的mPTCETSP，特别适用于大型多项目调度问题。该算法引入的模糊控制器（FLC）提供了一种基于专家知识，能将语言控制策略转化为自动控制策略的方法，用以规范变异率。然后，通过模糊环境下的多项目时间－成本－环境多目标调度问题期望值模型和 flc－hGA 来解决锦屏二级水电站建设系统中的部分多项目多目标调度问题，得到了最佳调度计划，并对最佳调度计划进行了结果分析和灵敏度分析，得出了一些有益于实际操作的结论，验证了模型和算法的可行性和有效性。flc－hGA 与其他 GA（hGA、a－hGA）进行比较分析的结果表明，flc－hGA 的适应值、收敛代数及运行时间均较优。

6 多项目时间－成本－质量－环境平衡分模型及其应用

时间－成本－质量－环境平衡多项目调度问题（mPTCQETSP）是经典多目标平衡调度问题的扩展，通常也是项目规模较大、结构较复杂的问题。它是研究在满足子项目及其各活动任务时序、工期、成本、质量及环境影响约束条件，合理安排子项目中各活动的开始和完成时间，并实现工期、成本、质量缺陷、环境影响等项目的相关优化目标。多目标平衡调度问题是项目管理的重要组成部分，在保证整个项目能高效完成方面起着至关重要的作用。在大型复杂的多目标平衡调度问题中存在决策结构的层次性，二层规划模型能够有效地处理具有主从结构的多目标平衡调度问题。此外，在实际的多目标平衡调度问题中还存在决策环境的不确定性，这在前几章就已经涉及。所以，本章讨论的是模糊环境下二层时间－成本－质量－环境平衡多项目调度问题。

6.1 背景介绍

在绝大多数的多目标平衡调度问题研究中，隐含着一个假设条件，即决策者是唯一的，在调度计划的决策过程中所有的决策变量的取值均由此唯一决策者决定。然而，由于如今建设工程项目的规模越来越大，组织结构越来越复杂，参与要素越来越多，巨大的时间－成本－质量－环境平衡多项目调度问题（mPTCQETSP）的设计不可能由一个决策者来完成，而是由多层级的决策人员同时参与整个项目调度的决策。此外，很多经典的多目标平衡调度问题的决策环境均为确定的或是随机的，然而，在实际的多目标平衡调度问题中，由于问题的复杂性和新建项目的唯一性，缺乏有效的统计数据，确定和随机的数据容易造成决策的不科学。在这种情况下，应当有效利用模糊数来有效刻画决策信息的不确定性，以此来提高多目标平衡调度问题决策的适应性，得到更好的调度方案。

下面将讨论模糊环境下时间－成本－质量－环境平衡多项目调度问题（mPTCQETSP）的两个特征：决策结构的层次性和模糊性。

6.1.1 层次性

在工程实践中，很多决策问题不仅涉及多个追求不同目标的决策者，而且各决策者的层级也不同。解决具有相互制约的层级关系的决策问题就是二层规划问题，这类问题还表现为多个决策者各自控制着不同的决策变量，以优化各自不同的决策目标函数；处于上级的决策者拥有更多的优势，可以影响下级决策目标。这种具有主从结构的决策问题在决策管理领域具有广泛的应用背景和实用价值，然而对其进行广泛和深入研究则是在近半个世纪里，尤其是最近二三十年才迅速展开的，并引起了管理、经济、控制、运筹等各界学者的重视。

在大型复杂的 mPTCQETSP 中，层次性是决策系统特征之一，且该问题属于以上提到的一主多从、从者相关联的多目标二层规划。例如在大型水利水电建设项目中，由于工程量巨大、工期太长、施工过程过于复杂，整个项目的调度设计不可能由项目总指挥一个人决定。因此，在整个项目的组织结构中还设置了各个子项目的项目经理，整个项目需要由两个层级的决策人员同时参与决策。对于整个时间－成本－质量－环境平衡多项目调度系统，项目总指挥（上层决策领导者）考虑质量和环境总目标以及各子项目时序、各时段质量缺陷、环境影响和总预算约束，各项目经理（下层从属决策者）考虑子项目各个项目工期最短、总费用和惩罚费用最小等目标及其各活动任务时序、各时段消耗费用和非负约束。整个决策过程为：首先由项目总指挥给定一个可行的配置方案，之后项目经理依据上述确定子项目的最短完成时间和费用，并反馈给项目总指挥。然后项目总指挥再根据其自身的目标函数，调整整个项目的分配方案。最后重复上述过程，直到得到最优调度计划为止，如图 6.1 所示。

6.1.2 模糊性

在 mPTCQETSP 中，除了模型结构的层次性外，模型中的参数设定也是至关重要的。在传统的多目标平衡调度问题模型中，活动工期往往被设定为确定值。然而在实际的多目标平衡调度问题中由于所获得的信息不可能完全充分和精确，这种人为的假设工期参数为确定值会导致模型的鲁棒性不高。一旦遇到调度中的不可预测的情况，基于该假设下多目标平衡调度问题模型制定的调度方案就可能与实际情况有较大偏差，造成损失。但是，一味地花费大量时间和

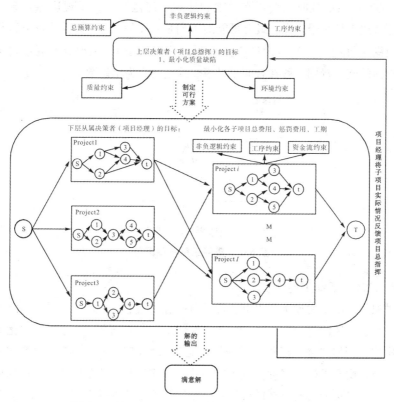

图 6.1 基于 mPTCQETSP 的二层规划决策流程图

资源去追求信息的完全充分既是不可能也是不必要的。在这种情况下，模糊数学理论能够帮助决策者在信息不充分的环境里，作出更加合理的决策。

根据实际情况的需要，考虑不确定性为模糊的。实际上，模糊变量已成功地应用到流水车间调度、投资组合、供应商选择、内陆水运联合通航等问题中。在后文的 mPTCQETSP 中，项目管理者将根据实际情况，将以下参数考虑为模糊变量：

6.1.2.1 子项目中各活动单位时间的费用

在 mPTCQETSP 中，通常是项目规模较大、结构较复杂的问题，而且工期也很长。在建设周期中，政府专控物资可能会因提价或其他原因引起建筑材料价格的增加，需要承包商自行承担全部或部分费用，所以要给出子项目中各活动单位时间的费用的准确数值是很难做到的。况且在大型建设项目中，工程其他原因引起的变更也时有发生。只能通过造价标准和专家的工程造价估计出单位费用可能出现的范围，于是可将此变量描述为一个模糊变量，"子项目 i 的

活动 j 的有可能单位时间费用在乐观和悲观可能范围内，乐观边界是 3 千万元，悲观边界是 5 千万元，最有可能的工期是 4 千万元"，这样就可以转化为三角模糊函数 $\tilde{c}_{ij}^T$ ＝（3，4，5），如图 6.2 所示。然而，工程延期的惩罚费用或者提前的奖励费用一般在合同里是事先约定的，为精确数。

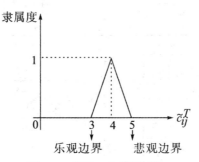

图6.2　费用三角模糊函数

6.1.2.2　活动工期

类似的，由于大型水利水电建设项目的施工过程往往受到气象（如台风、洪水、冰雹、风沙等）、水文、地质（如地下河、岩石等）、地形、文化等因素的影响，例如"浇筑混凝土"的最可能工期为 6（单位：月），但是在此活动开工前，由于极端恶劣的天气可能导致其紧前活动中的某些活动不能如期完成，活动主管可能会有这样的说法："子项目 i 的活动 j 的有可能工期在乐观和悲观可能范围内，乐观边界是 5 个月，悲观边界是 7 个月，最有可能的工期是 6 个月。"这样就可以转化为三角模糊函数 $\tilde{d}_{ij}$ ＝（5，6，7），其评估过程如图 6.3 所示。

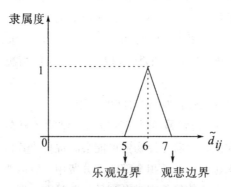

图6.3　活动工期三角模糊函数

6.1.2.3　环境影响

与前文类似，由于环境影响不仅是在建设中的影响还涉及建成后长期的影响，而且环境影响不仅是涉及科学的指标还包含了社会评价，所以具有高度的主观性，难以用准确数值衡量，也不可能用简单的随机变量来描述，于是可用模糊逻辑的方法来模拟思考过程以描述其影响值。模糊逻辑将不同单位的科学测量值和社会评价值转化为统一的影响值。影响水平的分值介于 0（完全无影响或完全接受）和 100（影响最大或完全不被接受）之间。下一步就是根据各指标权重将这些得到的值综合加权为总环境影响值。为将其影响假设为三角模糊数（同上一章所述，因为水利水电工程会对生态造成较为明显的正影响，这里仅考虑正影响）$f\left(E\left(\tilde{a}\right)\right) = E\left(\tilde{e}_{ij}\right) = \dfrac{E^2\left(\tilde{a}\right)}{100}$，如图 6.4 所示。

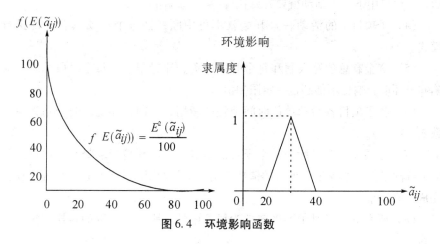

图 6.4　环境影响函数

6.2　模型建立

在复杂的大型建设工程项目中，项目被拆分为若干个子项目，项目总指挥（上层领导决策者）与项目经理（下层从属决策者）同时参与决策。在项目中，各子项目需要消耗资金，评估其执行质量和对环境的影响。项目总指挥将资金分配给项目经理，使得整个项目的质量最佳、环境影响最小。另外，项目经理除了保证要保证子项目的消耗费用、惩罚费用最小外，还要保证子项目完成时间最少。

6.2.1 问题假设

mPTCQETSP 的基本假设如下：

（1）一个项目由 I 个独立的子项目 P_i（$i=1,2,\cdots I$）组成，子项目包含若干活动。

（2）子项目存在紧前关系约束，每个子项目的开始时间取决于其紧前子项目的完成时间。对任意的子项目 $o \in Pre$（i），若 o 没有结束，子项目 i 就不能被执行。当紧前子项目完成后，项目中下一个子项目就要开始执行。

（3）子项目内部的活动存在紧前关系约束。对子项目 i 的活动 A_{ij}，任意的 $A_{il} \in Pre$（A_{ij}），若 A_{il} 没有结束，活动 A_{ij} 就不能被执行。当紧前活动完成后，子项目中下一个活动就要开始执行。

（4）子项目中的活动一旦开始就不可中断，且每个活动只有一种执行模式。

（5）资金有总预算限制和每个时段的资金流量限制，每个时段总质量缺陷和总环境影响也不能超过一定限制值。

（6）各子项目各活动单位时间消耗的费用、工期、环境影响分别为模糊数 $\tilde{c}_{ij}^T$，$\tilde{d}_{ij}$，$\tilde{e}_{ij}$。

（7）上层决策者目标为整个项目的质量最佳、环境影响最小；项目经理的目标除了保证要保证子项目的消耗费用、惩罚费用最小外，还要保证子项目完成时间最小。

（8）所有决策者对于不确定性为风险中性，所有模糊数的转换方法同上一章。

下面将建立基于模糊的二层多目标时间－成本－质量－环境多项目调度问题的期望值模型 mPTCQETSP。

6.2.2 期望值模型

首先给出模型中所需要的记号如下。

6.2.2.1 变量

$\overline{T}$：整个项目的工期上限。

i：子项目代号，其中 $i=1,2,\cdots I$。

j：每个子项目中的活动代号，其中 $j=1,2,\cdots J$。

J 是每个项目中的最大活动数，s 和 t 为虚活动。

t：时间指标。

Pre（o）：子项目 i 紧前子项目集合。

Pre（j）：活动 j 紧前活动集合。

$\tilde{c}_{ij}^{T}$：子项目 i 活动 j 单位时间所消耗的费用。

$\tilde{c}_{i}^{P}$：子项目 i 的延期惩罚费用系数。

t_{ij}^{s}：子项目 i 的活动 j 的开始时间。

t_{ij}^{f}：子项目 i 的活动 j 的完工时间。

t_{i}^{D}：子项目 i 规定的完工时间。

t_{ij}^{EF}：子项目 i 的活动 j 的最早完工时间。

t_{ij}^{LF}：子项目 i 的活动 j 的最晚完工时间。

$\tilde{d}_{ij}$：子项目 i 的活动 j 的持续时间。

$\tilde{d}_{i}$：子项目 i 的工期。

q_{ij}：子项目 i 的活动 j 的实际完工质量。

q_{ij}^{worst}：子项目 i 的活动 j 的最差可接受完工质量。

q_{ij}^{best}：子项目 i 的活动 j 的最佳完工质量。

d_{ij}^{worst}：子项目 i 的活动 j 的最差可接受完工质量下的工期。

d_{ij}^{best}：子项目 i 的活动 j 的最佳完工质量下的工期。

w_{ijq}：子项目 i 中活动 j 在整个项目质量中所占的权重。

w_{ije}：子项目 i 中活动 j 在整个项目环境中所占的权重。

$\tilde{e}_{ij}$：子项目 i 中活动 j 的环境影响。

l_{q}：施工的任何阶段质量不合格水平不能超过的极限值。

l_{e}：施工的任何阶段环境影响水平不能超过的极限值。

C_{i}^{T}：子项目 i 的总成本。

C_{i}^{P}：子项目 i 的总惩罚成本。

T_{i}：子项目 i 的工期。

Q：项目总质量不合格水平。

E：项目总环境影响。

6.2.2.2 决策变量

$$x_{ijt} = \begin{cases} 1, & \text{如果子项目 } i \text{ 的活动 } j \text{ 在时刻 } t \text{ 完成} \\ 0, & \text{否则} \end{cases}$$

6.2.2.3 上层模型

上层目标函数：对于模糊环境下多项目时间－成本－质量－环境问题的项目经理（上层决策领导者）而言，要考虑的第一个目标是使得总项目的完成质量不合格水平最低，如式（6.1）。

$$\min Q = \sum_{i=1}^{I} \sum_{j=1}^{J} w_{ijq} q_{ij} = \sum_{i=1}^{I} \sum_{j=1}^{J} w_{ijq} \left[q_{ij}^{best} - \frac{q_{ij}^{best} - q_{ij}^{worst}}{d_{ij}^{best} - d_{ij}^{worst}} (t_{ij}^{s} + E[\tilde{d}_{ij}] - t_{ij}^{EF}) \right]$$

(6.1)

用所有子项目的完工质量不合格水平 q_{ij} 与子项目 i 的活动 j 在整个项目中所占权重 w_{ijq}（$w_{ijq} > 0, \sum_{i=1}^{I} \sum_{j=1}^{J} w_{ijq} = 1$）的乘积之和来表示。类似的，活动的完工质量不合格水平 $q_{ij} = q_{ij}^{best} - \frac{q_{ij}^{best} - q_{ij}^{worst}}{d_{ij}^{best} - d_{ij}^{worst}} (t_{ij}^{s} + E[\tilde{d}_{ij}] - t_{ij}^{EF})$。

进一步的，上层决策领导者（项目经理）的第二个目标是使得子项目的总环境影响最小，见式（6.2），其中 $\tilde{e}_{ij}$ 包含了科学标准和社会评价两部分评价内容，为了便于评价，分值为 $0 \sim 100$ 分之间。

$$\min E = \sum_{i=1}^{I} w_{ije} \sum_{j=1}^{J} \frac{E[\tilde{e}_{ij}]}{E[\tilde{d}_{ij}]} \sum_{t=t_{ij}^{F}}^{t_{ij}^{F}} x_{ijt}$$

(6.2)

上层约束条件：各子项目、子项目活动之间均满足时序约束。子项目 i 的期望工期 $E(\tilde{d}_{ij})$ 应该不大于两个子项目的完成时间之差（$t_{iJ}^{f} - t_{oJ}^{f}$），即式（6.3）。

$$t_{oJ}^{f} \leqslant t_{iJ}^{f} - E[\tilde{d}_{i}]$$

(6.3)

每一施工阶段项目总施工质量不合格水平都不能超过一定限度，如式（6.4）。

$$\sum_{i=1}^{I} \sum_{j=1}^{J} w_{ijq} \frac{q_{ij}}{E[\tilde{d}_{ij}]} \sum_{s=t}^{t+E[\tilde{d}_{ij}]-1} x_{ijs} \leqslant l_q$$

(6.4)

每一施工阶段项目的环境影响都不能超过一定限度，见式（6.5）。

$$\sum_{i=1}^{I} \sum_{j=1}^{J} w_{ije} \frac{E[\tilde{e}_{ij}]}{E[\tilde{d}_{ij}]} \sum_{s=t}^{t+E[\tilde{d}_{ij}]-1} x_{ijs} \leqslant l_e$$

(6.5)

总项目的总成本不能高于合同中的预算，如式（6.6）。

$$\sum_{i=1}^{I} \sum_{j=1}^{J} E[\tilde{c}_{ij}^{T}] \sum_{t=t_{ij}^{F}}^{t_{ij}^{F}} x_{ijt} \leqslant B$$

(6.6)

最后，还要满足其他逻辑约束，如式（6.7）。

$$t_{ij}^{f}, q_{ij}^{worst}, q_{ij}^{best}, d_{ij}^{worst}, d_{ij}^{best} \geqslant 0$$

(6.7)

对于模糊环境下多项目时间 - 成本 - 质量 - 环境平衡分析问题（mPTC-QETSP），属于一主多从、从者相关联的多目标二层规划类型。其项目经理（上层决策领导者）而言，由于下层决策者之间的工作任务具有相互关联，需要考虑的是在满足各子项目之间时序逻辑、每一施工阶段项目总施工质量不合格水平、总环境影响水平以及费用水平的约束条件下，使得总项目的完成质量不合格水平和各子项目总环境影响水平最小化。综上，模糊环境下多项目时间－成本－质量－环境问题的上层模型如式（6.8）。

$$
\begin{cases}
\min Q = \sum_{i=1}^{I} \sum_{j=1}^{J} w_{ijq} q_{ij} = \sum_{i=1}^{I} \sum_{j=1}^{J} w_{ijq} \left[q_{ij}^{best} - \dfrac{q_{ij}^{best} - q_{ij}^{worst}}{d_{ij}^{best} - d_{ij}^{worst}} (t_{ij}^{s} + E[\tilde{d}_{ij}] - t_{ij}^{EF}) \right] \\[2mm]
\min E = \sum_{i=1}^{I} w_{ije} \sum_{j=1}^{J} \dfrac{E[\tilde{e}_{ij}]}{E[\tilde{d}_{ij}]} \sum_{t=t_{ij}^{EF}}^{t_{ij}^{LF}} x_{ijt} \\[2mm]
\text{s. t.} \begin{cases}
t_{oJ}^{f} \leqslant t_{iJ}^{f} - E[\tilde{d}i] \\[2mm]
\sum_{i=1}^{I} \sum_{j=1}^{J} w_{ijq} \dfrac{q_{ij}}{E[\tilde{d}_{ij}]} \sum_{s=t}^{t+E[\tilde{d}_{ij}]-1} x_{ijs} \leqslant l_{q} \\[2mm]
\sum_{i=1}^{I} \sum_{j=1}^{J} w_{ije} \dfrac{E[\tilde{e}_{ij}]}{E[\tilde{d}_{ij}]} \sum_{s=t}^{t+E[\tilde{d}_{ij}]-1} x_{ijs} \leqslant l_{e} \\[2mm]
\sum_{i=1}^{I} \sum_{j=1}^{J} E[\tilde{c}_{ij}^{T}] \sum_{t=t_{ij}^{EF}}^{t_{ij}^{LF}} x_{ijt} \leqslant B \\[2mm]
x_{ijt} = (0,1) \\[2mm]
t = 1,2,\cdots \overline{T} \\[2mm]
t_{ij}^{f}, q_{ij}^{worst}, q_{ij}^{best}, d_{ij}^{worst}, d_{ij}^{best} \geqslant 0
\end{cases}
\end{cases}
$$

$$(6.8)$$

6.2.2.4　下层模型

下层目标函数：对于下层从属决策者（活动主管）而言，要考虑的第一目标就是子项目资源配置最优，各子项目消耗总成本最低，即 $\sum_{j=1}^{J} E[\tilde{c}_{ij}^{T}]$ 最小。那么，下层模型的第一个目标如下，见式（6.9）。

$$\min C_{i}^{T} - \sum_{j=1}^{J} E[\tilde{c}_{ij}^{T}] E[\tilde{d}_{ij}] \tag{6.9}$$

下层决策者的第二个目标是使各个子项目延期惩罚成本最小或者工期提前奖励最多，见式（6.10）。所以用所有子项目实际期望完工时间和其预定期望完成时间之差（若为正，即为工程延期；若为负，即工期提前），并于延期惩罚系数 c_{i}^{p} 的乘积之和来表示。

$$\min C_{i}^{p} = c_{i}^{p} [t_{ij}^{f} - ti^{D}] \tag{6.10}$$

对于活动主管（下层决策从属者）而言，第三个目标是子项目的完成时间最小，见式（6.11）。此处用所有子活动期望工期值和 $[E(\tilde{t}_{iJ}^{f}) - E$

$(\tilde{t}_{oJ}^{f})$〕$(o \in Pre_i)$ 来表示。

$$\min T_i = t_{iJ}^f - t_{oJ}^f, (o \in Pre(j)) \tag{6.11}$$

下层约束条件：由模糊环境下多项目时间－成本－质量－环境问题的假设可知，下层规划模型的约束主要为费用约束和其他逻辑约束。费用的使用要考虑项目施工的每个阶段，各子项目资金流不能大于其最大资金可用量，如式（6.12）。

$$\sum_{j=1}^{J} \frac{E[\tilde{c}_{ij}]}{E[\tilde{d}_{ij}]} \sum_{s=t}^{t+E[\tilde{d}_{ij}]-1} x_{ijs} \leqslant l_c \tag{6.12}$$

子项目活动 A_{ij} 的期望工期 $E(\tilde{d}_{ij})$ 应该不大于两个活动的完成时间之差 $[t_{ij}^f - t_{il}^f]$ $(l \in Pre(j))$，如式（6.13）。

$$t_{il}^f \leqslant t_{ij}^f - E[\tilde{d}_{ij}] \tag{6.13}$$

此外，为了确保数学模型有意义，要求每个子项目的完成时间 t_{iJ}^f、子项目 i 的规定完工时间 t_i^D、子项目活动 A_{ij} 的期望工期 $E(\tilde{d}_{ij})$ 以及最早完工时间与最晚完工时间非负，如式（6.14）。

$$t_{iJ}^f, \ t_i^D, \ E[\tilde{d}_{ij}], \ t_{ij}^{EF}, \ t_{ij}^{LF} \geqslant 0 \tag{6.14}$$

结合大型复杂建设工程项目的实际情形，对于模糊环境下多项目时间－成本－质量－环境平衡分析问题（mPTCQETSP）的下层从属决策者（活动主管）而言，不仅需要考虑的是在满足各子项目的活动之间的时序逻辑，而且要保证每一施工阶段各子项目资金流不超过最大限制值以及为了确保数学模型有意义，相关变量非负的约束条件下，通过各子项目中各活动完成时间这个决策变量 x_{ijt} 的协调，使得各子项目的总成本、延期惩罚成本以及各子项目完成工期最小化。综上所述，下层模型如式（6.15）。

$$\begin{cases} \min C_i^T = \sum_{j=1}^{J} E[\tilde{c}_{ij}^T] E[\tilde{d}_{ij}] \\ \min C_i^p = c_i^p [t_{iJ}^f - t_i^D] \\ \min T_i = t_{iJ}^f - E(t_{oJ}^f), (o \in Pre(i)) \\ s.t \begin{cases} \sum_{j=1}^{J} \frac{E[\tilde{c}_{ij}]}{E[\tilde{d}_{ij}]} \sum_{s=t}^{t+E[\tilde{d}_{ij}]-1} x_{ijs} \leqslant l_c \\ t_{il}^f \leqslant t_{ij}^f - E[\tilde{d}_{ij}] \\ t_{iJ}^f, E[\tilde{t}_i^D], E[\tilde{d}_{ij}], t_{ij}^{EF}, t_{ij}^{LF} \geqslant 0 \end{cases} \end{cases} \tag{6.15}$$

对于多项目时间－成本－质量－环境平衡分模型（mPTCQETSP），除了综合考虑多目标平衡问题和多项目的调度问题之外，进一步结合实际情况，还考虑了系统中相互制约的层级关系的决策问题。该问题属于以上提到的一主多从型、从者相关联的多目标二层规划。对于该系统，上层决策领导者较多考虑项目总的工程质量和环境影响为其目标，对下层从属决策者（活动主管）而言，则较多以各子项目的总成本、延期惩罚成本以及各子项目完成工期最小化为目标。该系统首先由上层决策者给定一个可行的配置方案，之后下层决策者依据上述方案确定子项目的最短完成时间和费用，并反馈给上层项目总指挥。然后项目总指挥再根据其自身的目标函数，调整整个项目的分配方案。最后重复上述过程，直到得到最优调度计划。整个系统在各子项目中各活动完成时间这个决策变量 x_{ijt} 的协调下，同时满足上下层工期、成本与任务时序约束以及上层质量、环境约束下使得各自目标最优化。综合上层模型和下层模型，建立如下的上、下层均为两个目标的二层多目标决策模型，如式（6.16）。

$$
\begin{cases}
\min Q = \sum_{i=1}^{I}\sum_{j=1}^{J} w_{ijq} q_{ij} = \sum_{i=1}^{I}\sum_{j=1}^{J} w_{ijq}\left[q_{ij}^{best} - \dfrac{q_{ij}^{best} - q_{ij}^{worst}}{d_{ij}^{best} - d_{ij}^{worst}}(t_{ij}^{s} + E[\tilde{d}_{ij}] - t_{ij}^{EF}) \right] \\
\min E = \sum_{i=1}^{I} w_{ije} \sum_{j=1}^{J} \dfrac{E[\tilde{e}_{ij}]}{E[\tilde{d}_{ij}]} \sum_{t=t_{ij}^{EF}}^{t_{ij}^{LF}} x_{ijt} \\
\text{s. t}\begin{cases}
t_{oJ}^{f} \leqslant t_{iJ}^{f} - E[\tilde{d}_{i}] \\
\sum_{i=1}^{I}\sum_{j=1}^{J} w_{ijq} \dfrac{q_{ij}}{E[\tilde{d}_{ij}]} \sum_{s=t}^{t+E[\tilde{d}_{ij}]-1} x_{ijs} \leqslant l_{q} \\
\sum_{i=1}^{I}\sum_{j=1}^{J} w_{ije} \dfrac{E[\tilde{e}_{ij}]}{E[\tilde{d}_{ij}]} \sum_{s=t}^{t+E[\tilde{d}_{ij}]-1} x_{ijs} \leqslant l_{e} \\
\sum_{i=1}^{I}\sum_{j=1}^{J} E[\tilde{c}_{ij}^{T}] \sum_{t=t_{ij}^{EF}}^{t_{ij}^{LF}} x_{ijt} \leqslant B \\
x_{ijt} = (0,1) \\
t = 1,2,\cdots \bar{T} \\
x_{ijt} = 0 \\
t_{ij}^{f}, q_{ij}^{worst}, q_{ij}^{best}, d_{ij}^{worst}, d_{ij}^{best} \, {}^{3} 0, i = 1,2,\cdots I; j = 1,2,\cdots J.
\end{cases}
\end{cases}
$$

其中 t_{iJ}^{f} 是如下问题的解

$$
\begin{cases}
\min C_{i}^{T} = \sum_{j=1}^{J} E[\tilde{c}_{ij}^{T}] E[\tilde{d}_{ij}] \\
\min C_{i}^{p} = c_{i}^{p}[t_{iJ}^{f} - t_{i}^{D}] \\
\min T_{i} = t_{iJ}^{f} - t_{oJ}^{f}, (o \in Pre(i)) \\
\text{s. t}\begin{cases}
\sum_{j=1}^{J} \dfrac{E[\tilde{c}_{ij}]}{E[\tilde{d}_{ij}]} \sum_{s=t}^{t+E[\tilde{d}_{ij}]-1} x_{ijs} \leqslant l_{c} \\
t_{il}^{f} \leqslant t_{ij}^{f} - E[\tilde{d}_{ij}] \\
t_{iJ}^{f}, t_{i}^{D}, E[\tilde{d}_{ij}], t_{ij}^{EF}, t_{ij}^{LF} \geqslant 0 \\
o, i = 1,2,\cdots I; j = 1,2,\cdots J; o \in Pre(i); l \in Pre(j)
\end{cases}
\end{cases}
$$

$$(6.16)$$

6.3　求解算法

为了求解以上关于 mPTCQETSP 的二层多目标期望值模型，提出了三步算法：第一步，统一各目标值的量纲，应用加权法将多目标问题转换为单目标问题；第二步，应用交互式模糊规划技术（interactive fuzzy programming technique）将本问题二层规划问题转化为单层问题；第三步，应用 EBS－GA 来求解在第一步基础上得到的单层单目标线性规划。

6.3.1　多目标转换程序

首先用加权程序解决多目标模型。这种加权综合目标函数的形式只有当其解集是凸函数的情况才能找到其帕累托最优解[112]。由于模型的目标函数和约束条件都是凸性的，所以该模型是凸性的，即 mPTCQETSP 的数学模型是凸规划，可证其解集也是凸集。所以，加权法适合于模型（6.16）。

加权法和后面的交互式模糊规划技术都需要保证各目标之间的一致性，因此首先量纲和数量级需要统一。估计的最大值就是为了统一四个目标为统一的数量级和量纲。上层各个目标满足，见式（6.17）。

$$Z_{\delta}^{'} = \frac{Z_{\delta}}{Z_{\delta}^{\max}}, \quad \delta = 1, \ 2 \tag{6.17}$$

上式中，$Z_{\delta}^{\max}$ 为 Z_{δ} 的最大值。

对于上层决策者，加权方程如式（6.18）。

$$H_0(x) = \min \sum_{\delta=1}^{2} \eta_{\delta} Z_{\delta}^{'} \tag{6.18}$$

上式中，η_{δ} 为上层决策者各目标的权重。

下层决策者各个目标满足，见式（6.19）。

$$z_{\nu}^{'} = \frac{z_{\nu}^{\max}}{z_n}, \nu = 1, \ 2, \ 3 \tag{6.19}$$

上式中，$z_{\nu}^{\max}$ 为 z_{ν} 的最大值。

对于下层决策者，加权方程如式（6.20）。

$$H_i(x) = \min \sum_{\nu=1}^{3} \rho_{\nu n} z_{\nu}^{'} \tag{6.20}$$

上式中，ρ_{ν} 为下层决策者各目标的权重。

令 $H_n^+ = \min_{(x,y) \in U} H_n(x)$，$H_n^- = \max_{(x,y) \in U} H_n(x)$，$n = 0, 1, 2 \cdots N$ 为经

过加权将上层和下层的多目标分别转换为单目标后，上层决策者和各下层从属决策者各方加权目标值函数的最小值和最大值。

6.3.2　交互式模糊规划技术

交互式模糊规划技术是解决复杂规划的有效方法[322]。为了将 mPTCQETSP 的二层规划模型——即式（6.16）转化为单层规划模型，应用了交互式模糊规划技术（如图6.5）。因为在作决策时，项目总指挥不仅要考虑自己的满意度，而且要考虑各项目经理的满意度，见图6.5。

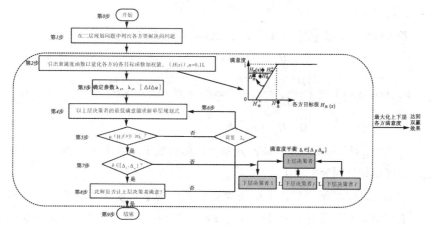

图6.5　交互式模糊规划技术

值得注意的是，在二层规划的优化中上层决策者只有一个，即项目总指挥；而下层决策者有多个，为子项目的项目经理。交互式模糊规划技术的应用主要是基于上层决策者监管的监管搜索程序，产生二层规划的非劣解（满意解）。在解的搜索过程中，两层协调决策的过程如下：上层决策者先根据决策变量和目标函数先于下层决策者确定一个希望的满意度最低限度值。根据模糊集理论的隶属度函数建立模型，并将不能低于上层决策者满意度最低限度值的信息传递给下层从属决策作为附加约束条件。下层决策者们不仅要优化各自的目标，而且还要尽量满足上层决策者的目标和要求。如果没有仔细考虑上层决策者的满意度最低限度值，得到的解很可能被拒绝，且解的搜索过程需要很长时间。所以，问题的关键是所得到的解要同时满足上层决策者和下层决策者满意度的要求是不能保证的。这种情况下，就需要上层决策者减少满意度最低限制值，开始新一轮解的搜索过程，直到满足所有下层决策者要求。因此，能否高效得到满意解，取决于能否有效更新使上下层决策者均满意的上层决策者满意度最低限制值。

这里，假设上层项目总指挥和下层各项目经理都有基于模糊理论的针对各自目标函数诸如"目标值应该小于等于某一确定值"之类的模糊目标[251]，经过决策者们的多次交互后，模糊目标可以量化为相应的隶属度函数，所以可用文献［322］提供的参数作为模糊目标的线性隶属度函数，各方综合目标值的最优解 H_n^+ 及最劣解 H_n^- （$n=0$, 1, 2···）如式（6.21）。

$$H_n^+ = \min_{(x,y)\in U} H_n(x), \ H_n^- = \max_{(x,y)\in U} H_n(x), \ n=0, 1, 2\cdots N \quad (6.21)$$

上式中，U 代表问题（6.16）的可行域，x 是最小化 $H_n(x)$ 的可行解，$n=0$, 1, 2···N。

各方综合目标值的满意度水平为线性函数，如式（6.22）。

$$\mu_n(H_n(x)) = \begin{cases} 1, \ H_n(x) \leqslant H_n^+ \\ \dfrac{H_n(x) - H_n^+}{H_n^- - H_n^+}, \ H_n^+ \leqslant H_n(x) < H_n^- \\ 0, \ H_n(x)^3 H_n^- \end{cases} \quad (6.22)$$

上式中，H_n^+ 和 H_n^- 分别是各方综合目标值的下界和上界，因此其满意度的隶属度函数分别为 1 和 0。

在引入隶属度函数后，上层决策者满意度的下限值 $\lambda_0 \in [0, 1]$；同样的，下层决策者下限值 $\lambda_i \in [0, 1]$，$i=1, 2, \cdots$。为了在两层决策者获得全局满意解，上层决策者需要将上层决策者的满意度和下层决策者满意度结合起来考虑。

下层决策者的满意解可以通过求解下面单层规划来解决，见式（6.23）。

$$\begin{cases} \max \lambda \\ \text{s. t.} \begin{cases} m_0(H_0(x)) \geqslant \lambda_0 \\ m_i(H_i(x)) \geqslant \lambda \\ x \in U \end{cases} \end{cases} \quad (6.23)$$

上式中，辅助变量 $\lambda = \min m_i(H_i(x))$，$U$ 代表问题（6.16）的可行域。

令 $X^* = (x^*, \lambda^*)$ 为式（6.23）的最优解，通过求解式（6.23），若 $\mu_i(H_i(x)) \geqslant \lambda_i$，$i=1, 2\cdots$，两层的综合满意解就得到了，否则需要调整 λ_0 的值。

为保证上层决策者（项目总指挥）与下层决策者（项目经理）之间的利益平衡，下面引入的下层决策者满意度与上层决策者满意度之比可以用以平衡上层决策者与各下层决策者之间的满意度，见式（6.24）。

$$\delta_i = \frac{\mu_i \ (H_i \ (x))}{\mu_0 \ (H_0 \ (x))}, \quad \forall i \in Y \tag{6.24}$$

如果 $\delta_i \notin \left[\Delta_l , \ \Delta_u \right]$（其中 Δ_l 与 Δ_u 分别为下层决策者满意度与上层决策者满意度之比的下界和上界），说明上层决策者应该分两种情况来调整自己的满意度最低限制值 λ_0 的值：①如果 $\delta_i > \Delta_u$，就说明满意度是向下层决策者倾斜的，导致了下层从属决策者有过高的满意度，因此，上层决策者应该提高自己的满意度最低限制值 λ_0；②如果 $\delta_i < \Delta_l$，表示满意度的平衡过于向上层决策者倾斜，因此，上层决策者应该下调自己的满意度最低限度值 λ_0。应用交互式模糊规划技术程序得到综合模型（6.16）的整体满意解的过程如图 6.5 所示。

6.3.3 熵－玻尔兹曼选择遗传算法

虽然 mPTCQETSP 的二层多目标规划期望值模型已经转化为非线性单层单目标模型，但是其形式仍然是复杂的 NP 难题[29,38,125]，所以用精确算法对其求解几乎是不现实的。因此，提出了基于熵－玻尔兹曼选择的遗传算法来解决此问题。其基本原理仍然是传统的霍兰德于 1962 年和 1975 年基于达尔文的遗传学原理来解决问题[140,141]。因为 GA 一直是解决大型、复杂工程网络调度优化问题中一个强有力的优化工具[174,176,293]。遗传算法是一种随机化搜索方法，产生初始种群可以看作是在搜索范围内的随机搜索过程。对搜索范围进行适当的扩大，必将对计算起到积极的作用，当然搜索范围的扩大必须在一定的范围内，不能无限地扩大，而且遗传算法一个重要的问题就是过早收敛，局部搜索差。

根据遗传算法和该问题的主要特征，仔细设计了基于 mPTCQETSP 的二层多目标规划期望值模型的熵－玻尔兹曼选择的遗传算法，其表达形式、遗传算子、参数以及算法框架如下：

6.3.3.1 基于熵－玻尔兹曼选择遗传算法的个体表达

在熵－玻尔兹曼选择遗传算法中，要获得 mPTCQETSP 的二层多目标规划期望值模型的满意解，决策变量 x_{ijt} 和满意解 λ，用以表达浮点数的实数串。因此，每个实数串由 $I \times J \times \bar{T} + 1$ 个浮点数组成，其结构如图 6.6 所示。

6.3.3.2 熵－玻尔兹曼选择遗传算法的遗传算子

遗传算子包含选择算子、交叉算子和变异算子。在熵－玻尔兹曼选择遗传算法中，应用熵－玻尔兹曼选择，对于交叉和变异也做了相应的改进以适应于该问题。为了保证种群的多样性，熵－玻尔兹曼选择机制用于熵－玻尔兹曼选

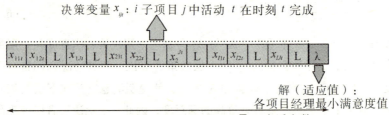

决策变量 x_{ijt}：i 子项目 j 中活动 t 在时刻 t 完成

解（适应值）：
各项目经理最小满意度值

关于决策变量 x_{ijt} 和满意解的 $\lambda I \times J \times \overline{T} + 1$ 个浮点数

图6.6 熵–玻尔兹曼选择遗传算法个体表达

择遗传算法（EBS–based GA）。不是在传统玻尔兹曼选择中利用个别的重要性抽样，而熵–玻尔兹曼选择采取了在蒙特卡洛模拟中同时使用熵抽样[172]和重要性抽样[42]的方法部分解决了过早收敛的问题。熵抽样倾向于选择低熵的配置进行进化。这样，当一种配置陷入局部最优，许多相同或相似的配置会堆积起来，此时接近局部最优的配置的接受率会很大程度受到抑制，这就使得系统避免了陷入局部最优[172]。

令 $z_d = (x_d, \lambda_d)$，那么具有能量 $E(z_d)$ 的配置 z_d 发生的概率见式（6.25）。

$$P_{eB}(z_d) = Ce^{-J(E(z_d))} \tag{6.25}$$

上式中，d 代表配置个体的角标，$P_{eB}(z_d)$ 称作 z_d 的熵–玻尔兹曼选择概率，C 为标准化要素，$C = (\sum_{z_d} e^{-J(E(z_d))})^{-1}$，$J(E(z_d))$ 被定义为 $J(E(z_d)) = S(E(z_d)) + \beta(E(z_d))$，其中 $S(E(z_d))$ 为能量 $E(z_d)$ 系统的熵，$S(E(z_d)) = \varepsilon ln \wedge (E(z_d))$，$\wedge(E(z_d))$ 为能量 $E(z_d)$ 的配置数，$\beta = (\varepsilon T_t)^{-1}$ 为温度 T_τ 的倒数，ε 为玻尔兹曼常数，这里的 τ 为迭代代数。为了方便，这里设玻尔兹曼常数 $\varepsilon = 1$。为了在熵–玻尔兹曼抽样中获得预期的概率分布，麦查伯利斯（Metropolis）算法[198]用以来产生具有预期概率分布的新配置。

温度 T_τ 代表算法在间接寻求解的技巧中选择压力的数量，可以通过表达式 $T_{\tau+1} = T_\tau \times \gamma$ 来更新，这表达了算法开始的最高温度为 T_0，在第 τ 代迭代结束时的温度。开始温度常数 T_0 的选择则是需要非常多的工作的[181,201]。T_0 的选择非常困难是因为它依赖于不同问题的策略。通常，T_0 是与分别代表拥有初始种群的最大和最小目标值 f_0^{max} 与 f_0^{min}[142] 具有相同数量级的。基于一系列 f_0^{max} 与 f_0^{min} 的线性组合仔细设计了计算实验。最后，发现 T_0 可以取为 $T_0 = f_0^{max}$，因为这可以使之充分收敛。为了保证一个充分慢的搜索过程，冷却率 γ 设为

$\gamma = 0.98$，使之接近于 1，所以经过 τ 代后，最后的温度变为 $T_M = T_0 \times \gamma^\tau$。

相应的适应值函数见式（6.26）。

$$F\left(f_\tau\left(z_d\right)\right) = e^{-\beta\left(f_\tau^{\max}\right) - f_\tau\left(z_d\right)} \tag{6.26}$$

上式中，$F\left(f_\tau\left(z_d\right)\right)$ 为配置为 z_d 在第 τ 代的适应值。$f_\tau\left(z_d\right)$ 为配置为 z_d 在第 τ 代的目标值，$f_\tau^{\max}$ 为配置为 z_d 在第 τ 代的最大目标值。

具有两部分交叉率的交叉运算为了在可行域中充分地搜索所有可能的可行解，交叉运算应分别在染色体的两部分中进行。假设交叉运算在每部分发生的概率为 p_a，$p\left(b\right)$，称为部分交叉概率。两个随机数分别为随机产生于（0，1），$a < p_a$，$b < p\left(b\right)$。设 $s^1 = \left(x^1, \lambda^1\right)$ 和 $s^2 = \left(x^2, \lambda^2\right)$ 为被选择的一组来进行交叉运算的染色体（父代），则 $s^{1'}$ 与 $s^{2'}$ 为子代。交叉运算见式（6.27）及（6.28）。

$$s^{1'} = a\begin{Bmatrix} x^1 \\ 0 \end{Bmatrix} + \left(1-a\right)\begin{Bmatrix} x^2 \\ 0 \end{Bmatrix} + b\begin{Bmatrix} 0 \\ l1^1 \end{Bmatrix} + \left(1-b\right)\begin{Bmatrix} 0 \\ \lambda^2 \end{Bmatrix} \tag{6.27}$$

$$s^{2'} = \left(1-a\right)\begin{Bmatrix} x^1 \\ 0 \end{Bmatrix} + a\begin{Bmatrix} x^2 \\ 0 \end{Bmatrix} + \left(1-b\right)\begin{Bmatrix} 0 \\ \lambda 1^1 \end{Bmatrix} + b\begin{Bmatrix} 0 \\ l^2 \end{Bmatrix} \tag{6.28}$$

如果在整个优化过程中交叉概率被固定起来，适应性变异将导致陷入局部最优解，所以用文献［186］提出的适应性变异概率来提高遗传算法的收敛速度。

在变异开始时，变异概率 $p_m\left(\tau\right)$ 被设为一个较大的值以加速适应值大的个体变异。当结果接近于最优解时，$p_m\left(\tau\right)$ 值将通过减少来约束个体变异，以提升计算速度和扩大搜索范围。另外，如果变异率对于种群的所有解都一样，即适应值大的解与适应值小的解都具有相同水平的变异率，这将会破坏 GA 的计算绩效。所以更新变异率的适应性策略如式（6.29）。

$$p_m^d\left(\tau\right) = \begin{cases} p_{m_0}, & if F\left(f_\tau\left(z_d\right)\right) \geqslant F_t^a \\ p_{m_0}\left(1 + \exp\left(\zeta\dfrac{F_\tau^a - F\left(f_\tau\left(z_d\right)\right)}{F_\tau^a}\right)\right)\exp\left(-\tau\right), & \text{otherwise} \end{cases}$$

$$\tag{6.29}$$

上式中，$p_m^d\left(\tau\right)$ 是个体 d 第 τ 代的变异概率，F_τ^a 是平均适应值，p_{m_0} 是变异率的初始值，ζ 为一常数。

6.3.4　EBS - basedGA 框架

虽然 EBS - based GA 在技术流程上与标准大致相同，但是还是对于具体问题有一些变化，比如在解的表达、选择、交叉与变异有一些改进以适应 mPTC-QETSP 的二层多目标期望值模型。EBS - based GA 设置了两个终止条件，只要满足其中之一，迭代就停止。两个终止条件分别为：①达到最大代数；②适应值不再有改进。整个 EBS - basedGA 的逻辑流程图如图 6.7 所示。

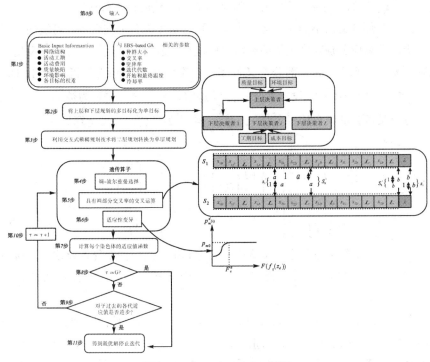

图 6.7 EBS - based GA 框架

6.4 锦屏二级水电站主要建设项目调度管理

下面的主要内容是针对锦屏二级水电站主要建设项目的复杂情况，建立模糊二层时间 - 成本 - 质量 - 环境平衡多项目调度问题的期望值模型，并应用熵 - 玻尔兹曼选择的遗传算法（EBS - based GA）来求解该模型，得到各子项目、子项目中各活动的调度计划。

6.4.1 项目简介

锦屏梯级电站是继三峡工程之后又一世界级水电工程。150 千米的雅砻江锦屏大河湾，最短距离仅 17 千米。锦屏一、二级水电站含 7 条平均长 17 千米的引水隧洞，不但甩开大河湾打通了锦屏山，将两座电站连在一起，而且"截弯取直"地引水发电。312 米的落差让水相当于从 100 多层的摩天大楼上直泻下来。锦屏一级水电站，坝高 305 米，双曲拱坝，是目前世界上已建和在建水电站中最高的拱坝，安装 6 台 60 万千瓦发电机组，装机总容量 360 万千瓦；锦屏二级水电站，隧洞群总长达 120 千米，是水电站隧洞群世界之最，安装 8 台 60 万千瓦发电机组，装机总量 480 万千瓦。锦屏一、二级电站联合运行，每年可送华东电网及川渝电网达 408.5 亿千瓦时的清洁优质电能。锦屏一、二级水电站是中国水电界公认的施工环境最危险、技术和管理难度最大的水电工程。为了保留大河湾的原生态，在锦屏一级下游 7.5 千米处设置锦屏二级拦河低闸，并将导流洞改成永久生态流量泄放洞。维持了大河湾原河道水文特征和生态环境，保障原河流水生生物的栖息与繁衍。锦屏水电站清洁能源对环境保护的贡献更大。经初步估算，锦屏一级水电站正常运行后，每年可节约燃煤 1100 万吨，减少排放二氧化硫 17 万吨、二氧化碳 1700 万吨；锦屏二级水电站投产后，每年可替代火电发电量 239.6 亿千瓦时，节省原煤 1130 万吨。锦屏一级水库运行时，结合汛期蓄水兼有减轻长江中下游防洪负担的作用，并有利于减少长江三峡水库的泥沙淤积，对长江上游生态屏障建设将起到积极作用。

由于锦屏二级水电站建设项目所涵盖的项目数目繁多，这里选取了最主要的项目。由于项目具有规模大，预定工期长，施工环境复杂，技术难度大以及影响生态环境可能性大的特点，因此项目管理不仅考虑工期、成本，还将考虑质量和环境影响这几个目标，项目组织结构为多层级的，上层决策领导者为项目总指挥，下层从属决策者为项目经理。锦屏二级水电站主要建设项目包含 8 个子项目，各子项目又包含 10 个活动 P_1，$P_2\cdots$，P_{10}。（见表 6.1）每个活动都需要一定的持续时间、费用、有一定的质量缺陷和环境影响。每个子项目都有预定完成时间及相应的惩罚费用（或奖励费用）。在决策过程中，项目总指挥根据 8 个子项目的权重以及预定工期首先给定初步调度方案，项目经理根据自身的目标以及质量和环境要求，确定子项目的最短完成时间、最小消耗费用和惩罚费用，并反馈给项目总指挥。项目总指挥再根据整个项目的质量缺陷和环境影响最小来重新调整调度方案，并重复上述过程，直至达到最优。

表6.1	各子项目及其活动说明
P_1 准备工作	A_{11} 道路清理、A_{12} 混凝土搅拌、A_{13} 凝固过程 A_{14} 土石方开挖、A_{15} 水力供应、A_{16} 输变电工程 A_{17} 临时设施搭建 A_{18} 施工机械安装、A_{19} 绑扎钢筋、$A_{1,10}$ 聚合浆系统
P_2 交通辅助洞工程	A_{21} 土方开挖、A_{22} 石方开挖、A_{23} 出渣运输 A_{24} 支护、A_{25} 喷射混凝土、A_{26} 锚杆 A_{27} 防水 A_{28} 绑钢筋、A_{29} 浇筑混凝土、$A_{2,10}$ 安装
P_3 排水洞工程	A_{31} 土方开挖、A_{32} 石方开挖、A_{33} 通风系统 A_{34} 混凝土喷射、A_{35} 锚杆、A_{36} 灌浆 A_{37} 防水 A_{38} 绑钢筋、A_{39} 浇筑混凝土、$A_{3,10}$ 安装
P_4 主体厂房枢纽工程	A_{41} 主厂房建筑、A_{42} 主厂房装修、A_{43} 主厂房生活给排水系统 A_{44} 母线洞建筑、A_{45} 母线洞装修、A_{46} 主变洞建筑 A_{47} 主变洞装修 A_{48} 电缆洞建筑、A_{49} 电缆洞装修、$A_{4,10}$ 厂房通风系统
P_5 引水隧洞工程	A_{51} 土方开挖、A_{52} 石方开挖、A_{53} 出渣运输 A_{54} 支护、A_{55} 混凝土喷射、A_{56} 防水 A_{57} 绑钢筋 A_{58} 混凝土衬砌、A_{59} 发电机组安装、$A_{5,10}$ 变电站建设
P_6 拦河低闸	A_{61} 土方开挖、A_{62} 石方开挖、A_{63} 混凝土防渗墙建设 A_{64} 混凝土浇筑及填充、A_{65} 锚喷加固、A_{66} 灌浆处理 A_{67} 放钢筋 A_{68} 防渗墙处理、A_{69} 设备安装、$A_{6,10}$ 清理工作
P_7 泄水建筑工程	A_{71} 回填灌浆、A_{72} 接缝灌浆、A_{73} 接触灌浆 A_{74} 固结灌浆、A_{75} 排水孔钻孔、A_{76} 岩石多点变位计钻孔 A_{77} 渗压计孔钻孔 A_{78} 锚杆应力计孔钻孔、A_{79} 地下水位观测孔钻孔、$A_{7,10}$ 检查孔压水试验
P_8 设备安装及清理工作	A_{81} 带式输送系统、A_{82} 水轮机安装、A_{83} 检查门及检查门安装 A_{84} 水力系统、A_{85} 供电系统、A_{86} 高压送风系统 A_{87} 道路系统 A_{88} 照明系统、A_{89} 消防系统、$A_{8,10}$ 清理工作

6.4.2 所需数据

锦屏二级水电站主要建设项目的 8 个子项目执行的时序、预定完成时间及惩罚费用如表 6.2 所示。子项目中各活动的时序、工期及成本数据如表 6.3 所示，质量及其权重数据如表 6.4 所示，环境及其权重数据如表 6.5 所示。

表 6.2　　　　　　　　　　各子项目相关数据

P_i	Suc(i)	t_i^D	c_i^{TP}	P_i	Suc(i)	t_i^D	c_i^{TP}
s	1, 2	0	0	P_5	7	35	10
P_1	3, 4	20	10	P_6	8	30	10
P_2	3, 4, 5	25	10	P_7	8, T	35	10
P_3	6	30	10	P_8	T	30	10
P_4	6, 7	25	10				

表 6.3　　　　　　　　　　各子项目相关活动基本数据

A_{ij}	Suc(i)	$\tilde{d}_{ij}$	$\tilde{c}_{ij}^T$	A_{ij}	Suc(i)	$\tilde{d}_{ij}$	$\tilde{c}_{ij}^T$	A_{ij}	Suc(i)	$\tilde{d}_{ij}$	$\tilde{c}_{ij}^T$
	P_1				P_2				P_3		
s	1,2	0	0	s	1	0	0	s	1,2,3	0	0
A_{11}	3,4	(1,3,5)	(2,3,4)	A_{21}	2	(1,3,5)	(2.6,3,3.4)	A_{31}	4,5	(3,5,8)	(2.8,3,3.2)
A_{12}	7	(2,5,8)	(1,2,3)	A_{22}	3,4,5	(1,2,3)	(1.2,2,2.8)	A_{32}	4,6	(2,4,6)	(3,4,5)
A_{13}	9	(2,6,10)	(2.6,3.3.4)	A_{23}	6	(2,5,8)	(2.7,3,3.3)	A_{33}	6	(5,6,7)	(1.8,2,2.2)
A_{14}	5,6	(1,2,3)	(3.6,4,4.4)	A_{24}	6	(2,3,4)	(0.8,1,1.2)	A_{34}	7,8	(4,5,6)	(2.6,3,3.4)
A_{15}	10	(2,3,4)	(1.5,2,2.5)	A_{25}	7	(4,5,6)	(1.8,2,2.2)	A_{35}	7,8	(6,7,8)	(2.8,3,3.2)
A_{16}	t	(1,3,5)	(0.8,1,1.2)	A_{26}	8,9	(3,4,5)	(2.6,3,3.4)	A_{36}	8	(4,5,6)	(3,4,5)
A_{17}	8	(2,4,6)	(2,3,4)	A_{27}	8,10	(6,7,8)	(2.7,3,3.3)	A_{37}	9,10	(1,3,5)	(1,2,3)
A_{18}	t	(2,5,8)	(1.6,2,2.4)	A_{28}	t	(4,5,6)	(1.6,2,2.4)	A_{38}	t	(1,2,3)	(3.6,4,4.4)
A_{19}	10	(2,4,6)	(1.8,3,4.2)	A_{29}	t	(1,3,5)	(0.8,1,1.2)	A_{39}	t	(4,5,6)	(1.2,2,2.8)
$A_{1,10}$	t	(1,2,3)	(3,4,5)	$A_{2,10}$	t	(2,4,6)	(1.8,2,2.2)	$A_{3,10}$	t	(5,6,7)	(2.8,3,3.2)
	P_4				P_5				P_6		
s	1,2	0	0	s	1	0	0	s	1,2,3,4	0	0
A_{41}	3,4	(2,3,4)	(2.6,3,3.4)	A_{51}	2,3	(3,4,5)	(1.8,2,2.2)	A_{61}	4	(3,5,7)	(1.5,3,4.5)
A_{42}	4,5	(3,5,7)	(1.5,3,4.5)	A_{52}	4	(2,3,4)	(2.8,3,3.2)	A_{62}	4,5	(4,6,8)	(1,2,3)
A_{43}	6	(2,4,6)	(3,4,5)	A_{53}	4	(4,5,6)	(1.5,2,2.5)	A_{63}	5,6	(2,4,6)	(2.4,3,3.6)
A_{44}	6	(1,2,3)	(2,4,6)	A_{54}	5,6	(2,4,6)	(2.7,3,3.3)	A_{64}	7,8	(1,2,3)	(3,4,5)
A_{45}	7,8	(0.5,1,1.5)	(1.5,2,2.5)	A_{55}	7	(1,2,3)	(3.5,4,4.5)	A_{65}	8,9	(5,7,9)	(0.5,1,1.5)

表6.3(续)

A_{46}	9	(5,6,7)	(2.4,3,3.6)	A_{56}	7	(4,6,8)	(0.8,1,1.2)	A_{66}	9,10	(5,6,7)	(1.5,2,2.5)
A_{47}	9,10	(2,4,6)	(3,4,5)	A_{57}	8,9	(3,4,5)	(1,2,3)	A_{67}	10	(2,4,6)	(1,2,3)
A_{48}	10	(5,7,9)	(1.4,2,2.6)	A_{58}	10	(5,7,9)	(2,3,4)	A_{68}	t	(2,4,6)	(2.5,3,3.5)
A_{49}	t	(2,4,6)	(1.8,2,2.2)	A_{59}	10	(2,4,6)	(2.8,3,3.2)	A_{69}	t	(1,2,3)	(2.5,3,3.5)
$A_{4,10}$	t	(3,5,7)	(2.2,3,3.8)	$A_{5,10}$	t	(1,3,5)	(3.6,4,4.4)	$A_{6,10}$	t	(3,5,7)	(1.8,2,2.2)

P_7				P_8			
A_{ij}	$Suc(i)$	$\tilde{d}_{ij}$	$\tilde{c}_{ij}^T$	A_{ij}	$Suc(i)$	$\tilde{d}_{ij}$	$\tilde{c}_{ij}^T$
A_{71}	2,3	(4,5,6)	(1,2,3)	A_{81}	4,5	(2,3,4)	(2.6,3,3.4)
A_{72}	4	(4,6,8)	(2.5,3,3.5)	A_{82}	4,5	(4,5,6)	(2.8,3,3.2)
A_{73}	5	(2,4,6)	(1.5,2,2.5)	A_{83}	4	(6,7,8)	(0.5,1,1.5)
A_{74}	5	(1,2,3)	(2.5,3,3.5)	A_{84}	6,7,8	(2,5,8)	(0.5,1,1.5)
A_{75}	6,7	(3,5,7)	(0.6,1,1.4)	A_{85}	7,8	(2,4,8)	(1.6,2,2.4)
A_{76}	8,9	(1,3,5)	(1,2,3)	A_{86}	9	(1,3,5)	(2.5,3,3.5)
A_{77}	8,10	(5,7,9)	(2,4,6)	A_{87}	9,10	(2,5,8)	(1.8,2,2.2)
A_{78}	10	(1,3,5)	(2.6,3,3.4)	A_{88}	9,10	(4,6,8)	(3.5,4,4.5)
A_{79}	10	(1,2,3)	(2.8,3,3.2)	A_{89}	t	(1,2,3)	(3.5,4,4.5)
$A_{7,10}$	t	(0.5,1,1.5)	(1.7,2,2.3)	$A_{8,10}$	t	(1,3,5)	(1.7,2,2.3)

表6.4　　　　各子项目相关活动的质量数据

P_1				P_2				P_3				P_4			
A_{ij}	w_{ijq}	q_{ij}^{worst}	q_{ij}^{best}	A_{ij}	w_{ijq}	q_{ij}^{worst}	q_{ij}^{best}	A_{ij}	w_{ijq}	q_{ij}^{worst}	q_{ij}^{best}	A_{ij}	w_{ijq}	q_{ij}^{worst}	q_{ij}^{best}
A_{11}	0.0125	4.3	5.1	A_{21}	0.0025	22	26	A_{31}	0.0145	13.4	14.2	A_{41}	0.0125	2.2	2.6
A_{12}	0.0121	3.6	19.7	A_{22}	0.0225	0.7	1.1	A_{32}	0.0105	11.1	11.7	A_{42}	0.0145	6.8	7.1
A_{13}	0.013	4.3	4.9	A_{23}	0.0115	8.5	8.9	A_{33}	0.0127	13	25	A_{43}	0.0105	3.6	4.1
A_{14}	0.01	4	8	A_{24}	0.0123	2.2	2.6	A_{34}	0.0125	4.03	4.09	A_{44}	0.01	2	10
A_{15}	0.013	0	0	A_{25}	0.0225	8.6	9.2	A_{35}	0.0135	10	10.6	A_{45}	0.013	2.8	3.2
A_{16}	0.012	2.1	2.9	A_{26}	0.0135	4	8	A_{36}	0.0125	4	12	A_{46}	0.012	3	7
A_{17}	0.015	2.3	2.9	A_{27}	0.0125	26	30	A_{37}	0.0115	7.4	8.2	A_{47}	0.015	5.1	5.5
A_{18}	0.02	3	7	A_{28}	0.02	7.3	7.7	A_{38}	0.012	1.37	1.97	A_{48}	0.02	10.2	10.8
A_{19}	0.005	14	18	A_{29}	0.005	15	21	A_{39}	0.013	7.4	8.0	A_{49}	0.05	1.4	1.8
$A_{1,10}$	0.0125	1.4	1.8	$A_{2,10}$	0.0125	6.1	6.7	$A_{3,10}$	0.0125	14.1	14.7	$A_{4,10}$	0.125	0.7	0.9

P_5				P_6				P_7				P_8			
A_{ij}	w_{ijq}	q_{ij}^{worst}	q_{ij}^{best}	A_{ij}	w_{ijq}	q_{ij}^{worst}	q_{ij}^{best}	A_{ij}	w_{ijq}	q_{ij}^{worst}	q_{ij}^{best}	A_{ij}	w_{ijq}	q_{ij}^{worst}	q_{ij}^{best}
A_{51}	0.0145	9	13	A_{61}	0.0127	7.6	8.07	A_{71}	0.0123	16.1	16.3	A_{81}	0.145	6.1	6.3
A_{52}	0.0105	5.5	5.9	A_{62}	0.0123	14.4	14.8	A_{72}	0.0127	4.7	4.74	A_{82}	0.105	9.5	9.54
A_{53}	0.013	11.3	11.7	A_{63}	0.0135	8.7	9.1	A_{73}	0.0125	6.2	6.6	A_{83}	0.0195	7.1	7.3
A_{54}	0.01	10	14	A_{64}	0.0125	1.2	2	A_{74}	0.0135	2.94	3.02	A_{84}	0.0055	36.1	36.5
A_{55}	0.125	0.12	0.2	A_{65}	0.0115	24.1	24.5	A_{75}	0.0115	8.7	8.9	A_{85}	0.012	6.64	6.7
A_{56}	0.02	10	14	A_{66}	0.0145	8.22	8.32	A_{76}	0.0105	8.5	8.7	A_{86}	0.013	4.3	4.9
A_{57}	0.05	1.4	1.8	A_{67}	0.0105	7.62	7.78	A_{77}	0.0145	9.63	9.66	A_{87}	0.01	11	19

表6.4(续)

A_{58}	0.015	9	9.66	A_{68}	0.012	6.62	6.72	A_{78}	0.0125	4.4	5.2	A_{88}	0.013	9.1	9.7
A_{59}	0.012	6.5	6.8	A_{69}	0.013	3.02	3.12	A_{79}	0.013	4.4	4.8	A_{89}	0.0125	1.2	1.9
$A_{5,10}$	0.13	6.6	7.2	$A_{6,10}$	0.012	12	20	$A_{7,10}$	0.012	0.6	1	$A_{8,10}$	0.0125	2.2	2.6

表6.5　　　　　　　　各子项目相关活动的环境数据

P_1			P_2			P_3			P_4		
A_{ij}	w_{ije}	e_{ij}	A_{ij}	w_{ije}	e_{ij}	A_{ij}	w_{ije}	e_{ij}	A_{ij}	w_{ije}	e_{ij}
A_{11}	0.0025	12	A_{21}	0.0127	9.4	A_{31}	0.0128	7.81	A_{41}	0.0145	6.2
A_{12}	0.0225	4.4	A_{22}	0.0123	4.87	A_{32}	0.0122	6.55	A_{42}	0.0105	19.04
A_{13}	0.0135	8.89	A_{23}	0.0128	11.72	A_{33}	0.0132	4.54	A_{43}	0.013	9.23
A_{14}	0.0115	1.74	A_{24}	0.0125	2.4	A_{34}	0.0118	12.71	A_{44}	0.012	1.67
A_{15}	0.0127	7.08	A_{25}	0.0122	8.19	A_{35}	0.0125	22.4	A_{45}	0.0125	1.6
A_{16}	0.0125	2.4	A_{26}	0.0135	11.85	A_{36}	0.0225	2.22	A_{46}	0.026	
A_{17}	0.0123	3.25	A_{27}	0.0115	12.71	A_{37}	0.0225	12	A_{47}	0.005	8
A_{18}	0.0125	8	A_{28}	0.0125	4	A_{38}	0.0125	4.8	A_{48}	0.015	4.67
A_{19}	0.0129	9.3	A_{29}	0.0025	48	A_{39}	0.0127	11.8	A_{49}	0.01	12
$A_{1,10}$	0.0121	0	$A_{2,10}$	0.0225	3.55	$A_{3,10}$	0.0123	4.87	$A_{4,10}$	0.013	11.54
P_5			P_6			P_7			P_8		
A_{ij}	w_{ije}	e_{ij}	A_{ij}	w_{ije}	e_{ij}	A_{ij}	w_{ije}	e_{ij}	A_{ij}	w_{ije}	e_{ij}
A_{51}	0.013	12.31	A_{61}	0.0145	3.45	A_{71}	0.0127	3.94	A_{81}	0.0125	4.8
A_{52}	0.015	2	A_{62}	0.0105	22.86	A_{72}	0.0123	9.76	A_{82}	0.013	15.38
A_{53}	0.01	20	A_{63}	0.0195	4.1	A_{73}	0.0125	3.2	A_{83}	0.012	23.3
A_{54}	0.005	16	A_{64}	0.0055	14.5	A_{74}	0.0135	5.9	A_{84}	0.0105	19.05
A_{55}	0.02	4	A_{65}	0.012	23.3	A_{75}	0.0115	17.39	A_{85}	0.0145	55.17
A_{56}	0.0125	1.92	A_{66}	0.013	13.85	A_{76}	0.0105	2.86	A_{86}	0.0115	10.43
A_{57}	0.013	6.15	A_{67}	0.01	8	A_{77}	0.0145	4.83	A_{87}	0.0125	4
A_{58}	0.012	23.3	A_{68}	0.013	12.31	A_{78}	0.0125	9.6	A_{88}	0.0135	4.44
A_{59}	0.0145	8.27	A_{69}	0.0125	4.8	A_{79}	0.012	5	A_{89}	0.0123	6.5
$A_{5,10}$	0.0105	2.85	$A_{6,10}$	0.0125	8	$A_{7,10}$	0.013	2.3	$A_{8,10}$	0.0127	2.36

锦屏二级水电站主要建设项目每月所消耗的总费用上限为6000万元，每月总的质量缺陷不能超过0.07个单位，每月总的环境影响不能超过0.06个单位。

为了将上下层决策者的多个目标转换为单目标，将多目标加权法中的上下层各权重设置为 $\eta_1 = 0.5$，$\eta_2 = 0.5$，$\rho_1 = 0.3$，$\rho_2 = 0.2$，$\rho_3 = 0.5$。对于项目中的模糊变量转换，决策者均为风险中性，即模糊期望值的获得同上一章。

为了保证下层决策者（项目经理）的满意，下层决策者满意度的下限值设为 0.7 （即 $\lambda_i = 0.7$，$i = 1,2,3\cdots 8$）。为了保证下层决策者（项目经理）和上层决策者（总指挥）的满意度平衡，满意度的下限和上限值分别设为 0.75 和 1 （即 $[\Delta_1, \Delta_u] = [0.75, 1]$）。基于 EBS - based GA 最大代总群数为 PopSize = 50，最大代数为 maxGen = 200，两部分交叉率为 $p_a = 0.6$，$p_b = 0.7$，初始交叉率为 $p_{m0} = 0.05$。

6.4.3 计算结果

为了保证提出优化方法的实用性和有效性，多目标加权法、交互式模糊规划与 EBS - based GA 相结合，在奔腾 2.4 及 1024 兆的内存下运行，得出了最优调度计划为：

$S = (1, 2, 4, 3, 5, 6, 7, 8, 9, 10)$，$(2, 1, 4, 3, 5, 7, 8, 6, 9, 10)$，$(1, 5, 3, 2, 4, 7, 6, 8, 10, 9)$，$(1, 2, 4, 5, 8, 3, 7, 10, 6, 9)$，$(1, 3, 2, 4, 6, 5, 7, 8, 9, 10)$，$(4, 2, 3, 5, 7, 1, 6, 10, 9, 8)$，$(1, 2, 4, 5, 8, 3, 7, 10, 6, 9)$，$(1, 3, 2, 4, 6, 5, 7, 8, 9, 10)$

各子项目总质量缺陷之和为：

$$\sum_{i=1}^{I} \sum_{j=1}^{J} = w_{ijq} q_{ij} = 7.77$$

同样的，各子项目总环境影响之和为：

$$\sum_{i=1}^{I} w_{ije} \sum_{j=1}^{J} \frac{E[\tilde{e}_{ij}]}{E[\tilde{d}_{ij}]} \sum_{t=t_{ij}^F}^{t_{ij}^F} x_{ijt} = 8.85$$

各子项目的最优工期及其总和为：

$$\sum_{i=1}^{I} T_i = 229$$

各子项目总惩罚费用之和为：

$$\sum_{i=1}^{I} Cpi = -10$$

各子项目总费用之和为：

$$\sum_{i=1}^{I} C_i^T = 860$$

6.4.4 灵敏度分析

为了使选择的可行解最好地适应决策者的偏好，引入了下面一个参数：

$G = w_1 \times \mu_0 (E[H_0]) + w_2 \times \min\mu_i (E[H_i])$，其中 w_1 与 w_2 分别表示上下两层决策者满意度的权重，G 是最优可行解适应决策者偏好的评价值。

为了对锦屏二级水电工程主要项目多目标二层规划模型进行灵敏度分析，表 6.6 对上层决策者的满意度值分 8 种情况进行了讨论，每种情况均应用 EBS-based GA，运行了 50 次从而获得了最优适应值。上层决策者的最低满意度值 λ_0 的变化范围基于决策者的偏好选择在 [0.65，1.00]，其间隔为 0.05。从表 6.6 可以看出，最终结果受 λ_0 变化影响很大，随 λ_0 的逐渐减少，目标值 $E[H_i]$ 逐渐减少，同时下层决策者的满意度 $\mu_i (E[H_i])$ 逐渐上升，上下层满意度比率逐渐增加。

表 6.6　　　　　基于上下层决策者满意度的灵敏度分析

	$E[H_0]$	$E[H_i]$		$\mu_i E[H_i]$		δ_i		G
$\lambda_0 = 1.00$	0.8300	0.8089	0.9015	0.5056	0.3017	0.5056	0.3717	0.7487
		0.8203	0.7989	0.9123	0.9125	0.9123	0.9125	
		0.8128	0.6079	0.6075	0.9017	0.6075	0.9017	
		0.8123	0.8225	0.7323	0.8568	0.7323	0.8568	
$\lambda_0 = 0.95$	0.8303	0.8079	0.9013	0.6082	0.6013	0.6402	0.6329	0.81
		0.8203	0.7983	0.9124	0.9125	0.9604	0.9605	
		0.8128	0.6054	0.7321	0.9017	0.7706	0.9492	
		0.8120	0.8217	0.7378	0.8568	0.7766	0.9019	
$\lambda_0 = 0.90$	0.8307	0.8074	0.8979	0.7323	0.7302	0.8137	0.8113	0.832
		0.8201	0.7954	0.9124	0.9125	1.0138	1.014	
		0.8218	0.6052	0.8027	0.9017	0.8919	1.002	
		0.8079	0.8213	0.8054	0.8721	0.8949	0.969	
$\lambda_0 = 0.85$	0.8311	0.7954	0.8972	0.7928	0.7983	0.9327	0.9392	0.875
		0.8201	0.7954	0.9124	0.9125	1.0734	1.0735	
		0.8217	0.6037	0.8636	0.9017	1.016	1.0608	
		0.8054	0.8211	0.8735	0.8733	1.028	1.0274	
$\lambda_0 = 0.80$	0.8315	0.7902	0.8954	0.8315	0.8311	1.0394	1.0389	0.8124
		0.8201	0.7952	0.9124	0.9125	1.1405	1.1406	
		0.8218	0.6035	0.9014	0.9017	1.1268	1.1271	
		0.8094	0.8117	0.8916	0.8973	1.1145	1.1216	

表6.6(续)

	$E[H_0]$	$E[H_i]$		$\mu_i E[H_i]$		δ_i		G
$\lambda_0 = 0.75$	0.8318	1.1776	0.7849	0.8947	0.8731	0.8832	1.1641	0.8
		0.8201	0.7935	0.9124	0.9125	1.2165	1.267	
		0.8218	0.6027	0.9014	0.9017	1.2032	1.2033	
		0.8032	0.8112	0.9017	0.9013	1.2022	1.2017	
$\lambda_0 = 0.70$	0.8322	0.7846	0.8942	0.8925	0.8954	1.275	1.2791	0.777
		0.8201	0.7927	0.9124	0.9125	1.3034	1.3036	
		0.8218	0.6024	0.9166	0.9017	1.3074	1.2281	
		0.8021	0.8112	0.9155	0.9113	1.3079	1.3019	
$\lambda_0 = 0.65$	0.8326	0.7302	0.8879	0.9173	0.9173	1.4112	1.4112	0.757
		0.8119	0.7919	0.9173	0.9173	1.4112	1.4112	
		0.8203	0.5979	0.9173	0.9173	1.4112	1.4112	
		0.8019	0.8025	0.9173	0.9173	1.4112	1.4112	

若将下层决策者满意度的下限值设为0.6，上下层满意度比率的边界设为 $[0.6,1.00]$，只有 $\lambda_0 = 0.95$ 这组值为可行解。表6.6设定 $w_1 = 0.6$，$w_2 = 0.4$，可以看出 $\lambda_0 = 0.85$ 时，此优化问题具有最佳的评价值 $G = 0.875$，可以使项目总指挥和各项目经理满意度最高。同时随着 λ_0 的减少，评价值 G 先是递增，当 $\lambda_0 = 0.85$ 时达到最大，后来又逐渐减小。参照这样的分析结果，可以使上下层决策者公平、有效、可持续、方便地指导实践。

6.4.5 算法比较

为了说明 EBS - based GA 的实用性和有效性，表6.7 中是上两章用到的 a - hGA、flc - hGA 与 EBS - based GA 的比较结果。几种算法参数均应用与表6.6 相同的参数。$T_M = T_0 \times \gamma_\tau$，初始温度 $T_0 = 0.85$，冷却率 $\gamma = 0.97$，代数 $\tau = 200$。从表6.7 中可以看出 EBS - based GA 应用于锦屏二级水电站建设主要项目比其他两种算法具有明显的优势，所用时间以及迭代次数均明显减少。

表 6.7 　　　EBS - basedGA 与 a - hGA、flc - hGA 计算结果比较

算法	目标函数值			目标值方差	平均收敛代数	平均计算时间
	最好	最差	平均			
EBS - based	0.8105	0.8568	0.8231	0.2709×10^{-2}	96	26.8237
a - hGA	0.8105	0.8646	0.8449	0.4602×10^{-2}	173	54.6027
flc - hGA	0.8105	0.8598	0.8278	0.3122×10^{-2}	108	49.6073

从表 6.7 可看出：EBS-based GA 的目标函数值为三种算法中最小的，即可以求到最满意的解；EBS-based GA 能更稳定地获得最优解，因为其目标值方差小于其他两种算法；平均收敛代数和平均计算时间也明显低于后两种算法。说明应用 EBS-based GA 中具有优势的遗传算子使得其更适应于二层多目标 mPTCQETSP 的求解，使之更稳定、更有效率。

6.4.6　比较分析

传统多工程多目标平衡问题常将最小化工期、成本作为目标函数（如：下层目标），有时也考虑将质量（上层目标）作为目标函数，几乎没有学者考虑将环境影响（上层目标）作为目标函数与工期、成本和质量一起平衡考虑，更没有将 mPTCQETSP 分为两个组织层次来分析讨论。如果只考虑下层目标而忽略了上层目标，会导致上层决策者满意度过低，项目开展不平衡，不能实现可持续发展的要求。从表 6.6 可以看出，如果设定一定的上下层满意度比率，如 [0.6，1.00]，就不能得到可行解。相反，对 mPTCQETSP 进行二层多目标优化的优势在于其考虑了项目组织多方满意度的平衡，保证了项目长期和短期的利益。

6.5　本章小结

研究了多项目调度时间-成本-质量-环境平衡分析模型（mPTC-QETSP），在锦屏二级水电站大型建设工程项目调度问题的决策过程中，由于规模较大、施工复杂，在制订项目调度计划时往往需要考虑多个决策目标和多个决策层次结构。因而，结合模糊理论和二层规划，建立了上下层均为多目标的模糊环境下多项目时间-成本-质量-环境平衡调度问题模型。上层决策者（项目总指挥）的目标是项目总的完成质量最高以及环境影响最小；下层从属决策者（项目经理）的目标是子项目的完成时间最小、惩罚费用最少和综合费用最少。在精确后的模型中，用交互式模糊规划技术将 mPTCQETSP 的二层规划模型转化为单层规划模型。因为在作决策时，项目总指挥不仅要考虑自己的满意度，而且要考虑各项目经理的满意度，然后用熵-玻尔兹曼选择遗传算法（EBS-based GA）求解该单层模型。通过二层模糊期望值模型、交互式模糊规划技术以及熵-玻尔兹曼选择遗传算法的应用解决了锦屏二级大型水电站建设项目中部分项目的调度问题，得到了项目最佳调度计划和子项目中每个活动的最佳调度方式，其考虑了项目组织多方满意度的平衡，保证了项目长期和短期的利益。和实际运作效果相比，验证了该优化方法的可行性和有效性。

7 结语

近年来，由于我国社会和经济飞速的进步和发展，城市化进程加快，大型建设工程项目比比皆是，对能源也急剧增加，如何发展清洁能源引起了大家的重视。为了发展清洁、可再生能源和国家"西电东送"战略，中国正在建设大量的水电工程，尤其是在雅砻江流域。锦屏二级水电站是雅砻江上最重要的建设工程之一。因而，锦屏二级水电站建设工程项目优化模型的研究具有重要现实价值和理论意义。

以锦屏二级水电站建设工程项目为研究对象，结合其模糊性、多层次性和多目标性的特点，建立了其部分工程项目在模糊环境下多目标平衡调度问题模型，以及同时考虑多个目标和多个组织层次结构的二层多目标规划模型。在现有的建设工程项目多目标平衡问题的研究中，同时考虑复杂模糊性、多层次性和多目标性的研究还比较少。为此，在广泛地吸收和借鉴现有研究的基础上，以模糊变量为研究工具，多目标模型为研究框架，综合运用多目标规划理论与优化理论，对模糊环境下的锦屏二级水电站建设工程项目优化问题进行研究，建立了四种不同决策领域下的模糊型多目标规划模型。

7.1 主要工作

在考虑经典项目多目标平衡调度问题、时间－成本－环境平衡调度问题以及时间－成本－质量－环境平衡调度问题中某些参数不确定的情况下，针对不同的问题建立了一系列模糊环境下的多目标及多目标二层项目调度问题模型。在将实际建设项目子系统抽象为模糊多目标及模糊多目标二层规划数学模型后，讨论了相应的智能算法，并通过在实际的大型水利水电工程建设项目多目标调度问题中的应用，以及与实际项目运作的对比，验证了模型和算法的有效性。具体而言，全书的主要分析及应用如下：

（1）结合经典离散工期－成本平衡问题（DTCTP）的现有研究，在考虑非例行项目中（如：新建项目）每一活动的工期和完成时间都很可能缺乏数据而不确定，所以将其考虑为模糊变量，同时由于大家对环境问题的重视，提出了针对锦屏二级水电站建设工程项目的离散工期－成本－环境平衡问题（DTCETP），是对 DTCTP 的一个拓展，建立了模糊环境下大型建设项目管理中的多模式离散工期－成本－环境平衡的问题模型。其有四个目标需要考虑：①最小化项目总费用；②最小化项目总工期；③最小化总压缩费用；④最小化环境影响。在总预算、资金流以及工期都有一定的约束下，工程中的每个活动可以增加费用以压缩工期方式进行，同时需考虑环境影响最小化的目标对施工模式的影响，这就形成了多模式选择的决策问题。在利用乐观－悲观参数期望值模型将模糊变量进行确定化处理后，模糊环境下大型建设项目管理中的多模式离散工期－成本－环境平衡的问题模型便转化为多目标期望值模型，分析了该问题求解的意义，并用改进的遗传算法——基于模糊的适应性混合遗传算法（(f)a－hGA）来求解。当该多目标模型为线性，可直接用期望值模型来求解；当该模糊多目标模型为非线性，无法直接求出其期望值时，则通过模糊模拟植入适应性混合遗传算法来求解模型。然后，通过加权法将多目标模型转化为单目标，即求解单目标期望值模型。(f)a－hGA 设计了单点交叉和变异的修复式策略来避免不可行解的产生。基于此，将该算法用来解决二滩公司锦屏二级水电站建设部分工程调度的问题，得到了最佳调度计划和最优施工模式，而且从实际角度分析了结果，拓展了结果的应用范围，从而验证了模型和算法的可行性和有效性。此外，将 (f)a－hGA 与其他两种 GA 算法（GA、hGA）进行了比较，验证了所提出算法的先进性。

（2）在上述研究的基础上，由于锦屏二级水电站建设地下深埋隧道群工程建设项目多具有工程地质条件极其复杂、施工布置困难、总体规模大、综合难度大等特点，施工质量是建设安全、顺利进行的重要保障。面对大型建设工程项目量大、短工期、高质量、低环境影响的要求，研究了锦屏二级水电站大型深埋隧道群工程的多模式离散时间－成本－质量－环境平衡问题（DTCQETP）的多目标优化模型，这是对上一章离散工期－成本－环境平衡问题（DTCETP）的拓展。针对 DTCQETP 的四个目标做出了分析：①最小化项目工期；②最小化项目总成本；③最小化质量缺陷；④最小化环境影响。在总预算、资金流、工期以及每个阶段质量缺陷和环境影响都有一定的约束下，为每个活动选择合适的施工模式以及安排最优的调度计划。通过将模糊变量精确化处理，将 DTCQETP 转化为了多目标期望值模型，并用改进的遗传算法——基于模糊的适应性混合遗传算法（(f)a-hGA）来求解。根据实际问题，解的表达赋予了染色体新的含义。该算法中应用了基于次序的交叉和局部变异来提高算法求解效率，其用来解决实际的锦屏二级水电站大型深埋隧道群工程这个项目的调度问题，得到了最佳调度计划和最优施工模式，通过和实际运作的数据对比，建设效率取得明显进步，说明该优化方法可以带来可观的经济效益，尤其是对于大型建设工程项目。从实际角度分析了结果，拓展了结果的应用范围，从而验证了模型和算法的可行性和有效性。此外，将（f)a-hGA 与其他两种 GA 算法（GA、hGA）进行了比较，验证了所提出算法的先进性。

（3）在上述研究的基础上，以下内容考虑了锦屏二级水电站建设工程项目中多项目运作的问题。大型建设工程项目的工作分解结构通常分为六级，一般前三级由业主做出规定，更低级别的分解则由承包商完成并用于对承包商的施工调度控制，从而提出了基于总承包商的多项目时间-成本-环境平衡多项目调度问题（mPTCETSP），通常是项目规模较大、结构较复杂的问题，也是经典多目标平衡调度问题的扩展，建立了模糊环境下的多项目时间-成本-环境调度问题期望值模型。其目标是：①所有子项目工期之和最小；②整个项目延期惩罚成本最小或者工期提前奖励最多；③整个项目造成的环境影响最小。项目施工每个阶段的各子项目的各活动总费用不能超过规定子项目资金流量最大值且各阶段所有进行活动的资金总值也不能超过总限定值。同时，项目施工每个阶段监测的各子项目的活动环境影响总值不能超过限定值并且各阶段所有进行活动的环境影响总值也不能超过总限定值，在这样的约束条件下，求解最优调度计划的决策问题。利用乐观-悲观参数期望值模型将模糊变量进行确定化处理后，模糊环境下大型建设项目管理中的多项目时间-成本-环境平衡多目标调度问题便转化为多目标期望值模型。模糊多目标模型为非线性时，将对模型中带有模糊变量的参数进行模拟计算，并结合多目标 GA 算法（MOGA），设计了混合智能算法——FLC 设计遗传算子的混合遗传算法（flc-hGA）来求解模糊环境下的 mPTCETSP，特别适用于大型多项目调度问题。该算法引入的模糊控制器（FLC）提供了一种基于专家知识，能将语言控制策略转化为自动控制策略的方法，用以规范变异率。然后，通过模糊环境下的多项目时间-成本-环境多目标调度问题期望值模型和 flc-hGA 来解决锦屏二级水电站建设系统中的部分多项目多目标调度问题，得到了最佳调度计划，并对最佳调度计划进行了结果分析和灵敏度分析，得出了一些有益于实际操作的结论，验证了模型和算法的可行性和有效性。flc-hGA 与其他 GA（hGA、a-hGA）进行比较分析的结果表明，flc－hGA 的适应值、收敛代数及运行时间均较优。

（4）在前一章的研究基础上，研究了时间－成本－质量－环境平衡多项目调度问题（mPTCQETSP），在锦屏二级水电站大型建设工程项目调度问题的决策过程中，由于规模较大、施工复杂，在制订项目调度计划时往往需要考虑多个决策目标和多个决策层次结构。基于此，结合模糊理论和二层规划，建立了上下层均为多目标的模糊环境下多项目时间－成本－质量－环境平衡调度问题模型。上层决策者（项目总指挥）的目标是项目总的完成质量最高以及环境影响最小，下层从属决策者（项目经理）的目标是子项目的完成时间最小、惩罚费用最少和综合费用最少。在精确后的模型中，用交互式模糊规划技术将mPTCQETSP 的二层规划模型转化为单层规划模型。因为在作决策时，项目总指挥不仅要考虑自己的满意度，而且要考虑各项目经理的满意度，然后用熵－玻尔兹曼选择遗传算法（EBS－based GA）求解该单层模型。通过二层模糊期望值模型、交互式模糊规划技术以及熵－玻尔兹曼选择遗传算法来解决锦屏二级大型水电站建设项目中部分项目的调度问题，得到了项目最佳调度计划和子项目中每个活动的最佳调度方式，其考虑了项目组织多方满意度的平衡，保证了项目长期和短期的利益，和实际运作效果相比，验证了该优化方法的可行性和有效性。

7.2　本书创新

以锦屏二级水电站建设工程项目为研究对象，结合其模糊性、多层次性和多目标性的特点，建立了其部分工程项目在模糊环境下多目标平衡调度问题模型，以及同时考虑多个目标和多个组织层次结构的二层多目标规划模型。主要创新点在于模糊环境下多目标平衡问题的提出，不同情况下的算法设计以及在大型水利水电建设项目中的应用。

全文的主要创新点总结如下：

（1）结合经典多目标平衡问题和项目调度问题的现有研究，在考虑某些变量为模糊变量的条件下，建立了模糊时间－成本－环境平衡调度期望值模型、模糊时间－成本－质量－环境调度期望值模型、模糊时间－成本－环境平衡多项目调度期望值模型、模糊时间－成本－质量－环境平衡多项目调度期望值模型，是对现有多目标平衡问题和项目调度问题的拓展。

（2）以模糊变量为工具，有效地描述了锦屏二级水电站建设工程项目中部分数据无法准确测量、估计、统计等不确定性因素，对四种具体的模糊环境下的项目多目标平衡调度问题模型进行抽象，得到一般的模糊多目标决策模型。通过模糊 Me 测度，用乐观－悲观参数来描述决策者的偏好，将模糊多目标决策模型，转换为模糊多目标期望值模型，然后利用加权法将此凸规划转化为模糊单目标的期望值模型。对于二层模糊多目标决策模型，则是通过交互式模糊规划技术将二层规划模型转化为单层规划模型。上述研究为模糊环境下的多目标多层项目调度决策问题提供各类理论基础，对不确定理论与二层规划的结合也能起到先导性作用。

（3）在对上述模糊多目标决策模型进行确定化处理后，分为两步进行求解：①将多目标进行加权，从而转化为单目标模型。②如果为单层决策模型，则可用相应的 GA 进行求解；若为二层规划决策模型，则用交互式模糊规划技术将二层规划模型转化为单层规划模型，再利用合适的 GA 进行求解。上述研究丰富了 GA 多目标规划算法。

（4）上述模型通过在锦屏二级大型水电站建设项目中的应用，不仅验证了方法的可靠性和有效性，而且由于考虑到决策者偏好，使得求解更有意义。其解的应用范围也使得决策者决策的范围扩大了，可以考虑到多种实际情况。通过灵敏度分析，让决策者更清楚认识到相关要素对决策的影响。

7.3 未来研究

当前关于模糊环境下多目标规划问题的研究还处于初级阶段，有许多问题还都亟待深入研究和进一步讨论。今后研究应从以下方面展开：

（1）提出新的不确定环境下的多目标项目调度模型。此外，对于现有模型也需要在确定化方法及高效混合智能算法等方面进行进一步的研究。

（2）对于新的不确定性的探索，例如更能为复杂的双重不确定变量在项目多目标平衡调度问题中的讨论以及不确定目标规划在多目标平衡调度问题中的应用。

（3）不确定理论与多层规划结合的项目多目标平衡调度问题模型群还需要进行深入研究。

参考文献

［1］刘士新，王梦光，芦宙新．一种求解多执行模式资源水平问题的遗传算法［J］．控制与决策，2001，16（1）：111－113．

［2］刘士新，王梦光，唐加福．一种求解资源受限工程调度问题的遗传算法①［J］．系统工程学报，2002，17（1）．

［3］刘宝碇，赵瑞清，王纲．不确定规划及应用［M］．北京：清华大学出版社，2003．

［4］夏洪胜，贺建勋．一类主从策略的两层决策问题的决策方法［J］．系统工程学报，1993，8（002）：9－17．

［5］杜纲，顾培亮．具有主从结构的非光滑两层优化问题［J］．系统工程学报，1995，10（1）：103－112．

［6］罗承忠．模糊集引论（I）［M］．北京：北京师范大学出版社，1989．

［7］杜纲．一主多从非光滑多目标优化方法［J］．系统工程学报，1998，13（2）：38－44．

［8］盛昭瀚．主从递阶决策论——Stackelberg 问题［M］．北京：科学出版社，1998．

［9］李敏强．遗传算法的基本理论与应用［M］．北京：科学出版社，2002．

［10］陶志苗．模糊随机环境下的二层多目标运输模型及其应用［J］．Ph. D. Thesis，2011．

［11］A. Afshar，A. Kaveh，O. Shoghli. Multi－objective optimization of time－cost－quality using multi－colony ant algorithm. Asian Journal of Civil Engineering (Building and Housing), 2007, 8 (2): 113 - 124.

[12] T. Ahn, S. S. Erenguc. The resource constrained project scheduling problem with multiple crashable modes: A heuristic procedure. European Journal of Operational Research, 1998, 107 (2): 250 - 259.

[13] C. Akkan, A. Drexl, A. Kimms. Network decomposition - based benchmark results for the discrete time - cost tradeoff problem. European Journal of Operational Research, 2005, 165 (2): 339 - 358.

[14] M. A. Al - Fawzan, M. Haouari. A bi - objective model for robust resource - constrained project scheduling. International Journal of Production Economics, 2005, 96 (2): 175 - 187.

[15] J. Alcaraz, C. Maroto, R. Ruiz. Solving the multi - mode resource - constrained project scheduling problem with genetic algorithms. Journal of the Operational Research Society, 2003, 54 (6): 614 - 626.

[16] M. A. Ammar. Optimization of project time - cost trade - off problem with discounted cash flows. Journal of Construction Engineering and Management, 2010, 137 (1): 65 - 71.

[17] K. Anagnostopoulos, L. Kotsikas. Experimental evaluation of simulated annealing algorithms for the time - cost trade - off problem. Applied Mathematics and Computation, 2010, 217 (1): 260 - 270.

[18] K. P. Anagnostopoulos, G. K. Koulinas. A simulated annealing hyperheuristic for construction resource levelling. Construction Management and Economics, 2010, 28 (2): 163 - 175.

[19] K. Ananthanarayanan, P. Abhilash. Resource constrained scheduling techniques for multiple projects: a review. Journal of the Institution of Engineers. India. Civil Engineering Division, 1999, 80 (MAI): 33 - 36.

[20] C. S. Andreani, R. , et al. An inexact - restoration method for nonlinear bilevel programming problems. Computational Optimization and Applica-

tions, 2009, 43 (3): 307 - 328.

[21] S. Arora, R. Gupta. Interactive fuzzy goal programming approach for bilevel programming problem. European Journal of Operational Research, 2009, 194 (2): 368 - 376.

[22] C. Audet, G. Savard, W. Zghal. Newbranch - and - cut algorithm for bilevel linear programming. Journal of Optimization Theory and Applications, 2007, 134 (2): 353 - 370.

[23] A. Azaron, R. Tavakkoli - Moghaddam. Multi - objective time - cost trade - off in dynamic pert networks using an interactive app roach. European journal of operational research, 2007, 180 (3): 1186 - 1200.

[24] A. Babu, N. Suresh. Project management with time, cost, and quality considerations. European Journal of Operational Research, 1996, 88 (2): 320 - 327.

[25] K. R. Baker, K. R. Baker. Introduction to sequencing and scheduling, vol. 31. Wiley New York, 1974.

[26] H. Bandemer. From fuzzy data to functional relationships. Mathematical modelling, 1987, 9: 419 - 426.

[27] J. Bard. A grid search algorithm for the linear bilevel programming problem. Proceedings of the 14th Annual Meeting of the American Institute for Decision Science, 1982, 256 - 258.

[28] J. Bard. An Algorithm for Solving the General Bilevel Programming Problem. Mathematics of Operations Research, 1983, 8 (2): 260 - 272.

[29] J. Bard. Optimality conditions for the bilevel programming problem. Naval Research Logistics Quarterly, 1984, 31 (1): 13 - 26.

[30] J. Bard. Some properties of the bilevel programming problem. Journal of optimization theory and applications, 1991, 68 (2): 371 - 378.

[31] J. Bard, J. Falk. An explicit solution to the multi - level programming problem. Computers & operations research, 1982, 9 (1): 77 - 100.

[32] J. F. Bard. Optimality conditions for the bilevel programming problem. Naval Research Logistics Quarterly, 2006, 31 (1): 13 - 26.

[33] J. F. Bard, J. T. Moore. A branch and bound algorithm for the bilevel programming problem. SIAM Journal on Scientific and Statistical Computing, 1990, 11 (2): 281 - 292.

[34] J. F. Bard, et al. Practical bilevel optimization: algorithms and applications. Springer, 1998.

[35] A. Barrios, F. Ballestín, V. Valls. A double genetic algorithm for the mr - cpsp/max. Computers & Operations Research, 2011, 38 (1): 33 - 43.

[36] M. Bartusch, R. H. Möhring, F. J. Radermacher. Scheduling project networks with resource constraints and time windows. Annals of Operations Research, 1988, 16 (1): 199 - 240.

[37] R. E. Bellman, L. A. Zadeh. Decision - making in a fuzzy environment. Management science, 1970, 17 (4): B - 141.

[38] Ben - Ayed. Bilevel linear programming. Computers & Operations Research, 1993, 20 (5): 485 - 501.

[39] O. Ben - Ayed. Bilevel linear programming. Computers & Operations Research, 1993, 20 (5): 485 - 501.

[40] O. Ben - Ayed, C. E. Blair. Computational difficulties of bilevel linear programming. Operations Research, 1990, 38 (3): 556 - 560.

[41] J. Bidot, T. Vidal, P. Laborie, J. C. Beck. A theoretic and practical framework for scheduling in a stochastic environment. Journal of Scheduling, 2009, 12 (3): 315 - 344.

[42] K. Binder, D. W. Heermann. Monte carlo simulation in statistical physics: An introduction, volume 80 of spring series in solid state sciences, 1988.

[43] F. F. Boctor. A new and efficient heuristic for scheduling projects

with resource restrictions and multiple execution modes. European Journal of Operational Research, 1996, 90 (2): 349 – 361.

[44] H. Bonnel, J. Morgan. Semivectorial bilevel optimization problem: Penalty approach. Journal of optimization theory and applications, 2006, 131 (3): 365 – 382.

[45] A. Bortfeldt. A genetic algorithm for the two – dimensional strip packing prob – lem with rectangular pieces. European Journal of Operational Research, 2006, 172 (3): 814 – 837.

[46] K. Bouleimen, H. Lecocq. A new efficient simulated annealing algorithm for the resource – constrained project scheduling problem and its multiple mode version. European Journal of Operational Research, 2003, 149 (2): 268 – 281.

[47] J. Bracken, J. T. McGill. Mathematical programs with optimization problems in the constraints. Operations Research, 1973, 21 (1): 32 – 47.

[48] J. Bracken, J. T. McGill. Mathematical programs with optimization problems in the constraints. Operations Research, 1973, 21 (1): 37 – 44.

[49] A. Brismar. Environmental Considerations in the Planning of Large Dam Projects: A Study on Environmental Impact Statements and the Southeastern Anatolia Project. Ph. D. Thesis, Linköping, 2003.

[50] A. Brismar. Attention to impact pathways in eiss of large dam projects. Environmental impact assessment review, 2004, 24 (1): 59 – 87.

[51] L. Brotcorne, S. Hana. , R. Mansi. A dynamic programming algorithm for the bilevel knapsack problem. Operations Research Letters, 2009, 37 (3): 215 – 218.

[52] T. R. Browning, A. A. Yassine. Resource – constrained multi – project schedul – ing: Priority rule performance revisited. International Journal of Production Economics, 2010, 126 (2): 212 – 228.

[53] P. Brucker, A. Drexl, R. Möhring, K. Neumann, E. Pesch. Re-

source – constrained project scheduling: Notation, classification, models, and methods. European Journal of Operational Research, 1999, 112 (1): 3 – 41.

[54] J. Buddhakulsomsiri, D. S. Kim. Properties of multi – mode resource – constrained project scheduling problems with resource vacations and activity splitting. European Journal of Operational Research, 2006, 175 (1): 279 – 295.

[55] A. Burgess, J. B. Killebrew. Variation in activity level on a cyclical arrow diagram. Journal of Industrial Engineering, 1962, 13 (2): 76 – 83.

[56] H. Calvete, C. Gal'e. Solving linear fractional bilevel programs. Operations Research Letters, 2004, 32 (2): 143 – 151.

[57] H. Calvete, C. Galé. Bilevel multiplicative problems: A penalty approach to optimality and a cutting plane based algorithm. Journal of Computational and Applied Mathematics, 2008, 218 (2): 259 – 269.

[58] H. Calvete, C. Gale, P. Mateo. A new approach for solving linear bilevel problems using genetic algorithms. European Journal of Operational Research, 2008, 188 (1): 14 – 28.

[59] N. R. Cander, W. Multilevel programming. World Bank Development Research Center, Technical Report, 1977.

[60] F. R. Carlsson C. On possibilistic mean value and variance of fuzzy numbers. Fuzzy Sets and Systems, 2007, 122: 315 – 326.

[61] A. Cesta, A. Oddi, S. F. Smith. A constraint – based method for project scheduling with time windows. Journal of Heuristics, 2002, 8 (1): 109 – 136.

[62] S. Chanas, P. Zieliński. Critical path analysis in the network with fuzzy activity times. Fuzzysets and systems, 2001, 122 (2): 195 – 204.

[63] P. Chang, W. Huang, C. Ting. Dynamic diversity control in genetic algorithm for mining unsearched solution space in TSP problems. Expert Systems with Applications, 2009, 37 (3): 1863 – 1878.

[64] P. - H. Chen, H. Weng. A two - phase ga model for resource - constrained project scheduling. Automation in Construction, 2009, 18 (4): 485 - 498.

[65] S. Chen, B. Chen, M. Su. The cumulative effects of dam project on river ecosystem based on multi - scale ecological network analysis. Procedia Environmental Sciences, 2011, 5: 12 - 17.

[66] S. - P. Chen, M. - J. Tsai. Time - cost trade - off analysis of project net works in fuzzy environments. European Journal of Operational Research, 2011, 212 (2): 386 - 397.

[67] Y. Chen, M. Florian. The nonlinear bilevel programming problem: Formulations, regularity and optimality conditions. Optimization, 1995, 32 (3): 193 - 209.

[68] Y. - L. Chen, D. Rinks, K. Tang. Critical path in anactivity network with time constraints. European Journal of Operational Research, 1997, 100 (1): 122 - 133.

[69] C. - M. Chiang, C. - M. Lai. A study on the comprehensive indicator of indoor environment assessment for occupants' health in taiwan. Building and Envi - ronment, 2002, 37 (4): 387 - 392.

[70] J. Choi, M. J. Realff, J. H. Lee. Dynamic programming in a heuristically confined state space: a stochastic resource - constrained project scheduling application. Computers & chemical engineering, 2004, 28 (6): 1039 - 1058.

[71] S. E. Christodoulou, G. Ellinas, A. Michaelidou - Kamenou. Minimum moment method for resource leveling using entropy maximization. Journal of Construction Engineering and Management, 2009, 136 (5): 518 - 527.

[72] H. Chtourou, M. Haouari. A two - stage - priority - rule - based algorithm for robust resource - constrained project scheduling. Computers & Indus-

trial Engineering, 2008, 55 (1): 183 - 194.

[73] D. Coit, A. Smith. Reliability optimization of series - parallel systems using a genetic algorithm. Reliability, IEEE Transactions on, 2005, 45 (2): 254 - 260.

[74] B. Colson, P. Marcotte, G. Savard. An overview of bilevel optimization. Annals of operations research, 2007, 153 (1): 235 - 256.

[75] E. Coughlan, M. Lübbecke, J. Schulz. Abranch - and - price algorithm for multi - mode resource leveling. Experimental Algorithms, 2010, 226 - 238.

[76] N. Damak, B. Jarboui, P. Siarry, T. Loukil. Differential evolution for solving multi - mode resource - constrained project scheduling problems. Computers & Operations Research, 2009, 36 (9): 2653 - 2659.

[77] J. Damay, A. Quilliot, E. Sanlaville. Linear programming based algorithms for preemptive and non - preemptive rcpsp. European Journal of Operational Research, 2007, 182 (3): 1012 - 1022.

[78] P. De, E. J. Dunne, J. B. Ghosh, C. E. Wells. Complexity of the discrete time - cost tradeoff problem for project networks. Operations research, 1997, 45 (2): 302 - 306.

[79] P. De, E. James Dunne, J. B. Ghosh, C. E. Wells. The discrete time - cost tradeoff problem revisited. European Journal of Operational Research, 1995, 81 (2): 225 - 238.

[80] V. G. Deineko, G. J. Woeginger. Hardness of approximation of the discrete time - cost tradeoff problem. Operations Research Letters, 2001, 29 (5): 207 - 210.

[81] B. De Reyck, W. Herroelen. The multi - mode resource - constrained project scheduling problem with generalized precedence relations. European Journal of Operational Research, 1999, 119 (2): 538 - 556.

[82] B. De Reyck, et al. A branch - and - bound procedure for the re-source - constrained project scheduling problem with generalized precedence rela-tions. European Journal of Operational Research, 1998, 111 (1): 152 -174.

[83] F. Deblaere, E. Demeulemeester, W. Herroelen. Reactive scheduling in the multi - mode rcpsp. Computers & Operations Research, 2011, 38 (1): 63 -74.

[84] G. De&gbreve, et al. Branch and bound based solution algorithms for the budget constrained discrete time/cost trade - off problem. Journal of the Op-erational Research Society, 2012.

[85] J. J. Dellaert, N. , N. Jonard. A genetic algorithm to solve the gener-al multi - level lot - sizing problem with time - varying costs. International Jour-nal of Production Economics, 2000, 68 (3): 241 -257.

[86] E. L. Demeulemeester, W. S. Herroelen. An efficient optimal solution procedure for the preemptive resource - constrained project scheduling problem. European Journal of Operational Research, 1996, 90 (2): 334 -348.

[87] E. L. Demeulemeester, W. S. Herroelen. Project scheduling: a re-search handbook, vol. 49. Springer, 2002.

[88] E. L. Demeulemeester, W. S. Herroelen, S. E. E lmaghraby. Opti-mal procedures for the discrete time/cost trade - off problem in project networks. European Journal of Operational Research, 1996, 88 (1): 50 -68.

[89] S. Dempe. Foundations of bilevel programming. Springer, 2002.

[90] S. DeNegre, T. Ralphs. A branch - and - cut algorithm for integer bi-level linear programs. Operations Research and Cyber - Infrastructure, 2009, 47 (1): 65 -78.

[91] G. K. Ding. Sustainable construction - the role of environmental as-sessment tools. Journal of Environmental Management, 2008, 86 (3): 451 -464.

[92] A. Drexl, J. Gruenewald. Nonpreemptive multi − mode resource − constrained project scheduling. IIE transactions, 1993, 25 (5): 74 −81.

[93] D. Dubois, H. Prade. Operations on fuzzy numbers. International Journal of systems science, 1978, 9 (6): 613 −626.

[94] D. Dubois, H. Prade. Ranking fuzzy numbers in the setting of possibility theory. Information Sciences, 1983, 30 (3): 183 −224.

[95] D. Dubois, H. Prade. A review of fuzzy set aggregation connectives. Information sciences, 1985, 36 (1): 85 −121.

[96] D. Dubois, H. Prade. The mean value of a fuzzy number. Fuzzy sets and systems, 1987, 24 (3): 279 −300.

[97] D. Dubois, H. Prade. Rough fuzzy sets and fuzzy rough sets. International Journal of General System, 1990, 17 (2 −3): 191 −209.

[98] D. Dubois, H. Prade. Fuzzy sets in approximate reasoning, part1: inference with possibility distributions. Fuzzy sets and systems, 1991, 40 (1): 143 −202.

[99] D. Dubois, H. Prade, E. Harding. Possibility theory: an approach to computerized processing of uncertainty, vol. 2. Plenum press New York, 1988.

[100] D. DuBois, H. M. Prade. Fuzzy sets and systems: theory and applications, vol. 144. Academic Pr, 1980.

[101] D. Dubois, H. M. Prade. Fundamentals of fuzzy sets, vol. 7. Springer, 2000.

[102] P. H. Dubois, D. Fuzzy Sets and Systems: Theory and Applications. Academic Press, New York, 1980.

[103] T. Edmunds, J. Bard. Algorithms for nonlinear bilevel mathematical programs. IEEE Transactions on Systems, Man and Cybernetics, 1991, 21 (1): 83 −89.

[104] T. Edmunds, J. Bard. An algorithm for the mixed − integer nonlinear

bilevel programming problem. Annals of Operations Research, 1992, 34 (1):
149 - 162.

[105] K. El - Rayes, A. Kandil. Time - cost - quality trade - off analysis
for highway construction. Journal of construction Engineering and Management,
2005, 131 (4): 477 - 486.

[106] S. Elloumi, P. Fortemps. A hybrid rank - based evolutionary algo-
rithm appliedto multi - mode resource - constrained project scheduling problem.
European Journal of Operational Research, 2010, 205 (1): 31 - 41.

[107] S. E. Elmaghraby, J. Kamburowski. The analysis of activity net-
works under generalized precedence relations (gprs). Management Science,
1992, 38 (9): 1245 - 1263.

[108] E. Eshtehardian, A. Afshar, R. Abbasnia. Fuzzy - based moga ap-
proach to stochastic time - cost trade - off problem. Automation in Construction,
2009, 18 (5): 692 - 701.

[109] C. - W. Feng, L. Liu, S. A. Burns. Using genetic algorithms to
solve construction time - cost trade - off problems. Journal of computing in civil
engineering, 1997, 11 (3): 184 - 189.

[110] C. - W. Feng, L. Liu, S. A. Burns. Stochastic construction
time - cost trade - off analysis. Journal of computing in civil engineering, 2000,
14 (2): 117 - 126.

[111] Z. G. Gao, Y. , J. Lu. A particle swarm optimization based algo-
rithm for fuzzy bilevel decision making. in: IEEE International Conference on
Computational Intelligence Fuzzy Systems, 2008, 68 (3): 1452 - 1457.

[112] M. Gen, R. Cheng, L. Lin. Network models and optimization:
Multiobjective genetic algorithm approach. Springer, 2008.

[113] M. Gendreau, P. Marcotte, G. Savard. A hybrid tabu - ascent algo-
rithm for the linear bilevel programming problem. Journal of global Optimization,

1996, 8 (3): 217 - 233.

[114] F. Ghasemzadeh, N. Archer, P. Iyogun, et al. A zero - one model for project portfolio selection and scheduling. Journal of the Operational research society, 1999, 50 (7): 745 - 755.

[115] M. Ghazanfari, A. Youse. i, M. Jabal Ameli, A. Bozorgi - Amiri. A new approach to solve time - cost trade - off problem with fuzzy decision varia- bles. The Interna - tional Journal of Advanced Manufacturing Technology, 2009, 42 (3): 408 - 414.

[116] P. Ghoddousi, E. Eshtehardian, S. Jooybanpour, A. Javanmardi. Multi - mode resource - constrained discrete time - cost - resource optimization in project scheduling using non - dominated sorting genetic algorithm. Automation in Construction, 2013, 30: 216 - 227.

[117] D. E. Goldberg. Genetic algorithms in search, optimization, and machine learning, 1989.

[118] J. F. Goncalves, J. J. Mendes, M. G. Resende. A genetic algorithm for the resource constrained multi - project scheduling problem. European Journal of Operational Research, 2008, 189 (3): 1171 - 1190.

[119] Q. Gong, L. Yin, S. Wu, J. Zhao, Y. Ting. Rock burst and slab- bing failure and its in fluence on tbm excavation at headrace tunnels in jinping II hydropower station. Engineering Geology, 2011.

[120] Z. Gumü şC. Floudas. Global optimization of nonlinear bilevel pro- gramming problems. Journal of Global Optimization, 2001, 20 (1): 1 - 31.

[121] E. Hadjiconstantinou, E. Klerides. A new path - based cutting plane approach for the discrete time - cost tradeoff problem. Computational Man- agement Science, 2010, 7 (3): 313 - 336.

[122] A. Haf & inodot, et al. Linear programming based approaches for the discrete time/cost trade - off problem in project networks. Journal of the Op-

erational Research Society, 2009, 61 (4): 676 - 685.

[123] N. G. Hall, J. C. Hershey, L. G. Kessler, R. C. Stotts. A model for making project funding decisions at the national cancer institute. Operations Research, 1992, 40 (6): 1040 - 1052.

[124] J. B. Hansen, P. , S. G. New branch - and - bound rules for linear bilevel programming. SIAM Journal on Scientific and Statistical Computing, 1992, 13 (3): 1194 - 1217.

[125] P. Hansen, B. Jaumard, G. Savard. New branch - and - bound rules for linear bilevel programming. SIAM Journal on Scientific and Statistical Computing, 1992, 13 (5): 1194 - 1217.

[126] S. Hartmann. Project scheduling with multiple modes: a genetic algorithm. Annals of Operations Research, 2001, 102 (1 - 4): 111 - 135.

[127] S. Hartmann. A self - adapting genetic algorithm for project sched ulingunder resource constraints. Naval Research Logistics (NRL), 2002, 49 (5): 433 - 448.

[128] S. Hartmann, A. Drexl. Project scheduling with multiple modes: A comparison of exact algorithms. Networks, 1998, 32 (4): 283 - 297.

[129] R. Harvey, J. Patterson. An implicit enumeration algorithm for the time/cost tradeoff problem in project network analysis. Foundations of Control Engineering, 1979, 4 (2): 107 - 117.

[130] Ö. Hazır, E. Erel, Y. Günalay. Robust optimization models for the discrete time/cost trade - off problem. International Journal of Production Economics, 2011, 130 (1): 87 - 95.

[131] Ö. Hazır, M. Haouari, E. Erel. Discrete time/cost trade - off problem: A decomposition - based solution algorithm for the budget version. Computers & Operations Research, 2010, 37 (4): 649 - 655.

[132] Ö. Hazır, M. Haouari, E. Erel. Robust scheduling and robustness measures for the discrete time/cost trade - off problem. European Journal of Op-

erational Research, 2010, 207 (2): 633 –643.

[133] T. Hegazy. Optimization of construction time – cost trade – off analysis using genetic algorithms. Canadian Journal of Civil Engineering, 1999, 26 (6): 685 –697.

[134] R. Heilmann. A branch – and – bound procedure for the multi – mode resource – constrained project scheduling problem with minimum and maximum time lags. European Journal of Operational Research, 2003, 144 (2): 348 –365.

[135] M. A. Hejazi, S. , et al. Linear bilevel programming solution by genetic algorithm. Computers & Operations Research, 2002, 29 (13): 1913 –1925.

[136] W. Herroelen, R. Leus. The construction of stable project baseline schedules. European Journal of Operational Research, 2004, 156 (3): 550 –565.

[137] W. Herroelen, R. Leus. Project scheduling under uncertainty. Survey and research potentials. European journal of operational research, 2005, 165 (2): 289 –306.

[138] T. J. Hindelang, J. F. Muth. A dynamic programming algorithm for decision cpm networks. Operations Research, 1979, 27 (2): 225 –241.

[139] J. Holland. Adaptation in natural and artificial systems. MIT Press Cambridge, MA, USA, 1992.

[140] J. H. Holland. Outline for a logical theory of adaptive systems. Journal of the ACM (JACM), 1962, 9 (3): 297 –314.

[141] J. H. Holland. Adaptation in natural and artificial systems, university of michigan press. Ann Arbor, MI, 1975, 1 (97): 5.

[142] S. – F. Hwang, R. – S. He. Improving real – parameter genetic algorithm with simulated annealing for engineering problems. Advances in Engineering Software, 2006, 37 (6): 406 –418.

[143] H. Iranmanesh, M. Skandari, M. Allahverdiloo. Finding pareto optimal front for the multi − mode time, cost quality trade − off in project scheduling. International Journal of Computer, Information, and Systems Science, and Engineering, 2008, 2 (2): 118 − 122.

[144] H. Ishibuchi, T. Murata. A multi − objective genetic local search algorithm and its application to flowshop scheduling. Systems, Man, and Cybernetics, Part C: Applications and Reviews, IEEE Transactions on, 1998, 28 (3): 392 − 403.

[145] Y. Ishizuka, E. Aiyoshi. Double penalty method for bilevel optimization problems. Annals of Operations Research, 1992, 34 (1): 73 − 88.

[146] B. Jarboui, N. Damak, P. Siarry, A. Rebai. Acombinatorial particle swarm optimization for solving multi − mode resource − constrained project scheduling problems. Applied Mathematics and Computation, 2008, 195 (1): 299 − 308.

[147] P. Jedrzejowicz, E. Ratajczak − Ropel. Agent − based gene expression programming for solving the rcpsp/max problem. Adaptive and Natural Computing Algorithms, 2009, 203 − 212.

[148] P. Jedrzejowicz, E. Ratajczak − Ropel. Solving the rcpsp/max problem by the team of agents. Agent and Multi − Agent Systems: Technologies and Applications, 2009, 734 − 743.

[149] H. Jiye, L. Guoshan, W. Shouyang. A new descent algorithm for solving quadratic bilevel programming problems. Acta Mathematicae Applicatae Sinica (English Series), 2000, 16 (3): 235 − 244.

[150] JuiteWang, W. Hwang. A fuzzy set approach for R&D portfolio selection using a real options valuation model. Omega, 2007, 35: 247 − 257.

[151] V. Kalashnikov, R. Réios − Mercado. A penalty − function approach to a mixed − integer bilevel programming problem. 2001.

[152] H. − P. Kao, B. Hsieh, Y. Yeh. A petri − net based approach for

scheduling and rescheduling resource - constrained multiple projects. Journal of the Chinese Institute of Industrial Engineers, 2006, 23 (6): 468 - 477.

[153] L. A. Kaplan. RESOURCE - CONSTRAINED PROJECT SCHEDULING WITH PREEMPTION OF JOBS. Ph. D. Thesis, University of MICHIGAN, 1988.

[154] F. Karray, E. Zaneldin, T. Hegazy, A. H. Shabeeb, E. Elbeltagi. Tools of soft computing as applied to the problem of facilities layout planning. Fuzzy Systems, IEEE Transactions on, 2000, 8 (4): 367 - 379.

[155] A. Kastor, K. Sirakoulis. The effectiveness of resource levelling tools for resource constraint project scheduling problem. International journal of project management, 2009, 27 (5): 493 - 500.

[156] A. Kaufmann, D. Swanson. Introduction to the theory of fuzzy subsets, vol. 1. Academic Press New York, 1975.

[157] H. Ke, W. Ma, Y. Ni. Optimization models and a ga - based algorithm for stochastic time - cost trade - off problem. Applied Mathematics and Computation, 2009, 215 (1): 308 - 313.

[158] D. B. Khang, Y. M. Myint. Time, cost and quality trade - off in project management: a case study. International journal of project management, 1999, 17 (4): 249 - 256.

[159] J. Kim, J. Jo, H. Yang. A solution for bi - level network design problem through nash genetic algorithm. Advances in Hybrid Information Technology, 2007, 269 - 280.

[160] J. Kim, C. Kang, I. Hwang. Apractical approach to project scheduling: considering the potential quality loss cost in the time - cost tradeoff problem. International Journal of Project Management, 2012, 30 (2): 264 - 272.

[161] K. Kim, Y. Yun, J. Yoon, M. Gen, G. Yamazaki. Hybrid genetic algorithm with adaptive abilities for resource - constrained multiple project scheduling. Computers in Industry, 2005, 56 (2): 143 - 160.

[162] K. W. Kim, M. Gen, G. Yamazaki. Hybrid genetic algorithm with fuzzy logic for resource － constrained project scheduling. Applied Soft Computing, 2003, 2（3）：174 － 188.

[163] S. O. Kim, M. J. Schniederjans. Heuristic framework for the resource constrained multi － project scheduling problem. Computers & operations research, 1989, 16（6）：541 － 556.

[164] E. Klement. Fuzzy probability measures. Fuzzy Sets and Systems, 1981, 5：230 － 239.

[165] E. Klerides, E. Hadjiconstantinou. A decomposition － based stochastic programming approach for the project scheduling problem under time/cost trade － off settings and uncertain durations. Computers & Operations Research, 2010, 37（12）：2131 － 2140.

[166] R. Kolisch, A. Drexl. Local search for nonpreemptive multi － mode resource － constrained project scheduling. IIEtransactions, 1997, 29（11）：987 － 999.

[167] D. Krüger, A. Scholl. A heuristic solution framework for the resource constrained（multi －）projectscheduling problem with sequence － dependent transfer times. European Journal of Operational Research, 2009, 197（2）：492 － 508.

[168] R. Kumar, K. Izui, M. Yoshimura, S. Nishiwaki. Multi － objective hierarchical genetic algorithms for multilevel redundancy allocation optimization. Reliability Engineering & System Safety, 2009, 94（4）：891 － 904.

[169] R. Kuo, C. Huang. Application of particle swarm optimization algorithm for solving bi － level linear programming problem. Computers & Mathematics with Applications, 2009, 58（4）：678 － 685.

[170] M. Labbé, P. Marcotte, G. Savard. A bilevel model of taxation and its application to optimal highway pricing. Management Science, 1998, 44

(12 - Part - 1): 1608 - 1622.

[171] S. R. Lawrence, T. E. Morton. Resource - constrained multi - project scheduling with tardy costs: Comparing myopic, bottleneck, and resource pricing heuristics. European Journal of Operational Research, 1993, 64 (2): 168 - 187.

[172] J. Lee. New monte carlo algorithm: entropic sampling. Physical Review Letters, 1993, 71 (2): 211 - 214.

[173] V. J. Leon, R. Balakrishnan. Strength and adaptability of problem - space based neighborhoods for resource - constrained scheduling. Operations - Research - Spektrum, 1995, 17 (2 - 3): 173 - 182.

[174] S. - S. Leu, A. - T. Chen, C. - H. Yang. A ga - based fuzzy optimal model for construction time - cost trade - off. International Journal of Project Management, 2001, 19 (1): 47 - 58.

[175] S. - S. Leu, T. - H. Hung. An optimal construction resource leveling scheduling simulation model. Canadian Journal of Civil Engineering, 2002, 29 (2): 267 - 275.

[176] H. L. H. Li, M. A. - H. M. Al - Hussein, Z. L. Z. Lei. Incentive genetic algorithm based time - cost trade - off analysis across a build - operate - transfer project concession period. Canadian Journal of Civil Engineering, 2010, 38 (2): 166 - 174.

[177] S. Li, X. - T. Feng, Z. Li, B. Chen, C. Zhang, H. Zhou. In - situ monitoring of rockburst nucleation and evolution in the deeply buried tunnels of jinping ii hydropower station. Engineering Geology, 2012.

[178] X. Li, Y. Zhu, Z. Zhang. An lca - based environmental impact assessment model for construction processes. Building and Environment, 2010, 45 (3): 766 - 775.

[179] D. Li Zhu, Q. Xu, Z. Lin. A homotopy method for solving bilevel

programming problem. Nonlinear analysis, 2004, 57 (7 - 8): 917 - 928.

[180] T. - F. Liang. Applying fuzzy goal programming to project management decisions with multiple goals in uncertain environments. Expert Systems with Applications, 2010, 37 (12): 8499 - 8507.

[181] F. - T. Lin, C. - Y. Kao, C. - C. Hsu. Applying the genetic approach to simulated annealing in solving some np - hard problems. Systems, Man and Cybernetics, IEEE Transactions on, 1993, 23 (6): 1752 - 1767.

[182] B. Liu. Theory and practice of uncertain programming, vol. 102. Physica Ver - lag, 2002.

[183] B. Liu. Theory and practice of uncertain programming, vol. 239. Springer, 2009.

[184] K. F. Liu, J. - H. Lai. Decision - support for environmental impact assessment: A hybrid approach using fuzzy logic and fuzzy analytic network process. Expert Systems with Applications, 2009, 36 (3): 5119 - 5136.

[185] L. Liu, S. A. Burns, C. - W. Feng. Construction time - cost trade - off analysis using lp/ip hybrid method. Journal of construction engineering and management, 1995, 121 (4): 446 - 454.

[186] M. Liu, Z. - j. Sun, J. - w. Yan, J. - s. Kang. An adaptive annealing genetic algorithm for the job - shop planning and scheduling problem. Expert Systems with Applications, 2011, 38 (8): 9248 - 9255.

[187] M. Lombardi, M. Milano. A precedence constraint posting approach for the rcpsp with time lags and variable durations. Principles and Practice of Con - straint Programming - CP 2009, 2009, 569 - 583.

[188] L. D. Long, A. Ohsato. Fuzzy critical chain method for project scheduling under resource constraints and uncertainty. International Journal of Project Management, 2008, 26 (6): 688 - 698.

[189] A. Lova, P. Tormos, M. Cervantes, F. Barber. An efficient hybrid genetic algorithm for scheduling projects with resource constraints and multiple

execution modes. International Journal of Production Economics, 2009, 117 (2): 302 – 316.

[190] Z. G. – D. T. Lu, J. Fuzzy multi – objective bilevel decision making by an approximation Kth – best approach. Journal of Multiple Valued Logic and Soft Computing, 2008, 14 (35): 205.

[191] Y. Lv, Z. Chen, Z. Wan. A penalty function method based on bi-level programming for solving inverse optimal value problems. Applied Mathematics Letters, 2010, 23 (2): 170 – 175.

[192] Y. Lv, T. Hu, G. Wang, Z. Wan. A neural network approach for solving nonlinear bilevel programming problem. Computers & Mathematics with Applications, 2008, 55 (12): 2823 – 2829.

[193] P. Marcotte. Network design problem with congestion effects: A case of bilevel programming. Mathematical Programming, 1986, 34 (2): 142 – 162.

[194] P. Marcotte, S. Wu, et al. A cutting – plane algorithm for the linear bilevel programming problem. Centre for Research on Transportation, University of Montreal, 1993.

[195] P. Marcotte, D. Zhu. Exact and inexact penalty methods for the generalized bilevel programming problem. Mathematical Programming, 1996, 74 (2): 141 – 157.

[196] K. Mathur, M. Puri. On bilevel fractional programming. Optimization, 1995, 35 (3): 215 – 226.

[197] J. J. d. M. Mendes, J. F. Gonçalves, M. G. Resende. A random key based genetic algorithm for the resource constrained project scheduling problem. Computers & Operations Research, 2009, 36 (1): 92 – 109.

[198] N. Metropolis, A. W. Rosenbluth, M. N. Rosenbluth, A. H. Teller, E. Teller. Equation of state calculations by fastcom puting machines. The journal of chemical physics, 1953, 21: 1087.

[199] Z. Michalewicz. Genetic algorithms + data structures. Springer, 1996.

[200] M. Mika, G. Waligora, J. Weglarz. Tabu search for multi – mode resource – constrained project scheduling with schedule – dependent setup times. European Journal of Operational Research, 2008, 187 (3): 1238 – 1250.

[201] D. K. Mohanta, P. K. Sadhu, R. Chakrabarti. Deterministic and stochastic approach for safety and reliability optimization of captive power plant maintenance scheduling using ga/sa – based hybrid techniques: A comparison of results. Reliability Engineering & System Safety, 2007, 92 (2): 187 – 199.

[202] R. Mohanty, M. Siddiq. Multiple projects – multiple resources constrained scheduling: A multiobjective analysis. Engineering costs and production economics, 1989, 18 (1): 83 – 92.

[203] H. Mokhtari, I. N. K. Abadi, A. Cheraghalikhani. A multi – objective flow shop scheduling with resource – dependent processing times: trade – off between makespan and cost of resources. International Journal of Production Research, 2011, 49 (19): 5851 – 5875.

[204] H. Mokhtari, A. Aghaie, J. Rahimi, A. Mozdgir. Project time – cost trade – off scheduling: a hybrid optimization approach. The International Journal of Advanced Manufacturing Technology, 2010, 50 (5): 811 – 822.

[205] J. R. Montoya – Torres, E. Gutierrez – Franco, C. Pirachicán – Mayorga. Project scheduling with limited resources using a genetic algorithm. International Journal of Project Management, 2010, 28 (6): 619 – 628.

[206] J. T. Moore, J. F. Bard. The mixed integer linear bilevel programming problem. Operations Research, 1990, 911 – 921.

[207] M. Mori, C. C. Tseng. A genetic algorithm for multi – mode resource constrained project scheduling problem. European Journal of Operational Research, 1997, 100 (1): 134 – 141.

[208] E. Nabipoor Afruzi, E. Roghanian, A. Naja. , M. Mazinani. A multi - mode resource - constrained discrete time - cost tradeoff problem solving using an adjusted fuzzy dominance genetic algorithm. Scientia Iranica, 2013.

[209] S. Nahmias. Fuzzy variables. Fuzzy sets and systems, 1978, 1 (2): 97 - 110.

[210] K. Neumann, J. Zhan. Heuristics for the minimum project - duration problem with minimal and maximal time lags under fixed resource constraints. Journal of Intelligent Manufacturing, 1995, 6 (2): 145 - 154.

[211] K. Neumann, J. Zimmermann. Procedures for resource leveling and netpresent value problems in project scheduling with general temporal and resource constraints. European Journal of Operational Research, 2000, 127 (2): 425 - 443.

[212] M. Nowak, T. Blaszczyk. The time - cost trade - off analysis in construction project using computer simulation and interactive procedure. Technological and Economic Development of Economy, 2009, (4): 523.

[213] N. Nudtasomboon, S. U. Randhawa. Resource - constrained project scheduling with renewable and non - renewable resources and time - resource tradeoffs. Computers & industrial engineering, 1997, 32 (1): 227 - 242.

[214] C. Obreque, M. Donoso, G. Gutiérrez, V. Marianov. A branch and cut algorithm for the hierarchical network design problem. European Journal of Operational Research, 2010, 200 (1): 28 - 35.

[215] V. Oduguwa, R. Roy. Bi - level optimisation using genetic algorithm. in: Artificial Intelligence Systems, 2002. (ICAIS2002). 2002 IEEE International Conference on, IEEE, 2002, 322 - 327.

[216] I. Okada, L. Lin, M. Gen. Solving resource constrained multiple project scheduling problems by random key - based genetic algorithm. Electronics and Communications in Japan, 2009, 92 (8): 25 - 35.

[217] L. Özdamar. A genetic algorithm approach to a general category

project scheduling problem. Systems, Man, and Cybernetics, Part C: Applications and Reviews, IEEE Transactions on, 1999, 29 (1): 44 −59.

[218] R. Padman, D. E. Smith − Daniels. Early − tardy cost trade − offs in resource constrained projects with cash flows: An optimization − guided heuristic approach. European Journal of Operational Research, 1993, 64 (2): 295 −311.

[219] A. Pagnoni. Project engineering: computer − oriented planning and operational decision making. Springer − Verlag New York, Inc. , 1990.

[220] B. Pal, B. Moitra. A fuzzy goal programming procedure for solving quadratic bilevel programming problems. International Journal of Intelligent Systems, 2003, 18 (5): 529 −540.

[221] R. Peche, E. Rodríguez. Environmental impact assessment procedure: A new approach based on fuzzy logic. Environmental Impact Assessment Review, 2009, 29 (5): 275 −283.

[222] J. P. Peerenboom, W. A. Buehring, T. W. Joseph. Or practice − selecting a portfolio of environmental programs for a synthetic fuels facility. Operations Research, 1989, 37 (5): 689 −699.

[223] Z. Pei, S. Tian, H. Huang. A novel method for solving nonlinear bilevel programming based on hybrid particle swarm optimization. in: Signal Processing, 2006 8th International Conference on, vol. 3, IEEE, 2006.

[224] W. − l. PENG, C. − e. WANG. A multi − mode resource − constrained dtctp. Journal of Northeastern University (Natural Science), 2008, 8 (29): 1077 −1079.

[225] W. − l. PENG, C. − e. WANG. Discrete time/cost/quality trade − off problem for product development project. Control and Decision, 2009, 3 (24): 423 −428.

[226] V. V. Peteghem, M. Vanhoucke. A genetic algorithm for the preemptive and non − preemptive multi − mode resource − constrained project sched-

uling problem. European Journal of Operational Research, 2010, 201 (2):
409 - 418.

[227] S. Prakash, P. Kumar, B. Prasad, A. Gupta. Pareto optimal so-
lutions of a cost - time trade - off bulk transportation problem. European Journal
of Operational Research, 2008, 188 (1): 85 - 100.

[228] Q. Qian, X. Zhou, H. Yang, Y. Zhang, X. Li. Zonal disintegration
of surrounding rock mass around the diversion tunnels in jinping ii hydropower
station, southwestern china. Theoretical and Applied Fracture Mechanics,
2009, 51 (2): 129 - 138.

[229] J. Rajesh, K. Gupta, H. Kusumakar, V. Jayaraman, B. Kulkar-
ni. A tabu search based approach for solving a class of bilevel programming prob-
lems in chemical engineering. Journal of Heuristics, 2003, 9 (4): 307 - 319.

[230] M. Ranjbar, B. De Reyck, F. Kianfar. A hybrid scatter search for
the discrete time/resource trade - off problem in project scheduling. European
Journal of Operational Research, 2009, 193 (1): 35 - 48.

[231] M. R. Ranjbar, F. Kianfar. Solving the discrete time/resource
trade - off problem in project scheduling with genetic algorithms. Applied Mathe-
matics and Computation, 2007, 191 (2): 451 - 456.

[232] C. Reeves. A genetic algorithm for flowshop sequencing. Computers
& Operations Research, 1995, 22 (1): 5 - 13.

[233] G. B. Richardson. The theory of the market economy. Revue
économique, 1995, 1487 - 1496.

[234] D. R. Robinson. A dynamic programming solution to cost - time
tradeoff for cpm. Management Science, 1975, 22 (2): 158 - 166.

[235] D. M. Rosenberg, F. Berkes, R. Bodaly, R. Hecky, C. Kelly,
J. W. Rudd. Large - scale impacts of hydroelectric development. Environmental
Reviews, 1997, 5 (1): 27 - 54.

[236] R. Ruiz, C. Maroto. A genetic algorithm for hybrid flowshops with

sequence dependent setup times and machine eligibility. European Journal of Operational Research, 2006, 169 (3): 781 – 800.

[237] P. Rwelamila, K. Hall. Total systems intervention: an integrated approach to time, cost and quality management. Construction Management and Economics, 1995, 13 (3): 235 – 241.

[238] M. Sabzehparvar, S. M. Seyed – Hosseini. A mathematical model for the multi – mode resource – constrained project scheduling problem with mode dependenttime lags. The Journal of Supercomputing, 2008, 44 (3): 257 – 273.

[239] K. Sahin, A. Ciric. A dual temperature simulated annealing approach for solving bilevel programming problems. Computers & chemical engineering, 1998, 23 (1): 11 – 25.

[240] S. Sakellaropoulos, A. Chassiakos. Project time – cost analysis under generalised precedence relations. Advances in Engineering Software, 2004, 35 (10): 715 – 724.

[241] A. Salmasnia, H. Mokhtari, I. Nakhai Kamal Abadi. A robust scheduling of projects with time, cost, and quality considerations. The International Journal of Advanced Manufacturing Technology, 2012, 60 (5): 631 – 642.

[242] G. Savard, J. Gauvin. The steepest descent direction for the nonlinear bilevel programming problem. Operations Research Letters, 1994, 15 (5): 265 – 272.

[243] C. Schwindt, N. Trautmann. Batch scheduling in process industries: an application of resource – constrained project scheduling. OR Spectrum, 2000, 22 (4): 501 – 524.

[244] C. Schwindt, et al. Generation of resource – constrained project scheduling problems with minimal and maximal time lags. 1996.

[245] A. B. Senouci, N. N. Eldin. A time – cost trade – off algorithm for

nonserial linear projects. Canadian Journal of Civil Engineering, 1996, 23
(1): 134 - 149.

[246] C. Shi, J. Lu, G. Zhang. An extended kuhn - tucker approach for
linear bilevel programming. Applied Mathematics and Computation, 2005, 162
(1): 51 - 63.

[247] L. J. Shi, C., et al. An extended branch and bound algorithm for
linear bilevel programming. Applied Mathematics and Computation, 2006, 180
(2): 529 - 537.

[248] L. J. Shi, C., G. Zhang. An extended Kuhn - Tucker approach for
linear bilevel programming. Applied Mathematics and Computation, 2005, 162
(1): 51 - 63.

[249] Z. H. Shi, C., et al. The Kth - best approach for linear bilevel
multifollower programming with partial shared variables among followers. Applied
Mathematics and Computation, 2007, 188 (2): 1686 - 1698.

[250] H. Shih. Fuzzy approach to multilevel knapsack problems. Comput-
ers & Mathematics with Applications, 2005, 49 (7 - 8): 1157 - 1176.

[251] H. Shih, Y. Lai, E. StanleyLee. Fuzzy approach for multi - level
programming problems. Computers & Operations Research, 1996, 23 (1):
73 - 91.

[252] H. Shih, E. Lee. Discrete multi - level programming in a dynamic
environment. Dynamic Aspects in Fuzzy Decision Making, Physica - Verlag,
London, 2001, 200 (1): 79 - 98.

[253] W. U. Shih, H., et al. A neural network approach to multiobjective
and multilevel programming problems. Computers & Mathematics with Applica-
tions, 2004, 48 (1 - 2): 95 - 108.

[254] S. Sinha. Fuzzy mathematical programming applied to multi - level
programming problems. Computers & Operations Research, 2003, 30 (9):
1259 - 1268.

[255] S. Sinha, S. Sinha. Kkt transformation approach for multi – objective multi – level linear programming problems. European Journal of Operational Research, 2002, 143 (1): 19 – 31.

[256] R. Slowinski. Two approaches to problems of resource allocation among project activities – a comparative study. Journal of the Operational Research Society, 1980, 711 – 723.

[257] R. Slowinski. Multiobjective network scheduling with efficient use of renewable and nonrenewable resources. European Journal of Operational Research, 1981, 7 (3): 265 – 273.

[258] M. Solodov. An explicit descent method for bilevel convex optimization. Journal of Convex Analysis, 2007, 14 (2): 227.

[259] J. Son, M. J. Skibniewski. Multiheuristic approach for resource leveling problem in construction engineering: Hybrid approach. Journal of construction engineering and management, 1999, 125 (1): 23 – 31.

[260] H. Stackelberg. Marktform und Gleichgewicht. J. Springer, 1934.

[261] S. Suh, T. Kim. Solving nonlinear bilevel programming models of the equilibrium network design problem: a comparative review. Annals of operations research, 1992, 34 (1): 203 – 218.

[262] L. Sunde, S. Lichtenberg. Net – present – value cost/time tradeoff. International Journal of Project Management, 1995, 13 (1): 45 – 49.

[263] J. G. Szmerekovsky, P. Venkateshan. An integer programming formulation for the project scheduling problem with irregular time – cost tradeoffs. Computers & Operations Research, 2012, 39 (7): 1402 – 1410.

[264] M. Takada, T. Terano. Resource leveling scheduling system: A two – phase clp relaxation method. Electronics and Communications in Japan (Part II: Elec – tronics), 2003, 86 (6): 62 – 72.

[265] F. B. Talbot. Resource – constrained project scheduling with time – resource trade – offs: The nonpreemptive case. Management Science,

1982, 28 (10): 1197 - 1210.

[266] H. R. Tareghian, S. H. Taheri. On the discrete time, cost and quality trade - off problem. Applied mathematics and computation, 2006, 181 (2): 1305 - 1312.

[267] H. R. Tareghian, S. H. Taheri. A solution procedure for the discrete time, cost and quality tradeoff problem using electrom agnetic scatter search. Applied mathematics and computation, 2007, 190 (2): 1136 - 1145.

[268] D. Thirwani, S. Arora. An algorithm for the integer linear fractional bilevel programming problem. Optimization, 1997, 39 (1): 53 - 67.

[269] L. - Y. Tseng, S. - C. Chen. Two - phase genetic local search algorithm for the multimode resource - constrained project scheduling problem. Evolutionary Computation, IEEE Transactions on, 2009, 13 (4): 848 - 857.

[270] V. Valls, F. Ballestin, S. Quintanilla. A hybrid genetic algorithm for the resource - constrained project scheduling problem. European Journal of Operational Research, 2008, 185 (2): 495 - 508.

[271] S. Van de Vonder, E. Demeulemeester, W. Herroelen. A classi cation of predictive - reactive project scheduling procedures. Journal of Scheduling, 2007, 10 (3): 195 - 207.

[272] S. Vande Vonder, E. Demeulemeester, W. Herroelen, R. Leus. The use of buffers in project management: The trade - off between stability and makespan. International Journal of Production Economics, 2005, 97 (2): 227 - 240.

[273] S. Van de Vonder, E. Demeulemeester, W. Herroelen, R. Leus. The trade - off between stability and makespan in resource - constrained project scheduling. International Journal of Production Research, 2006, 44 (2): 215 - 236.

[274] M. Vanhoucke. New computational results for the discrete time/cost trade - off problem with time - switch constraints. European Journal of Operation-

al Research, 2005, 165 (2): 359 – 374.

[275] J. L. Verdegay. Fuzzy mathematical programming. 1982, 231 – 256.

[276] L. Vicente, G. Savard, J. Júdice. Descent approaches for quadratic bilevel programming. Journal of Optimization Theory and Applications, 1994, 81 (2): 379 – 399.

[277] L. N. Vicente, P. H. Calamai. Bilevel and multilevel programming: A bibliography review. Journal of Global optimization, 1994, 5 (3): 291 – 306.

[278] G. Wang, X. Wang, Z. Wan, Y. Lv. A globally convergent algorithm for a class of bilevel nonlinear programming problem. Applied mathematics and computation, 2007, 188 (1): 166 – 172.

[279] H. Wang, X. Zhang. Continuous transportation network design among multiple regions. Journal of Computational Information Systems, 2010, 6 (2): 331 – 338.

[280] J. Wang, E. – l. Liu, G. Luo. Alalysis of time – cost – quality tradeoff optimization in construction project management. xitong gongcheng xuebao, 2004, 19: 148 – 153.

[281] P. Wang. Speeding up the search process of genetic algorithm by fuzzy logic. in: Proc. 5th European Congress on Intelligent Techniques and Soft Computing, 1997, 665 – 671.

[282] J. Weglarz. Project scheduling with discrete and continuous resources. Systems, Man and Cybernetics, IEEE Transactions on, 1979, 9 (10): 644 – 650.

[283] J. Weglarz. On certain models of resource allocation problems. Kybernetes, 1980, 9 (1): 61 – 66.

[284] J. Weglarz. Project scheduling with continuously – divisible, doubly constrained resources. Management Science, 1981, 27 (9): 1040 – 1053.

[285] J. Weglarz. Project scheduling: recent models, algorithms and applications, vol. 14. Springer, 1998.

[286] U. Wen. The "Kth - Best" algorithm for multilevel programming. Technical report, Department of Operations Research, State University of New York at Buffalo, 1981.

[287] U. Wen, A. Huang. A simple tabu search method to solve the mixed - integer linear bilevel programming problem. European journal of operational research, 1996, 88 (3): 563 - 571.

[288] U. - P. Wen, S. - T. Hsu. Linear bi - level programming problems - a review. Journal of the Operational Research Society, 1991, 125 - 133.

[289] W. Weng, U. Wen. A primal - dual interior point algorithm for solving bilevel programming problem. 2000.

[290] D. White, G. Anandalingam. A penalty function approach for solving bi - level linear programs. Journal of Global Optimization, 1993, 3 (4): 397 - 419.

[291] B. M. Woodworth, C. J. Willie. A heuristic algorithm for resource leveling in multi - project, multi - resource scheduling. Decision Sciences, 1975, 6 (3): 525 - 540.

[292] Y. Wu, X. - c. Zhuang, G. - h. Song, X. - d. Xu, C. - x. Li. Solving resource - constrained multiple project scheduling problem using timed colored petri nets. Journal of Shanghai Jiaotong University (Science), 2009, 14 (6): 713 - 719.

[293] P. Wuliang, W. Chengen. A multi - mod eresource - constrained discrete time - cost tradeoff problem and its genetic algorithm based solution. International journal of project management, 2009, 27 (6): 600 - 609.

[294] J. Xu, Z. Li. A review on ecological engineering based engineering

management. Omega, 2012, 40 (3): 368 – 378.

[295] J. Xu, Z. Zeng. Applying optimal control model to dynamic equipment allocation problem: Case study of concrete – faced rockfill dam construction project. Journal of Construction Engineering and Management, 2010, 137 (7): 536 – 550.

[296] J. Xu, Z. Zeng. A discrete time optimal control model with uncertainty for dynamic machine allocation problem and its application to manufacturing and construction industries. Applied Mathematical Modelling, 2011.

[297] J. Xu, Z. Zhang. A fuzzy random resource – constrained scheduling model with multiple projects and its application to a working procedure in a large – scale water conservancy and hydropower construction project. Journal of Scheduling, 2012, 15 (2): 253 – 272.

[298] J. Xu, H. Zheng, Z. Zeng, S. Wu, M. Shen. Discrete time – cost – environment trade – off problem for large – scale construction systems with multiple modes under fuzzy uncertainty and its application to jinping – ii hydroelectric project. International Journal of Project Management, 2012.

[299] J. Xu, X. Zhou. Fuzzy – like multiple objective decision making, vol. 263. Springer, 2011.

[300] W. H. a. Z. Xu, T. Study on continuous network design problem using simulated annealing and genetic algorithm. Expert Systems with Applications, 2009, 36 (2): 2735 – 2741.

[301] Z. Xu. Deriving the properties of linear bilevel programming via apenalty function approach. Journal of optimization theory and applications, 1999, 103 (2): 441 – 456.

[302] D. Yan, H. Wang, H. Li, G. Wang, T. Qin, D. Wang, L. Wang. Quantitative analysis on the ecological impact of large – scale water transfer project on water resource area in a changing environment. Hydrol. Earth Syst. Sci. Discuss, 2011, 8: 10465 – 10500.

[303] D. Yan, H. Wang, H. Li, G. Wang, T. Qin, D. Wang, L. Wang. Quantitative analysis on the environmental impact of large – scale water transfer projecton water resource area in a changing environment. Hydrol. Earth Syst. Sci, 2012, 16: 2685 – 2702.

[304] I. Yang, et al. Stochastic time – cost tradeoff analysis: A distribution – free approach with focus on correlation and stochastic dominance. Automation in Construction, 2011, 20 (7): 916 – 926.

[305] Y. – h. YANG, Y. – l. WANG, N. – m. WANG. Fuzzy tradeoff optimization of time – cost – quality in construction project [j]. Systems Engineering – Theory & Practice, 2006, 7: 112 – 117.

[306] Y. Yin. Genetic – algorithms – based approach for bilevel programming models. Journal of Transportation Engineering, 2000, 126 (2): 115 – 120.

[307] M. Younis, B. Saad. Optimal resource leveling of multi – resource projects. Computers & industrial engineering, 1996, 31 (1): 1 – 4.

[308] Zadeh. Fuzzy sets as a basis for a theory of possibility. Fuzzy sets and systems, 1978, 1 (1): 3 – 28.

[309] L. Zadeh. Fuzzy sets. Information and control, 1965, 8 (3): 338 – 353.

[310] L. Zadeh. Outline of a New Approach to the Analysis of Complex systems and Decision Process. IEEE Trans. Syst. Man and Cibern, Jan. 1973, SMC – 3: 28 – 44.

[311] L. A. Zadeh. Probability measures of fuzzy events. Journal of mathematical analysis and applications, 1968, 23 (2): 421 – 427.

[312] L. A. Zadeh. The concept of a linguistic variable and its application to approximate reasoning – ii. Information sciences, 1975, 8 (4): 301 – 357.

[313] L. A. Zadeh. A Theory of Approximate Reasoning (AR). Electronics Research Laboratory, College of Engineering, University of California, 1977.

[314] H. Zhang, H. Li, C. Tam. Particle swarm optimization for preemptive scheduling under break and resource - constraints. Journal of construction engineering and management, 2006, 132 (3): 259 - 267.

[315] H. Zhang, F. Xing. Fuzzy - multi - objective particle swarm optimization for time - cost - quality tradeoff in construction. Automation in Construction, 2010, 19 (8): 1067 - 1075.

[316] L. J. Zhang, G., et al. Model, solution concept, and Kth - best algorithm for linear trilevel programming. Information Sciences, 2010, 180 (4): 481 - 492.

[317] Z. Zhang. Applying improved particle swarm optimization algorithm to bi - level linear programming problem with bi - random coefficients. in: Proceedings of The Fifth International Conference on Management Science and Engineering Management, 2011, 147 - 152.

[318] Z. G. Q. Zhang, G. L., et al. A fuzzy bilevel model and a pso - based algorithm for day - ahead electricity market strategy making. Knowledge - Based and Intelligent Information and Engineering Systems, 2009, LNAI5712:: 736 - 744.

[319] M. - Y. Zhao, C. - T. Cheng, K. - W. Chau, G. Li. Multiple criteri a data envelopment analysis for full ranking units associated to environment impact assessment. International journal of environment and pollution, 2006, 28 (3): 448 - 464.

[320] Z. - Y. Zhao, W. - Y. You, Q. - L. Lv. Applications of fuzzy critical chain method in project scheduling. in: Natural Computation, 2008. ICNC' 08. Fourth International Conference on, vol. 6, IEEE, 2008, 473 - 477.

[321] Z. Y. Zhao, W. Y. You, J. Zuo. Application of innovative critical chain method for project planning and control under resource constraints and uncertainty. Journal of Construction Engineering and Management, 2010, 136

(9): 1056 – 1060.

[322] H. – J. Zimmermann. Fuzzy programming and linear programming with several objective functions. Fuzzy sets and systems, 1978, 1 (1): 45 – 55.

[323] H. – J. Zimmermann. Fuzzy set theory – and its applications. Springer, 2001.